高等师范院校新课程教学设计丛书

化学教学设计

HUAXUE JIAOXUE SHEJI

主　编　杜　杨

副主编　李远蓉　杜正雄

西南师范大学出版社
国家一级出版社　全国百佳图书出版单位

图书在版编目(CIP)数据

化学教学设计 / 杜杨主编. —— 重庆：西南师范大学出版社，2015.8
ISBN 978-7-5621-7308-3

Ⅰ.①化… Ⅱ.①杜… Ⅲ.①中学化学课－教学设计 Ⅳ.①G633.82

中国版本图书馆 CIP 数据核字(2015)第 199059 号

化学教学设计
HUAXUE JIAOXUE SHEJI

主　编　杜　杨

副主编　李远蓉　杜正雄

责任编辑：	李相勇
特约编辑：	周明琼
封面设计：	尚品视觉　周　娟　尹　恒
排　　版：	重庆大雅数码印刷有限公司·陈智慧
出版发行：	西南师范大学出版社
	地址：重庆市北碚区天生路 1 号
	邮编：400715　市场营销部电话：023-68868624
	http：//www.xscbs.com
经　　销：	全国新华书店
印　　刷：	重庆美惠彩色印刷有限公司
开　　本：	787mm×1092mm　1/16
印　　张：	12
字　　数：	255 千字
版　　次：	2015 年 11 月　第 1 版
印　　次：	2015 年 11 月　第 1 次印刷
书　　号：	ISBN 978-7-5621-7308-3
定　　价：	25.00 元

前 言

化学教学设计能力是化学教师专业化的重要体现,是检验教师教学能力的重要组成部分,也是高等师范院校师范生提高从师任教能力的重要途径。如何引导师范生高效地进行中学化学教学设计,一直是我们思考的问题。教学设计能力的内涵十分广泛,包括制订恰当教学目标的技能,恰当组合教材内容的能力,分析学习者特征的技能,选择教学模式与教学方法的技能,预测课堂变化的技能,进行教学评价的技能等。它融合了教育学、心理学、教学论和化学学科的知识,且需要教师根据不同的教学环境和学生水平进行调整,是教学智慧综合展现的过程。都说教学有法、教无定法、贵在得法,上述过程所涉及的方法和策略的掌握,还需要在教学实践中不断运用、感悟、反思和优化。

本书从师范生教学设计能力提升、发展的实际需要出发进行整体架构。首先介绍了相关的教学设计基础理论,然后分别从教材分析、学情分析、目标设计、策略选择上进行了深入、具体地阐释。为了降低学习者理解的难度,增强理论对实践的指导性,我们精心选择了中学化学典型的优秀教学案例穿插其中,同时注重兼顾教学策略的多样性和不同教学内容的特点。在本书的结尾部分,设计了中学化学教学案例赏析环节,供学习者自学使用,也可以作为教师教学时的参考。

参与本书编写的有杜杨、李远蓉、杜正雄、卢一卉、何松、刘彦君、白云文等,全书由杜杨统稿、定稿。感谢廖伯琴老师给予的关心和支持!对案例的设计者及所有为本书出版辛苦付出的朋友们,在此也一并感谢!

杜杨

2015 年 11 月

目 录

第一章 教学设计基础理论
第一节 教学设计概述 ·· 002
第二节 教学设计的理论基础 ·· 004

第二章 化学教学设计模式
第一节 化学教学设计模式简介 ··· 024
第二节 化学教学设计模式的分析 ·· 029

第三章 化学教学设计的背景分析
第一节 化学学习需要分析 ·· 042
第二节 化学学习情况分析 ·· 044
第三节 化学学习内容分析 ·· 048

第四章 化学教学目标设计
第一节 化学教学目标概述 ·· 064
第二节 化学教学目标分类理论 ··· 066
第三节 化学教学目标设计的原则和步骤 ··· 068
第四节 化学教学目标的编写 ·· 070
第五节 化学教学任务分析 ·· 077

第五章 针对不同类型知识内容的化学教与学过程设计
第一节 化学知识的定义及分类 ··· 086
第二节 化学陈述性知识的教学设计 ·· 087
第三节 化学程序性知识的教学设计 ·· 091
第四节 化学问题解决的教学设计 ·· 095

第六章　基于信息技术与学科整合的化学教学设计
第一节　信息技术与化学课程整合理论概述 ……………………………… 106
第二节　基于信息技术与课程整合的化学教与学模式 …………………… 110

第七章　发展性学习评价与中学生化学学习困难诊断
第一节　化学学习评价概述 ……………………………………………… 122
第二节　高考化学能力考查的现状分析 ………………………………… 129
第三节　化学学习困难的诊断 …………………………………………… 132

第八章　化学教学设计的评价
第一节　化学教学设计的评价概述 ……………………………………… 143
第二节　化学教学设计的评价过程 ……………………………………… 149
第三节　化学教学设计的评价案例分析 ………………………………… 154

附录：中学化学教学设计案例赏析 ……………………………………… 171

第一章 教学设计基础理论

本章导学

本章主要介绍教学设计的含义、意义以及理论基础。第一节在对教学设计三种不同的含义进行分析的基础上,介绍了化学教学设计的含义及意义,属于理解性内容;第二节介绍了教学设计的四大理论基础,并重点分析了学习理论及教学理论指导下的教学设计。

学习目标

1. 从不同的角度理解教学设计的含义。
2. 理解学习理论及其教学设计观对教学设计的指导作用。
3. 掌握教学理论,并发挥化学学科的教学理论对教学设计的指导作用。
4. 了解系统理论对教学设计的指导作用。
5. 了解传播理论对教学设计的指导作用。

第一节 教学设计概述

一、教学设计的含义

教学设计(Instructional Design,简称 ID),又称为教学系统设计(Instructional Systems Design)、教学开发(Instructional Development)、教学系统开发(Instructional Systems Development)。

在教学设计的发展与演变过程中,研究者立足于自己的研究视角对教学设计概念的界定存在着多种不同的观点,归纳起来大致有以下三种观点。

1. 教学设计是一个过程

代表人物有加涅(R.M.Gagné)、肯普(J.E.Kemp)、史密斯(P.L.Smith)、雷根(T.J.Ragan)等人。这种观点将教学设计看作一个系统规划或计划的过程,即教学设计是用系统的方法分析教学环境、明确教学问题、研究解决问题的途径、形成教学方案、评价教学结果等问题的过程。

2. 教学设计是一种技术

代表人物是美国著名教学设计专家梅瑞尔(M.David Merrill)。这种观点将教学设计视为开发学习经验和学习环境的技术,认为"教学是一门科学,教学设计是建立在教学科学这一坚实基础上的技术,因而教学设计也可以被认为是科学型的技术(Science-based Technology)"。

3. 教学设计是一门科学/学科

这种观点将教学设计看作设计科学的子范畴,其代表人物是帕顿(J.V.Patten)和瑞格卢斯(Charles M. Reigeluth)。帕顿(1989年)在《什么是教学设计》一文中指出:"教学设计是设计科学大家庭的一员,设计科学各成员的共同特征是用科学原理及应用来满足人的需要。因此,教学设计是对学业业绩问题的解决措施进行策划的过程"。瑞格卢斯在《教学设计是什么及为什么如是说》一文中指出:"教学设计是一门涉及理解与改进教学过程的学科。任何设计活动的宗旨都是提出达到预期目的最优途径,因此,教学设计主要是关于提出最优教学方法的处方的一门学科,这些最优的教学方法能使学生的知识和技能发生预期的变化。"

阅读、思考之后,你会发现似乎上述三种说法都很有道理。仔细梳理一下,我们不难发现它们的不同之处:第一种观点突出教学设计的操作性,强调教学设计如何操作以及操作的程序与步骤;第二种观点突出教学设计的技术性,强调教学设计过程中创设与开发学习经验和学习环境的技术与方法；第三种观点突出教学设计的学科属性，指出教学设计隶属于设计科学。这三种观点反映了人们认识和理解教学设计的不同视角，观点之间也并不矛盾，只是强调与侧重的方面有所不同，三者实际上都是在阐述教学设计不同方面的性质与特点。

本书将教学设计界定为"用系统的方法分析教学环境、明确教学问题、研究解决问题的途径和方法、形成教学方案、评价教学结果等问题的系统规划的过程。"化学教学设计就是依据系统论的观点和方法，运用现代教育心理学和教学设计的基本原理和技术，根据教学目标和教学对象的特点，有效安排和组织各种化学教学资源，使之序列化、最优化、行为化，以提高化学课堂教学效果而制订教学方案、评价教学结果的系统规划的过程。

二、教学设计的意义

教学设计过程既涉及教师对教学诸要素的内在认知加工过程，也涉及如何有效选择、安排和呈现教学信息，组织教学实践活动的行为操作过程。一个有效、完整的化学教学设计需要解决四个方面的问题。

(1)教学的起点在哪里？
(2)教学的终点在哪里？
(3)如何到达终点？
(4)如何确认是否到达了终点？

这四个问题的解决需要教师在教学设计中注重教学主体分析、教学目标设计、教学内容和组织策略等内容的设计以及教学的监控与评估。

因此，完整的教学设计中应包含教材分析、学情分析、教学目标、教学过程等方面的内容。

由此可见，教学设计的过程实际上就是为教学活动制订蓝图的过程。通过教学设计，教师可以对教学活动的基本过程有个整体性的把握，可以根据教学情境的需要和教学对象的特点确定合理的教学目标，选择适当的教学方法、教学策略，采用有效的教学手段，创设良好的教学环境，实施可行的评价方案，从而保证教学活动的顺利进行。另外，通过教学设计，教师还可以有效地掌握学生学习的初始状态和学习后的状态，从而及时调整教学策略、方法，采取必要的教学措施，为下一阶段的教学奠定良好基础。可以说，教学设计是教学活动得以顺利进行的基本保证。好的教学设计可以为教学活动提供科学的行动纲领，使教师在教学工作中事半功倍，取得良好的教学效果。忽视教学设计，不仅难以取得好的教学效果，而且容易使教学走弯路，影响教学任务的完成。

第二节 教学设计的理论基础

在对教学设计有了一个基本的了解之后,我们需要对教学设计的理论基础做进一步的理解。教学设计的理论基础主要包括学习理论、教学理论、系统理论和传播理论。我们将分别加以阐述。

一、学习理论

教学设计的发展与学习理论的研究息息相关。20世纪50年代以来,学习理论历经行为主义、认知主义和建构主义等不同发展阶段,对教学设计的影响与日俱增。其中对教学设计影响较大的有行为主义学习理论、认知主义学习理论、人本主义学习理论和建构主义学习理论,并由此形成相应的教学设计观。教学设计观是在一定教学理论指导下,支配教学设计的思想和观点,主要体现在教学目标、教学内容、教学过程及教学评价方面。

(一)行为主义学习理论及其教学设计观

1. 行为主义学习理论的基本观点

行为主义学习理论的发展始于20世纪30年代,其代表理论是桑代克(Thorndike,E.L.)的"试误说"、华生(Watson,J.B.)的"刺激—反应说"、斯金纳(Skinner,B.F.)的"操作条件反射说"。该学派的基本观点是:学习过程是有机体在一定条件下形成刺激与反应的联结,从而获得新的经验的过程。

2. 行为主义学习理论的教学设计观

(1)教学目标

在桑代克看来,教育的目的在于把其中的某些联结加以永久保持,把某些联结加以消除,并且把另一些联结加以改变或引导。因此,教学的目标就是帮助个体形成刺激—反应的联结,形成相应的行为习惯和技能。行为主义者追求教学目标的精确化和具体化,提出用可观察行为动词界定各类教学目标,并依此进行教学传递和评价。在实际教学中,具有行为主义立场的化学教师,往往着眼于学生通过教学活动能记住多少知识点或者是否学会某种技能。

(2)教学内容

斯金纳认为,一个有机体主要是通过在其环境中造成的变化来进行学习的。学习的关键在于如何呈现教材,即设计出恰当的程序化教材。行为主义者往往将教材作为一种终极目标,是教学的法定依据。一切教学活动都是紧紧围绕教材展开的,教材几乎是全部的教学内容。

(3)教学过程

一般来说,行为主义者强调知识的准备,即学生在学习一个新的内容之前,应该有相应的知识作为基础,教学遵循由简单到复杂、由个别到一般、由具体到抽象的原则,并以程序化的方式进行。行为主义学习理论反映在教学设计中,集中表现为一种对教学情境的精密控制,这充分体现在斯金纳提出的程序教学中。程序教学的步骤如下:①确定学生所需要掌握的知识和达到的技能。②小步子呈现信息。将刺激物比如教材分成许多小片段,按照由简单到复杂的顺序逐步呈现在学生的眼前,两步之间增加的困难很小。③学生对刺激物做出积极的反应,教师对学生的反应做出即时的反馈。假如学生的答案是正确的,教师给予奖励或表扬以示强化,鼓励学生有信心去解决下一个问题;如果答案是错误的,教师需指出错误的原因,并引导学生一步一步地去分析、解题,直到掌握了这个知识点,才可以进入下一个问题的学习。可见,教学过程完全是教师程序化控制的讲授过程,学生只是被动的知识接受者。

(4)教学评价

任何一种教学设计都不是万能的,都有其适用的教学情境。由于不同的教学设计所面对的教学对象不同,教学环境不同,完成的教学目标、使用的操作程序也不同,评价的方法和标准也就不尽相同。行为主义者关注的重点是:通过教学,有哪些知识进入学生的大脑中,同时又是通过哪些行为变化来反映学习后的结果。行为主义的教学评价观和评价方式具有如下特点:①往往用"动词"表示教学目标,如"知道""了解""记住""会"等字眼;②设计经常性的练习,一般在一个知识点或一节课后,就要及时练习、测试;③往往选择能够明确表达学习结果的题型来进行测验,如填空题、判断题、选择题等条件完备、结论确定的封闭型试题;④往往强调标准答案,一般不允许有悖于教材的答案。可见,行为主义学习理论重视学习结果的评价,而这种只注重学习结果、忽视学习过程的教学设计是不能解释人类学习的综合性和思辨性的。

(二)认知主义学习理论及其教学设计观

1.认知主义学习理论的基本观点

由于行为主义把对动物学习研究的结论推广到人类学习上,把人和动物等同起来,过于简单化、机械化,难以解释人类复杂的学习现象。以布鲁纳(Bruner,J.S.)和奥苏贝尔(Ausubel,D.P.)等为代表的认知主义心理学家提出,学习是学生内部认知结构的形成和改组,心理学应该关注学生内部认知结构的形式及其变化。

(1)布鲁纳的"结构—发现"理论

布鲁纳认为,学习是通过类别化的信息加工活动,积极主动地形成认知结构或知识的类目编码系统的过程。学习的实质是学生主动进行信息加工活动,形成认知结构,结

构化的知识更有利于保持和提取。因此,在教学中,布鲁纳非常强调让学生掌握学科的基本结构,认为教学的最终目标是促进对学科结构的一般理解。另外,布鲁纳认为发现学习是学习知识的最佳方式。所谓发现学习,是指学生利用教材或教师提供的条件自己独立思考,自行发现知识,掌握原理和规律。对应于教学过程,教师不应将学生视为被动接受知识的容器,应为学生提供一定的材料,创设问题情境,引导其独立地发现问题、分析问题和解决问题,从中发现事物之间的联系和规律,获得相应的知识,不断形成或改造自己的认知结构。

(2)奥苏贝尔的有意义学习理论(Theory of Meaningful Leaning)

奥苏贝尔认为,学生的学习主要是有意义的接受学习,是通过同化当前的知识,并与原有的认知结构建立实质的、非人为的联系,使知识结构不断发展的过程。

①意义学习

奥苏贝尔将"学习"分为"机械学习"和"意义学习"。"机械学习"是指学习一系列相互之间不存在意义关联的材料,或学生在学习中并未理解材料之间的意义联系。"意义学习"则是指通过理解学习材料的意义联系而掌握学习内容的学习。有意义学习的实质是新知识与学生认知结构中已有的相应知识、观念建立实质性和非人为的联系。意义学习是通过新知识与学生认知结构中已有的有关概念的相互作用才得以发生的。学生能否习得新知识,主要取决于他们认知结构中已有的有关概念。

②先行组织者(Advance organizer)

奥苏贝尔认为,新知识只有与当前认知结构中有关的概念联系起来的时候,才能有效地被学习和保持。如果新知识与现存的认知结构有着严重的矛盾或者毫无联系的话,它就不可能被吸收和保持。"先行组织者"策略是指教师在讲授新知识之前,先提供一些包容性较广的、概括水平较高的学习材料,用学生能理解的语言和方式表述,为学生学习新知识提供一个较好的固定点,让它与原有知识结构联系起来。这种预先提供的起组织作用的学习材料就叫作"先行组织者"。

2.认知主义学习理论的教学设计观

(1)教学目标

认知主义学习理论在教学目标设计时,注重学生知识结构和方法的掌握并形成相应的认知结构。如在奥苏贝尔的有意义学习理论中,着重强调了概括性强、清晰、牢固、具有可辨性和可利用性的认知结构在学习过程中的作用,并把建立学生对知识的清晰、牢固、适当的认知结构作为教学的主要任务。

(2)教学内容

认知主义学习理论者不把教材作为一种目的,而是作为一种教学的素材,最终目的在于借助教材使学生掌握更多的知识,发展相应的能力。因此,在教学过程中,必须对教材进行新的加工,使其有利于学生重组自己的知识。

(3)教学过程

与行为主义者相比,在教学准备阶段,认知主义者更加重视学生的心理准备状态。他们认为,与其说教学目的的实现是旧知识的延伸,还不如说教学目的是通过发展学生的认知水平实现的,而学生的认知水平很大程度上取决于他们的认知愿望、情感的要求。因此,上课伊始,具有认知主义观点的教师不是要先复习旧知识,然后开始新课,而是先把富有"挑战性"的课题摆在学生面前,激发学生的认知兴趣,然后追溯原有的知识和经验,寻求问题的答案。认知主义者认为教学过程是不断产生和爆发思想火花——顿悟的过程。在教学过程中,教师应尊重学生的主体性,将教学过程作为学生自主发现的过程。教师往往将新知识以问题的形式呈现给学生,这些问题旨在引起学生的认知冲突,而非一些事实性的问题,然后让学生提出各种各样的假设,设计方案去验证假设、解决问题。

(4)教学评价

认知主义者认为学习是学生的知觉与外界交互作用的过程。因此,他们将测验的目标放在考查每个学生能否运用适当的知识去解答问题,看学生对问题的解答是否与他所占有的资料或事实一致,看学生的回答是否清晰严密,论题、论据和结论是否前后一致等。因此,试卷往往是以问题为中心进行编制,答案的开放性强,评价也不强调教师的权威而往往借助于学生集体的讨论和评价。

(三)人本主义学习理论及其教学设计观

1.人本主义学习理论的基本观点

人本主义学习理论的代表人物主要有马斯洛(A.H.Maslow)、罗杰斯(C.R.Rogers)等。它强调学习过程中人的因素,其基本的学习观点是:必须尊重学生并将其视为学习活动的主体,尊重学生的意愿、情感、需要和价值观,相信任何真正的学生都具备自我教育、发展自身的潜能,并最终达到"自我实现"。因此,人本主义强调师生间应建立良好的交往关系,形成情感融洽、气氛适宜的学习情境。

人本主义学习理论认为情感与认知是人类精神世界中两个不可分割的有机组成部分,彼此是融为一体的,也是"完整的人"应具备的两个方面。然而为了培养"完整的人",教师必须采取有效的方法来促进学生的变化和学习,培养他们适应变化和如何学习的能力。人本主义学习理论认为,教学应遵循以下原则。

(1)重视个人意义的学习

人本主义认为,在适当的条件下,每个人所具有的学习、发现、丰富知识与经验的潜能和愿望是能够被释放出来的。因此,在进行教学设计时,应充分信任学生的潜在能力,以他们为中心,激发其高层次的学习动机,从而使他们能够对自己进行教育,最终把他们培养成"完整的人"。

人本主义学习理论充分肯定了学生的中心地位,为学生进行有意义的学习创造了条件。这里所说的有意义学习是指一种使个体的行为、态度、个性以及价值观发生重大改

变的学习,它关注学习内容与个人之间的关系,主要包括四个方面的因素。第一,学习具有个人参与的性质,即人的情感与认知全部投入学习活动。这是进行有意义学习的前提。第二,学习是自我发起的。这充分显示了个体在学习中的地位。第三,学习是渗透性的。这意味着学习能使学生的行为、态度,乃至个性都发生变化。第四,学习是由学生自我评价的。这说明学生自己对有意义学习起着重要的作用。人本主义学习理论认为只有学生具有了学习的中心地位,才能全身心地参与学习活动,自觉地深入地进行学习,才能有意识地进行自我评价,从而促进教学活动得以顺利进行。

(2)创设真实的问题情境

与建构主义学习理论一样,创设真实的问题情境是基于人本主义学习理论的教学设计的首要任务。它是一种支持学生进行有意义学习的各种真实问题的组合。

罗杰斯(C.R.Rogers)认为,如果要使学生全身心地投入学习活动,那么就必须让学生面对对他们个人有意义的或与他们有关的问题。但在我们当今的教学活动中,学生与生活中所有的真实问题还存在很大的隔阂,这对学生的有意义学习造成了很大的损失。为此,如果我们希望学生成为真正自由的和负责的个体,就应该为他们创设各种真实的问题情境。

(3)充分利用多种学习资源

学习资源,狭义上是指课程学习资源,包括支撑教学过程的各类软件资料和硬件系统。广义上,学习资源还包括一切可为教学目的服务的人、财、物,由学习材料与教学环境两大类组成。与传统教学相比,人本主义学习理论强调教师应将大量时间放在为学生提供学习所需的各种资源上。因为当学生觉察到某些学习资源与他自己的目的有关时,有意义学习便可以发生;当某些学习资源有悖于学生自己的看法时,有意义学习往往会受到抵制。

(4)追求学习过程的开放性

人本主义学习理论认为学生的学习是一种在教师帮助下的自我激发、自我促进、自我评价的过程。在这一过程中学生不仅收获了知识,掌握了学习方法,还形成了健全的人格。因此,基于人本主义学习理论的学习过程是自由开放的,是依靠学生根据自己的个性来选择学习路径的。

2.人本主义学习理论的教学设计观

(1)教学目标

人本主义学习理论认为,在教学目标上应强调发展学生的个性与创造性,帮助学生获得自我实现,教学要发展学生的个性,充分调动其内在的学习动机,创造和谐融洽的师生关系。

(2)教学内容

人本主义学习理论强调学生的直接经验。罗杰斯认为学习不仅受环境的支配,学生还可以自主开展学习,自由选择学习内容,让学习成为学生自己的学习。因此,在教学内容方面,教师提供现实的且与所教课程相关的问题与环境,并激发学生内在的动机,促使其进行探究性学习。由于要激发学生的内在动机,教学内容必须是学生感兴趣的,并能够引起他们自由发挥与选择。

(3)教学过程

人本主义学习理论强调教学过程应促进学生的自由发展,是让学生在安全的心理气氛中不断释放内在能量的过程,教学要为学生创造一个良好的环境,让其从自己的角度来感知世界,强调学生的直接经验,达到自我实现的目标。因此,教学的任务就是创设一种有利于学生学习潜能发挥的情境。教师的任务是帮助学生增强对变化的环境和自我的理解,而不应该像行为主义学习理论所主张的那样,用安排好的各种强化手段去控制或塑造学生的行为。在教学方法上,主张以学生为中心,放手让学生自我选择、自我发现。此外,罗杰斯将人本主义思想运用于教学研究与实验,确定了"情意教学论"和"以学生为中心的教学模式论"。

(4)教学评价

人本主义学习理论强调自我评价。人本主义学习理论一改传统的由他人对学生进行评价的方式,而让学生自己对学习目标以及完成程度进行评价,并认为只有学生自己决定评价的准则、学习目标以及目标达成的程度并负起责任,才是真正的学习。

(四)建构主义学习理论及其教学设计观

1.建构主义学习理论的基本观点

20世纪90年代以来,认知主义学习理论由于本身的局限性,受到来自建构主义学习理论的挑战。建构主义学习理论在吸收认知主义关于认知加工观点的基础上,提出对学习过程本质的不同看法。对建构主义思想的发展起推波助澜作用,并将它与人的学习直接联系起来的要首推杜威(J.Dewey)、皮亚杰(J.Piaget)和维果茨基(Л.С.Выготский)三人。

建构主义学习理论认为学习是在一定的情境即社会文化背景下,借助他人的帮助,运用已有的经验,对所提供的信息进行新的意义建构的过程。即在学习过程中,一方面学生以自己已有的知识经验为基础,通过与外界的相互作用,对新的信息进行加工处理,以实现对新信息的意义建构;另一方面,学生又要对自己原有的经验进行改造和重组。不论是获得知识技能还是运用知识技能解决实际问题都同时包含了这两方面的建构。建构主义学习观是一种全新的学习理论,它对我们进一步认识学习本质、揭示学生学习规律、指导教学设计具有积极的意义。

2.建构主义学习理论的教学设计观

(1)教学目标

以建构主义的观点来看,教学应该是一个学生利用经验和已有知识主动建构新知识的过程。因此,教学目标被"意义建构"所取代,使得"知识"这一概念含糊、笼统。建构主

义教学观强调培养学生借助已有的知识经验主动建构新知识的能力,即培养学生的自学能力、研究能力、思维能力、表达能力和组织管理能力。

在编写教学目标时,强调应有一定的弹性和可变性,如采用认知目标分类的层次来标识(掌握……,理解……),避免将教学目标简单化的倾向,不能采用传统的行为式的教学目标;强调知识的情境性、整体性,强调知识应在真实任务的大环境中呈现,学生在探索真实的任务中达到学习目标。所以在编写教学目标时,应避免过度抽象、过度细化、过度分散、过度单调的逻辑关系,而应该采用一种整体性的教学目标编写方法。

(2) 教学内容

建构主义者特别是激进的建构主义者,一般强调知识并不是对现实的准确表征,它只是一种解释、一种假设,不是问题的最终答案,而且知识并不能精确地概括世界的法则,在具体使用中,需要针对具体情境进行再创造。因此,课本知识是一种关于现象的较为可靠的假设,而不是问题的唯一正确答案。学生对这些知识的学习是在理解的基础上对这些假设做出自己的检验和调整的过程。因此,作为课本知识并不是唯一的教学内容。

(3) 教学过程

在建构主义学习理论指导下,学生和教师的角色发生了历史性的转变:学生从外部刺激的被动接受者和知识的灌输对象转变成知识意义的主动建构者;教师从文化传承执行者的角色转换为学生知识意义建构的帮助者、协作者、组织者和促进者。因此,教学模式由以教为主转变为以学为主。在以学为主的教学模式中,因为采用了自主学习策略,学生可以按照自己的认知结构、学习方式,选择自己需要的知识,并以自定的进度进行学习。在建构主义的教学模式下,目前已开发出的、比较成熟的教学方法主要有以下几种。

① 支架式教学(Scaffolding instruction)。支架式教学要求教师事先要把复杂的学习任务加以分解,以便于把学生的理解逐步引向深入。借用建筑行业中使用的脚手架作为形象化比喻,其实质是利用"脚手架"的支撑作用,不断地把学生的智力从一个水平提升到另一个新的更高水平,真正做到使教学走在发展的前面。

② 抛锚式教学(Anchored instruction)。这种教学要求建立在有感染力的真实事件或真实问题的基础上,确定这类真实事件或真实问题被形象地比喻为抛锚。认为学生要想完成对所学知识的意义建构,即达到对该知识所反映事物的性质、规律以及该事物与其他事物之间联系的深刻理解,最好的办法是让学生到现实世界的真实环境中去感受、去体验,以获取直接经验,而不是仅仅聆听别人的介绍和讲解。

③ 随机进入教学(Random access instruction)。在教学中要注意对同一教学内容,要在不同的时间、不同的情境下,为不同的教学目的、用不同的方式加以呈现。换句话说,学生可以随意通过不同途径、不同方式进入同样教学内容的学习,从而获得对同一事物或同一问题的多方面的认识与理解,这就是所谓的随机进入教学。显然,学生通过多次进入同一教学内容将达到对该知识内容比较全面而深入的掌握。建构主义的教学方法

尽管有多种不同的形式,但又有其共性,即它们的教学环节中都包含有情境创设、协作学习。在协作、讨论过程中当然还包含有对话,并在此基础上由学生自身最终完成对所学知识的意义建构。

(4)教学评价

建构主义理论指导下的教学评价主要表现在以下几方面:①教学评价以学生为主。建构主义学习理论提倡以学生为中心,强调学生的认知主体作用,所以教学评价的对象必然从教师转向学生,评价学生的学习,如学生的学习动机、学习兴趣、学习能力等。在此思想指导下,教学评价的主要对象是学生,当然也对教师进行评价,但评价的出发点从"教"改变为是否有利于学生的"学"、是否为学生创设了有利于学习的环境,以及是否能引导学生进行自主学习等。②教学评价标准。以学生为中心的教学评价,评价对象从教师转到了学生,评价的标准从知识转向了能力。对教师评价更加关注教师是否为学生创设了一个有利于意义建构的情境,是否能激发学生的学习动机、主动精神和保持学习兴趣,以及是否能引导学生加深对基本理论和概念的理解等。③教学评价的方法。在建构主义教学模式中,因为采用了自主学习策略,学生可以按照自己的认知结构、学习方式,选择自己需要的知识,并以自定的进度进行学习,所以评价方法也多以个人的自我评价为主,评价的内容也不是掌握知识数量的多少,而是自主学习的能力、协作学习的精神等。另外,在建构主义教学过程中进行的评价主要是形成性评价。由于学生进行的都是自我建构的学习,对于同样的学习环境,不同学生学习的内容、途径可能相关性不大,如何客观公正地对他们的学习结果做出评价就变得相当困难。很明显,对他们实施统一的客观性评价是不合适的。目前,人们比较赞同的是通过让学生去实际完成一个真实任务来检验学生学习结果的优劣。

从上述不同学习理论的教学设计观的综述中可以发现,随着学习理论的不断发展和融合,其相应的教学设计思想也日趋丰富,但是我们应该认识到,学习理论本身并不是成熟的理论,它的许多结论是在某种特定条件下得到的。因此,教学设计不可能找到一个成熟的、包罗万象的学习规律作为唯一的理论依据,除了对不同学习理论做科学分析、选择外,还必须从别的学科领域中汲取营养。

二、教学理论

教学理论是为解决教学问题而研究教学一般规律的科学。教学设计是科学地解决教学问题、提出解决方法的过程,为了解决好教学问题就必须遵循和应用教学客观规律,因此教学设计离不开教学理论。这里主要从教学观念、教学模式、教学行为、教学策略、教学评价方面来探讨教学理论与教学设计的关系。

(一)教学观念与教学设计

教学观念(简称教学观)是指教师对教学的本质和过程的基本看法。依据不同的标

准,教学观念可以划分为不同的类别。从教学观念的内容角度,可以将教学观念分解为教学本质观、教学价值观、教学过程观、教学交往观、教学方法观、学生观、知识观、教学评价观、自我教学发展观等几部分;以不同的学习理论为基础进行划分,教学观念包括行为主义教学观、认知主义教学观、建构主义教学观以及人本主义教学观。教学观念为教学设计指明了方向,不同的教学观念包含着不同的教学设计思想,具体表现在教学目标的设置、教学内容的选择、教学过程的安排以及教学评价等方面。

(二)教学模式与教学设计

所谓模式是提供给我们思考的一种过程或结构化的有用方法。教学模式是指在一定的教育思想、教学理论和学习理论指导下,在某种环境中展开的教学活动的稳定结构形式,即教学过程中教师、学生、教材、媒体等要素所形成的稳定的结构形式。不同的教学模式是在不同教学观念的指导下,围绕不同的主题、所涉及的因素和各种关系展开的,依据不同的标准可以划分出许多类别。

根据授课方式的不同,教学模式可以大致分为集体授课教学模式、个别化教学模式、小组教学模式等。按照师生活动的关系分类,教学模式可以划分为三种类型:以教师为主的模式、以学生为主的模式和综合教学模式。按照学派观点分类,将教学模式分为四种类型:经典性教学模式、探索性教学模式、程序性教学模式和开发式教学模式。按照学与教的性质分类,可以分为信息加工的教学模式、社会互动的教学模式、个性发展的教学模式和行为矫正或控制的教学模式。

课堂教学模式以教学流程的形式,简要、概括地反映了教师教学设计的思想。在这里对掌握学习、探究学习这两种化学教学中常用的教学模式及其课堂教学设计思想作一介绍。

1.掌握学习的教学模式及其教学设计

掌握学习的教学模式是当代著名的教育心理学家布卢姆在20世纪70年代首创的。掌握学习的教学目的是在不影响现行班级集体授课制的前提下,使大多数学生达到优良成绩。掌握学习教学模式的程序大致由五个环节组成。

(1)单元教学目标的设计。布卢姆认为,教学质量的高低首先表现为对教学目标的表述是否清晰,每一个学生是否都清楚了自己将要学习什么。表述较好的目标可以表现为一种清楚的行为。通过对是否具备该行为的测定,可以了解其达标的程度。在掌握学习的教学模式中,教育目标分情意领域、认知领域、操作技能领域三大类。在认知领域又分为知道、领会、应用、分析、综合、评价六个学习水平。

(2)依据单元教学目标的群体教学。掌握学习的教学模式是采用集体授课形式,但在授新课之前,给予学生学习知识必需的准备知识,提出认知先决条件。

(3)形成性评价(A)。在单元集体授课之后,就要进行形成性测验(A)。形成性测验(A)的测试题与教学目标相匹配,其目的是为了获得进行形成性评价的依据。形成性评价对学生学业情况的诊断不仅要反映学生对教学内容掌握的广度,还要反映出对教学内容掌握的深度,所以需要设计二维评价表。

(4)矫正学习。形成性评价之后,将学生分作两类,凡达成度在80%及以上者,称为达标组;凡达成度在80%以下者,称为未达标组。矫正学习是针对未达标组的学生给予额外的学习时间。矫正学习不能简单重复新课的教学内容,而是采用多种方法,具有针对性。

⑤形成性评价(B)。最终去检验达标的情况是依靠形成性评价(B)。其测试题与形成性测验(A)同质异次,但指向更明确。对于在形成性评价(A)中大多通过的测试题可以不再出现,通常针对两种情况进行检查:一种是学生易犯的错误,另一种是与下一单元关联性特别强的准备知识。

掌握学习的教学模式虽然在提高学生基础知识和基本技能方面具有较强的优势,但有其自身的适用性,可以归纳为:①适用于基础知识、基本概念、基本原理的教学;②适用于封闭型的课程而不是开放式的课程,即适用于明显可测性的课程,而不是创造力培养等课程;③适用于长期课程而不是短期或微型课程。

2.探究学习的教学模式及其教学设计

在教育学中,人们公认"探究学习"是由美国芝加哥大学教授施瓦布于1961年在哈佛大学所做的报告《作为探究的科学教学》(Teaching of Science of Enquiry)中首次提出的。所谓探究性教学模式是指在教学过程中,学生在教师指导下,通过以"自主、探究、合作"为特征的学习方式对当前教学内容中的主要知识点进行自主学习、深入探究并进行小组合作交流,从而较好地达到课程标准中关于认知目标与情感目标要求的一种教学模式。其中认知目标涉及与化学学科相关知识、概念、原理与能力的形成与掌握;情感目标则涉及情感与道德品质的培养。化学教学中完整的探究过程一般有以下八个环节。

(1)提出问题。从日常生活或化学学习中发现有价值的问题,并能清楚地表述所发现的问题。如探究中,我们发现蜡烛燃烧时的火焰分为三层,可提出"蜡烛燃烧时各层火焰的温度一样高吗"等问题。

(2)猜想与假设。对问题可能的答案做出猜想与假设。如针对蜡烛燃烧时火焰的温度,我们可做如下的猜想或假设:蜡烛燃烧时各层火焰的温度不同,其中外焰温度最高等。

(3)制订计划。在老师指导下或通过小组讨论提出验证猜想或假设的活动方案。如验证蜡烛燃烧时外焰温度是否最高时,可用一根火柴棒迅速平放在火焰中,约1秒后取出,看哪一部分最先烧焦,以此确定火焰温度最高的地方。

(4)进行实验。按照制订的计划正确地进行实验,注意观察和思考相结合。

(5)收集证据。独立或与他人合作,对观察和测量的结果进行记录,或用调查、查阅资料等方式收集证据,或用图表的形式将收集到的证据表述出来。如:处于酒精灯外焰部分的火柴棒烧焦了,处于内焰部分的火柴棒略有变化,处于焰心部分的火柴棒没有明

显的变化等,这些都是证明酒精灯火焰哪部分温度最高或最低的证据。

(6)解释和结论。对事实或证据进行归纳、比较、分类、概括、加工和整理,判断事实、证据是肯定了假设还是否定了假设,并得出正确的结论。

(7)反思与评价。对探究结果的可靠性进行评价,对探究活动进行反思,发现自己和他人的长处和不足,并提出改进措施。如除了用火柴棒外,还能用其他物质或方法证明蜡烛燃烧时各层火焰温度的高低吗?

(8)表达与交流。采用口头或书面的形式将探究过程和结果与他人交流和讨论,既要敢于发表自己的观点,又要善于倾听别人的意见和建议。

在课堂教学中具体实施探究过程时,不一定需要经历完整的探究过程,根据需要可以是全程式的探究,也可以对部分要素进行探究。

(三)教学行为与教学设计

教学行为是为实现教学目标或意图,教师所采用的一系列问题解决行为,是在教师自我监控下的一种有选择的技术,这种选择的成败依赖于教师的知识结构、教学能力和在教学实践中积累起来的有关教学经验。教学行为的分类方法有很多种。以行为的效果作为划分依据,教学行为可分为有效教学行为和无效教学行为。一般来说,教师的教学行为是否有效可以从以下五个方面来衡量:教师的教学行为是否明确;教师的教学方法是否灵活多样,调动学生学习积极性的手段是否有效;教师在课堂上的所有活动是否围绕教学任务来进行的;在课堂教学中,学生是否都积极地参与到教学活动中去;教师能否及时掌握学生的学习状况和课堂中出现的问题,并能据此调整自己的教学节奏和教学行为。如果一个教师能够做到以上五个方面,那么他的教学行为应该是合理而且有效的。

教师的教学观是决定其教学行为的关键,而教学观又是在教学理论指导下形成和发展的。因此,不同的教学理论影响下的教师往往会有不同的教学行为。据此,教学行为可以划分为行为主义教学理论指导下的教学行为、人本主义教学理论指导下的教学行为、认知主义教学理论指导下的教学行为、社会学习理论指导下的教学行为以及建构主义教学理论指导下的教学行为。

行为主义教学理论指导下的教学行为强调:①详细地设计教学方案;②恰当利用正、负强化;③有效地安排强化间隔。

人本主义教学理论指导下的教学行为强调:①与学生真诚沟通;②尊重学生的情感和意见;③能设身处地了解学生对整个学习过程的看法和感觉;④善于发现和评价学生身上所具有的优秀品质和能力;⑤提出和解决学生感兴趣的问题;⑥教学方法多样化。

认知主义教学理论指导下的教学行为强调:①重视学生本身的理解、推论和学习策略;②了解学生原有认知结构,给学生提供提取信息的线索,帮助他们达到正确的知觉,同时也要防止学生可能提取不恰当的信息致使其建构错误的概念;③教师除了对材料提供必要的解释、推论、例证等外,还要提供概要、先行组织者(引言性的说明),并鼓励学生自己去构造标题、概要等;④帮助学生把新建构的意义进行归类和重组,建立知识结构,通过归类把新的概念纳入长时记忆的认知结构中。

建构主义教学主张以学生为中心,但以学生为中心并不意味着教师责任的减轻和教师作用的降低,而恰恰相反,对教师提出了更高要求。耶格尔(Yager)在1991年对建构主义教学观指导下的教师教学行为进行了深入研究后,提出了17种主要的建构主义教师的教学行为,主要包括以下四个方面:①关于教学内容的准备。充分利用地区的人文和物质资源,把学生感兴趣的某一内容、有价值的现实问题或观点等组织进课程内容,鼓励学生提出具有创意的观点。②在呈现新观点(课程内容)时,先了解学生对这个主题知识与概念的认识,关注学生的经验兴趣。③在教学过程中,鼓励学生进行分析、反思,尊重他们产生的新观点,并鼓励学生进行自我分析,为自己的观点找依据,同时鼓励学生互相讨论,互相挑战彼此的观点,使学生在各种新观点、新知识的启发下进行知识建构。④把教学扩展到课堂之外,注重知识、技能在实际生活中的运用,强调职业意识。

教学行为是课堂教学设计的直观、动态的体现,教学设计时要注意这几点。①教学行为的选择要符合教学目标与教学内容的特点。课堂主要教学行为是以目标和内容为导向的,不同的教学目标、内容需要不同的教学行为去实现和完成。如果是传授新知识,一般选择语言呈示为主的方式;如果是形成和完善技能、技巧,选择动作呈示为主的方式往往更为有效。一个优秀的教师,肯定善于研究教材,能够根据教学任务、内容,合理地选择教法,灵活地富有创造性地运用讲解、提问、讨论、演示、练习等方式,能够成功地借助于现代教学技术创设情境,从而达到准确、鲜明、生动的课堂教学效果。②教学行为要适合学生的实际。在教学过程中,学生的学既是教学的归宿,又是教学的出发点。教师的教是为了学生的学,所以教师的教学行为还必须与学生的身心发展水平和知识经验相符合,只有当教学方式适合学生的认知结构、能力水平、学习方法、学习态度、兴趣爱好时,才会发挥其最大效益。③教学行为要适应教师的素养条件。教师是教学行为的组织者、实施者,所以任何一种教学行为的选用,只有适应教师的素养条件,能为教师所理解和掌握,才能发挥作用。因此,教师的爱好特长、知识背景、教学技能和个性品质,都应该成为选择教学行为的重要依据。④考虑教学行为的适用范围和使用条件。每种教学行为都有各自的适用范围和使用条件,所以教师在选择教学行为时,还应该把环境和相关因素考虑在内。

(四)教学策略与教学设计

教学策略是在特定教学情境中为完成教学目标和适应学生学习需要而制订的教学程序计划和采取的教学实施措施,是教学设计的重要内容,是将教学观念、教学模式转化为教学行为的桥梁。教学策略设计和选择的基本依据应包括以下几个方面。

(1)分析教学目标。教学目标不同,所采取的教学策略也就不同。例如,化学教学之

初,教学的起始目标是提高学生的化学学习兴趣和信心,然后才是促进学生掌握具体的化学知识、技能和发展智能的终极目标。针对不同的教学目标,教师应采用不同策略,前者可选择对感受化学学科的最新发展动态、与社会生活紧密联系、对学生自身发展的重要作用等方面都有效的教学策略,进而达到提高学生兴趣,保持学习积极性的目标;后者则应根据化学知识与技能内在的逻辑联系、化学知识与技能迁移的规律、学生的主观状态等进行综合考虑,然后制订或选择有效的教学策略。因此,教学目标的分析是制订或选择教学策略的关键条件。

(2)关注学生的初始状态。学生的初始状态是指学生现有的知识与技能、学习风格、心理发展水平等。学生的初始状态决定着教学的起点,是制订教学策略的基础。实践表明,如果仅根据教学目标制订教学策略,无视学生起始状态,那么所制订或选择的教学策略就会因缺乏针对性而失效。因为学生的起始状态决定教学的起点,教学策略的制订或选择必须从该起点出发,进行具体分析。例如,针对学生不同的学习风格,教师在教学中可采取两类教学策略:一是采取与学习风格中的长处或学生偏爱的方式相一致的匹配策略;二是针对学习风格中的短处或劣势采取有意识的失配策略。学生的"最近发展区"与其学习的初始状态密切联系。如果说对教学目标的分析是制订或选择教学策略的前提,那么对学生初始状态的分析则是制订有效教学策略的基础。

(3)考虑教师自身的特征。如果说教学目标和教学对象是影响制订教学策略的客观条件,那么,影响教学策略制订有效性的主观因素主要取决于教学者自身特征,包括教学思想、知识经验、教学风格、心理素质等。因此,在制订或选择教学策略时,不仅应重视目标和学生起始状态的分析,还应该努力发挥教师的主观能动性,充分发挥教师自身特征中的积极因素在制订或选择有效教学策略中的作用。同时,教师应有意识地克服自身特征中的消极因素对制订或选择教学策略的不利影响。

(4)关注问题情境。由于教学策略具有灵活性的特征,因而同一策略可以解决不同的问题,不同的策略也可以解决相同的问题。教学策略的应用随问题情境的变化而变化。

(五)教学评价与教学设计

教学评价是由美国俄亥俄州立大学教育科学研究所的泰勒(R.W.Tyler)教授于1930年首次提出的。所谓教学评价,是指根据一定的教学目标,运用可行的科学手段,系统地采集和分析信息,对教学活动过程及结果满足预期目标的程度做出测定和衡量,并给予价值判断,从而为修正教学设计提供参考和达到教学价值增值的过程。美国学者马杰(R.Mager)指出,教学设计依次由三个基本问题组成:首先是"我要去哪里",即教学目标的制订;其次是"我如何去那里",即包括学生起始状态的分析、教学内容的确定、教学方法与教学媒体的选择;再是"我怎么判断我已经到达了那里",即教学的评价和监控。教学设计是由目标设计、内容方法设计、评价监控设计构成的一个有机整体。可见,教学评价是教学设计修改的基础,是教学设计成果趋向完善的调控环节。

教学评价的设计要注意这几点。①选择教学评价模式。在教学设计中主要有四种比较典型的教学评价模式:决策性评价模式、研究性评价模式、价值性评价模式、系统性评价模式。这四种评价模式都有其优点和不足,不能简单地指出哪种模式好或者哪种模式不好。在教学设计中,每种评价模式的观念和观点是相对评价教学的实践活动而言的。例如,系统性和价值性评价模式最好用于教学项目的设计阶段,决策性和研究性评价模式则可能更适合教学项目的实现和评价阶段。②构建多元立体式教学评价。教学评价的设计在选择评价模式的同时,也应考虑评价的客体、主体、媒体及评价的取向等方面的内容。教学评价的客体(即评价的对象和范围)设计应做到由评价教师向评价学生延伸、由评价课内向评价课外延伸、由评价"教学"向评价"教艺"延伸、由评价掌握知识内容向评价掌握学习方法延伸等;教学评价的主体包括教师和学生评价、领导和同行评价、骨干和专家评价、社会和家长评价等;教学评价的媒体设计应采用定性与定量评价相结合、直接评价与间接评价相结合、常法评价与技术评价相结合等;教学评价的取向应符合教育方针、社会需求及学生潜能的发展要求。③教学评价要有灵活性。在课堂教学设计中,教师应留有余地,不要让过多的设计步骤、评价指标束缚了手脚。

三、系统理论

教学设计是运用系统方法与技术分析来研究教学问题和需求,确立解决它们的途径和方法,并对教学结果做出评价的系统的计划过程。这里的系统方法是指教学设计从"教什么"入手,对学习需要、学习内容、学生进行分析;然后从"怎么教"入手,确定具体的教学目标,制订行之有效的教学策略,选择恰当、经济、实用的教学媒体,具体、直观地表达教学过程各要素之间的关系,对教学效果做出评价,根据反馈信息调控教学设计的各个环节,以确保教学和学习获得成功。这里我们重点介绍迪克－凯瑞教学设计的系统方法模型。在课程设计项目中如果要用这个模型,必须在确定教学目标之后才能用。

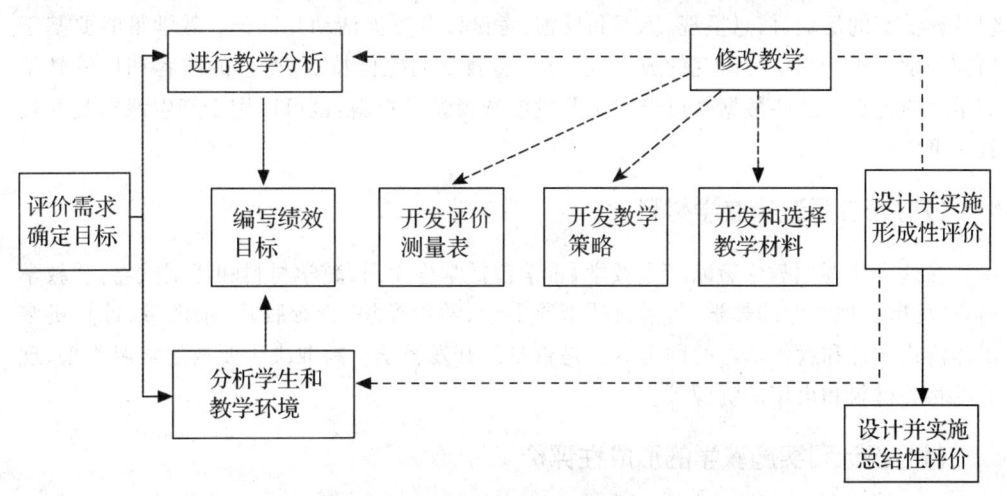

图 1-1　迪克－凯瑞的教学设计模型

(一)确定教学目标

模型的第一步是要确定学生经过这部分的学习之后能够做什么,形成或发展了哪些能力。教学目标有多个来源,如课程标准、学生的已有基础、考试标准等。

(二)进行教学分析并分析学生和环境

在确定了教学目标之后,还要确定为了实现目标教师需要做什么。教学分析过程是在开始教学之前确定学生所具备的技能、知识和态度,我们称之为入门技能。

除了分析教学目标之外,还要同时分析学生、分析技能的学习环境和应用环境。学生现有技能、偏好和态度,以及教学环境和应用环境的特点这些重要信息,会影响模型后续步骤,特别是教学策略的确定。

(三)编写绩效目标

基于教学分析和入门技能陈述,具体地写出学生完成教学后能够做什么,这些描述根据教学分析确定的技能派生而来,确定了要学的技能、实施技能的条件和成功表现的评判标准。

(四)开发评价测量表

基于所写的目标,开发出相关的评价测量表,以测定学生对于目标中所描述行为的完成水平。重点在于将目标中所描述的行为种类与评测类型对应。

(五)开发教学策略

基于前面五步的结果,确定为达到最终目标在教学中要采用的教学策略。教学策略包括教学前的活动、信息呈现、练习和反馈、考试以及延展活动几部分。教学策略要基于当前的学习理论和学习研究的成果,以及传递教学的媒体特点、要教的内容和接受教学的学生的特点。这些数据既可以用于开发或选择教学材料,也可以用于产生课堂交互式教学策略。

(六)开发和选择教学材料

在这一步要用教学策略产生教学,教学包括学生手册、教学材料和考试试卷。"教学材料"泛指各种类型的教学,包括教师指导手册、学生模块、投影胶片、录像带、计算机多媒体格式文件和远程学习的网页等。是否自己开发教学材料取决于要教的学习类型、现有的相关材料和可用的资源等。

(七)设计和实施教学的形成性评价

在完成了教学设计的初稿之后,就要开展一系列的评价活动,以收集数据,确定如何改进教学。一般有三种类型的形成性评价：一对一评价、小组评价和现场评价。各种评价类型为教师提供了不同种类的教学改进信息。类似的技术也可用于对现有材料或课堂教学的形成性评价。

(八)修改教学

最后一步(也是循环周期的第一步)是修改教学。整理和分析形成性评价所收集的数据，确定学生在完成目标的过程中所遇到的困难，依据这些困难找出教学方面的不足。图中从"修改教学"中划出的虚线表明从形成性评价中获得的数据不是简单地用于修改教学本身，还要用于重新复查教学分析，确定关于入门技能和学生特点假设的合理性，还要根据所收集的数据审查绩效目标和考试题，审核教学策略，最后所有这些复查、审核产生的教学修改将会导致一个更加有效的教学工具。

(九)设计和进行总结性评价

尽管总结性评价是教学有效性的最终评价，但是它通常不是设计过程的一部分，它是用来评估教学的价值的，必须在完成了形成性评价，在教学已经进行了充分的修改，满足了教师的标准之后才进行。因为总结性评价通常不是由教学的设计者，而是由独立的评估员完成，所以从本质上来说这个过程也不应该算作教学设计过程的一部分。

这九个基本步骤构成了用系统化方法设计教学的过程，这个过程的集合之所以叫作系统化方法，是因为它是由相互作用的成分组成的，每个成分都有自己的输入和输出，在一起产生出预期的结果。由于整个过程一直在收集系统有效性的数据，所以最终的成果能够不断修改直至达到所需要的质量水准。在教学材料的开发过程中，对数据的收集，对材料的修改，都是为了使教学尽可能地既有效率又有效果。

四、传播理论

按照信息论的观点，教学过程是一个信息传播特别是教育信息传播的过程，在这个传播过程中有其内在的规律性和理论，所以教学设计应以人们对传播过程的研究所形成的理论——传播理论作为理论基础。

(一)传播过程的理论模型说明了教学传播过程所涉及的要素

被誉为传播学奠基人之一的美国政治学家拉斯韦尔在《社会传播的结构与功能》一书中，清晰地阐明了大众传播过程中所涉及的五个基本要素，提出了著名的"5W"公式，初步揭示了传播过程的复杂性。运用"5W"公式分析教学传播活动，可以看到教学过程也涉及这些类似的要素。

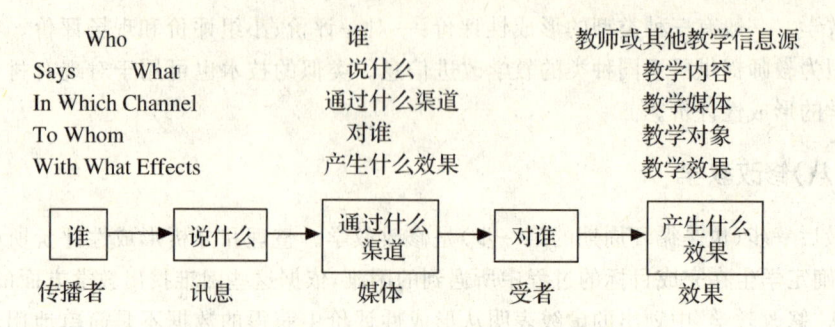

```
Who              谁           教师或其他教学信息源
Says What        说什么        教学内容
In Which Channel 通过什么渠道   教学媒体
To Whom          对谁          教学对象
With What Effects 产生什么效果  教学效果
```

```
谁 → 说什么 → 通过什么渠道 → 对谁 → 产生什么效果
传播者   讯息      媒体        受者      效果
```

图 1-2　拉斯韦尔直线式传播模式图

布雷多克(Bradock)1958 年在此基础上发展了"7W"模型,因此教学传播过程又增加了以下两个要素,即 Why 为什么——教学目的,Where 什么情况下——教学环境。这些要素自然也成为研究教学过程、解决教学问题的教学设计所关心、分析和考虑的重要因素。

(二)传播理论揭示了教学过程中各种要素之间的动态的相互联系,并告之教学过程是一个复杂动态的传播过程

1960 年贝尔洛(D.K.Berlo)在拉斯韦尔研究的基础上提出的 SMCR:Source-Message-Channel-Receiver 模型(见图 1-3),更为明确和形象地说明传播的最终效果不是由传播过程中某一部分决定的,而是由组成传播过程的信息源、讯息、通道和受者四部分以及它们之间的关系共同决定的,而传播过程中每一组成部分又受其自身因素的制约。从信息源(传者)和信息接受者(受者)来看,至少有四个因素影响信息传递的效果:①传播技能。传者的表达、写作技能,受者的听、读技能均会影响传播效果。②态度。包括传者和受者对自我的态度,对所传信息内容的态度,彼此间的态度等。③知

```
SOURCE          MESSAGE           CHANNEL    RECEIVER
传播技能      要素        结构       视        传播技能
态度                                听        态度
知识                                触        知识
社会系统      内容  处理  编码       嗅        社会系统
文化背景                             味        文化背景
```

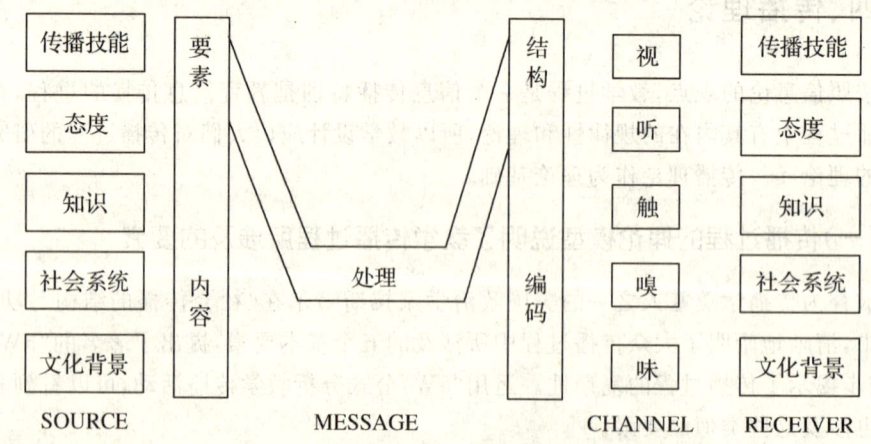

图 1-3　贝尔洛 SMCR 传播模式图

识水平。传者对所传递内容是否完全掌握,对传播的方法、效果是否熟知,受者原有知识水平是否能接受所传递的知识等,都将影响最终的效果。④社会及文化背景。不同的社会阶层及文化背景也影响传播方法的选择和对传播内容的认识和理解。

教学设计正是在这一论点的基础上把教学传播过程作为一个整体来研究,为了保证教学效果的优化,既注意每一组成部分(信源——教师、信息——教学内容、通道——媒体、接受者——学生)及其复杂的制约因素,又对各组成部分间的本质联系给予关注,并运用系统方法在众多因素的相互联系、相互制约的动态过程中探索真正影响教学传播效果的原因,而最终确定富有成效的设计方案。

(三)传播理论指出了教学过程的双向性

奥斯古德和施拉姆在1954年提出的模型(如图1-4)强调传者与受者都是积极的主体,受者不仅接受信息、解释信息,还对信息做出反应,传播是一种双向的互动过程。教学信息的传播同样是通过教师和学生双方的传播行为来实现的,所以,教学过程的设计必须重视教与学两方面的分析与安排,并充分利用反馈系统。

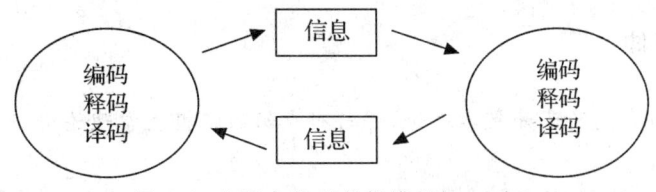

图1-4 奥斯古德-施拉姆模型(1954年)

传播过程要素构成教学设计过程的基本要素(如表1-1),其相应领域如传播内容分析、受众分析、媒体分析、效果分析等研究成果也在不同程度上为教学设计中的学习内容分析、学生分析、教学媒体的选择以及教学评价等环节所吸收。目前,传播学的研究仍在不断发展,相信其研究的新成果会给教学设计注入新鲜血液,使教学设计得到更快、更好的发展。

表1-1 传播过程要素构成教学设计过程的基本要素

序号	传播过程要素	教学设计过程要素
1	为了什么目的	教学需要分析、教学目标分析
2	传递什么内容	学习内容分析
3	由谁传递	教师、教学资源的可行性分析
4	向谁传递	学生(教学对象)分析
5	如何传递	教学策略选择、教学媒体选择
6	在哪里传播	教学环境分析
7	传播效果如何	教学评价

思考题

1. 如何理解课程标准的核心理念"一切为了每一个学生的发展",在此基础上教师如何进行角色的转变?
2. 斯金纳提出的程序教学法的基本要点是什么?
3. 布鲁纳发现法的主要特征是什么?

实践探索

请选取初、高中人教版化学必修教材中的任意一节内容,尝试运用学习理论、教学理论、传播理论和系统理论进行分析,粗略地想想应如何进行这节课的教学设计。请查找一篇关于此内容的中学化学教师的教学设计稿,分析它的教学目标设计、学生分析、教学内容分析、教学策略的选择和学习评价的使用是否合理?存在哪些问题?大体上应该如何改进?并与自己的构想进行对比,撰写反思日记。

拓展延伸

1. 分析布鲁纳的认知教学理论,并与布卢姆的掌握教学理论进行对比,举例说明。
2. 教学理论的教学原则有哪些?你怎么看?它对我国的中学教学产生了较大影响,请举例说明并阐述你的看法。
3. 阅读巴班斯基的最优化教学理论并思考如何在化学教学中有效地优化教学设计。

第二章　化学教学设计模式

本章导学

本章主要介绍化学教学设计的两大模式，分析了化学教学设计模式的要素，最后结合具体案例说明当前化学教学的三大教学模式，即发现学习、自主学习、探究学习。

学习目标

1.从不同的角度分析以"教"为主的教学设计模式和以"学"为中心的教学设计模式的不同点。

2.掌握化学教学设计各要素的分析、设计方法，如知道学生分析、学习内容分析、学习环境分析的基本方法，结合不同的学生和不同的学习情境选择不同的方法。

3.知道教学设计各要素之间的相互影响，学会结合具体教学内容进行选择、分析、调整、融合各要素，形成有效的教学整体。

4.学习如何分析教学案例，提炼有价值的观点并迁移到自己的备课中，学以致用。

第一节 化学教学设计模式简介

"模式"是理论的一种简洁的再现。无论哪一种化学教学设计模式,都包含下列四个基本要素:教学对象、教学目标、教学策略和教学评价,它们相互联系、相互制约,构成了教学设计的总体框架。

化学教学设计模式是在教学设计理论指导下,所构成的具有一定化学教学结构、教学活动顺序和教学功能的一种教学设计范例。我国教育技术界把教学设计模式分为以"教"为主和以"学"为主两类。通常把由迪克、加涅、肯普、史密斯和雷根等学者提出的教学设计模式称为以"教"为主的教学设计模式(也称为传统教学设计模式);把依据建构主义学习理论提出的教学设计模式称为以"学"为主的教学设计模式。

以"教"为主的教学设计模式是基于客观主义学习理论的,"教"是指知识传递、设计的焦点在"教"上,主要研究的是"教",而很少考虑学生"如何学"的问题。这类模式与"教师中心"的教学模式有不可分割的联系,它的优点是有利于教师主导作用的发挥,其严重弊端是完全由教师主宰课堂,忽视学生的主体作用,不利于创新型人才的培养。

以"学"为主的教学设计模式主要研究的是"学",是促进学的。"学"是指主动的意义建构,强调教师精心为学生选择和设计恰当的学习环境,也必须重视自主学习策略和协作学习策略的设计。它与"学生中心"的教学模式相联系,但如果只强调学生的"学",往往容易忽视教师主导作用的发挥。

一、迪克和凯瑞的教学设计模式

迪克—凯瑞(W. Dick & L. Carey)教学设计模式是以教学理论为构建模式的基础,集中讨论了教学设计和发展的具体过程,教学设计步骤具体而详细。该教学设计模式包括九个环节和最后的信息反馈修改环节。如图 2-1 所示。

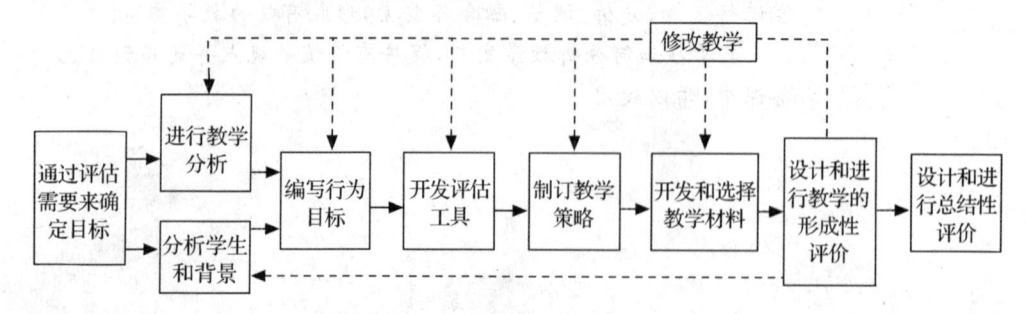

图 2-1 迪克—凯瑞教学设计模式

(1)评估需要并确定教学目标。教学设计的第一步是评估学习的需要,有哪些方面的内容是需要学习的,并以需要的情况为依据确定教学目标,包括在教学之后学生应该能够做什么。教学目标确定的依据应至少包含:教育需求的评估,学生需求的评估,现实中的化学学习问题和其他一些因素。

(2)进行教学分析。教学目标确定后,教师需确定教学目标涵盖的学习类型,并分析完成学习任务所需的步骤。同样,教师也需对学习任务的从属能力进行任务分析。通过分析,得出达到教学目标所需的能力或子能力,以及这些能力之间的关系。

(3)分析学生和情境脉络。即对学生和学习发生环境的分析。这个过程包含对学习情境线索及情境与学习任务内在联系的分析,以及学习情境的计划;也包含对学生起点能力的分析确定等。从而确定学生已经具备哪些学习任务中包含的能力和从属能力,并确定需要提供哪些学习资源(如认知工具、上下文的线索、必要的情境等)。

(4)编写行为目标。在教学分析和起点能力确定的基础上,教师还应详细描述教学任务完成后学生应该能做什么或有怎样的表现。行为目标包括学生将要学习的行为,行为发生的条件以及完成任务的标准。

(5)开发评估工具。主要是参照测验编制标准,测验的内容应该是教学目标中所要求的学生的习得能力,应注意测验项目与教学目标的一致性。

(6)制订教学策略。在前面五个步骤确定之后,教师将要考虑如何形成教学策略,如教学前或教学后的活动安排,知识内容的呈现、练习、反馈和测试等。在师生相互作用的课堂教学中,教学策略的选择应根据现有的学习原理和规律、教学内容和学生的特性等因素而定。

(7)开发和选择教学材料。在确定运用何种教学策略后,教师需要考虑采用哪些教学材料,进行何种教学活动,如材料准备、测验和教师的指导等。选择这些材料、活动依赖于可利用的教学手段、教学素材和教学资源等。

(8)设计和进行形成性评价。其形式可以是个别、小组和全班的测试。每一种评价的结果都为教师提供可用于改进教学的数据或信息。

(9)修改教学。在形成性评价之后,教师总结和解释收集来的数据,确定学生遇到的问题以及发生这些问题的原因,并修改教学步骤。修改教学步骤还包括对行动目标进行重新制订或陈述,改进教学策略和教学方法,从而进行有效教学。

最后是设计和进行总结性评价。尽管总结性评价是确定教学是否有效的步骤,但在这一教学模式中,迪克和凯瑞不认为它是教学设计的一个环节。这一步骤是评价教学的绝对价值和相对价值,在教学结束时进行。通常,总结性评价并非由教学设计者来设计与执行,因此这一步骤不被认为是教学设计过程中应做的工作。

可以看出,这一模式是基于一般教学过程的教学设计,也是一个以学生学习为中心的设计过程。以学生学习为中心应该区别于以学生为中心,前者不一定是学生作为教学活动的控制者,后者必定是学生控制教学活动。两者的共同点在于都要依据学生

学习的规律。这一模式有以下几个特点。

第一,强调学生学习任务的分析以及起点能力的确立。

第二,教学设计是一个反复的过程,需要教师不断进行分析、评估和修正,以期完成具体的教学任务,达到教学目标。

第三,安排教学活动,以优化每一个教学事件,保证教学的整体效果。

试一试

> 任选一节中学化学教学内容,参照迪克—凯瑞教学设计模式尝试一下吧。

二、加涅的教学设计模式

罗伯特·加涅(R.M.Gagnè)是美国教育心理学家。他认为,教学活动是一种旨在影响学生内部心理过程的外部刺激,因此教学程序应当与学习活动中学生的内部心理过程相吻合。他根据这种观点把学习活动中学生内部的心理活动分解为九个阶段:引起注意→告知学习目标→刺激回忆→呈现刺激材料→根据学生特征提供学习指导→诱导反应→提供反馈→评定学生成绩→促进知识保持与迁移,相应地,教学程序也应包含九个步骤。加涅提出九种教学事件的出发点:按照学习发生的过程来组织教学,外部教学活动必须支持学生内部的学习活动。它们的对应关系见表2-1。

表2-1 教学活动与学生内部学习活动的关系

阶段划分	教学事件	内部学习过程	教学实例
教学准备	引起注意	接受	使用突然的刺激变化
	告知学生目标	预期	告诉学生在学习之后,他们能够做些什么
	刺激回忆先前学过的内容	把先前学过的内容提取到短时记忆中	要求回忆先前习得的知识或技能
知识获得和作业表现	呈现刺激材料	有助于选择性知觉	显示具有区别性特征的内容
	提供学习指导	语义编码	提出一个有意义的组织
	引出行为	反应	要求学生有行为表现
	提供行为正确性的反馈	强化	给予信息反馈
保持和迁移	评价行为	提取和强化	要求学生另外再表现出行为并给予强化
	促进保持和迁移	提取并概括化	提供变化了的练习及间隔短时间的复习

加涅的这九种教学事件又被称为九段教学程序。因为我们可以完全按照这种顺

序组织教学活动,并且由于目前被大量应用于讲授式教学,使加涅的九段教学程序被认为是以教师为中心的教学程序的典型。

三、肯普的教学设计模式

肯普(J.E.Kemp)的教学设计模式的特点包括:在教学设计过程中应强调四个基本要素,需着重解决三个主要问题,要适当安排十个教学环节。

(1)四个基本要素是指教学目标、学生特征、教学资源和教学评价。肯普认为,任何教学设计过程都离不开这四个基本要素,由它们即可构成整个教学设计模式的总体框架。

(2)三个主要问题。肯普认为任何教学设计都是为了解决以下三个主要问题:①学生必须学习到什么(确定教学目标);②为达到预期的目标应如何进行教学(即根据对教学目标的分析确定教学内容和教学资源,根据学生特征确定教学起点,并在此基础上确定教学策略、教学方法);③检查和评定预期的教学效果(进行教学评价)。

(3)十个教学环节。①确定学习需要与学习目的,为此应先了解教学条件(包括优先条件与限制条件);②选择课题与任务;③分析学生特征;④分析学科内容;⑤阐明教学目标;⑥实施教学活动;⑦利用教学资源;⑧提供辅助性服务;⑨进行教学评价;⑩预测学生的准备情况。

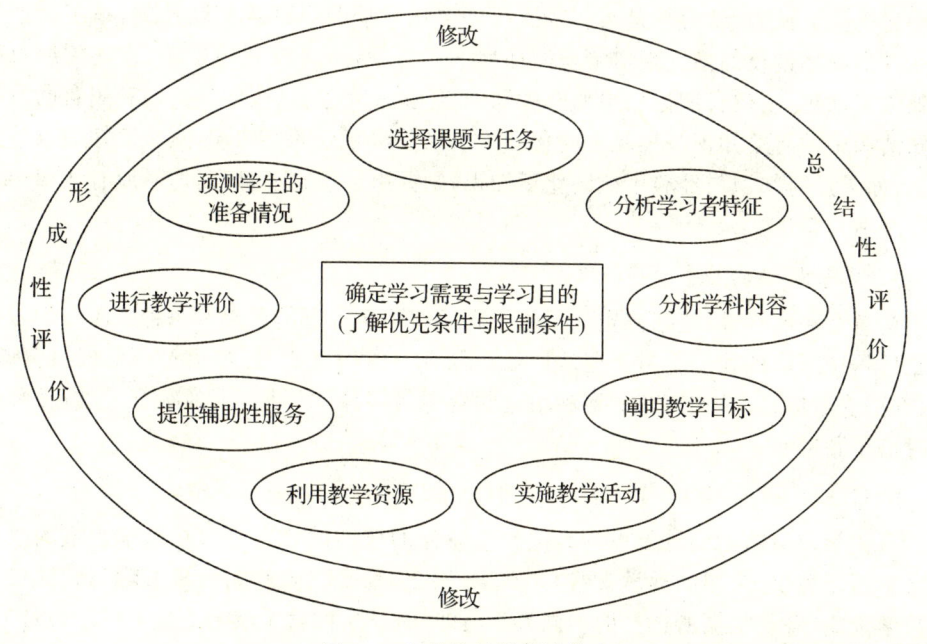

图 2-2　肯普的教学设计模式

为了反映各环节之间的相互联系、相互交叉的关系,肯普没有采用直线和箭头这种线性方式来连接各个教学环节,而是采用如图2-2所示的环形方式来表示教学设计模式。图中把确定学习需要和学习目的置于中心位置,说明这是整个教学设计的出发点和归宿,各环节均应围绕它来进行设计。各环节之间未用有向弧线连接,表示教学设计是很灵活的过程,可以根据实际情况和教师自己的教学风格从任一环节开始,并可按照任意的顺序进行。图中在环形圈内标出"形成性评价""总结性评价"和"修改"这是为了表明评价与修改应该贯穿在整个教学过程的始终。

四、以"学"为中心的教学设计模式

这种基于建构主义的教学设计模式,包括七个环节。

1. 教学目标设计

根据教学内容进行教学目标分析,以确定当前必须学习与掌握的知识"主题"(即与基本概念、基本原理、基本方法或基本过程有关的知识内容)。

2. 学生特征分析

学生特征分析关注学生的智力因素和非智力因素,其中智力因素分析主要包括学生的知识基础、认知能力和认知结构变量分析。

3. 学习情境创设

建构主义认为,学习总是与一定的社会文化背景即"情境"相联系的,在实际情境或通过多媒体创设的接近现实情境的环境下进行学习,可以利用生动、直观的形象有效地激发联想,唤醒长期记忆中的有关知识、经验或表象,从而使学生能利用自己原有认知结构中的有关知识与经验去同化和索引当前学习到的新知识,赋予新知识以某种意义;如果原有知识与经验不能同化新知识,则要引起"顺应"过程,即对原有认知结构进行改造与重组。

4. 信息资源的设计与提供

信息资源的设计,是指确定学习本主题所需信息资源的种类和每种资源在学习本主题过程中所起的作用。对于应从何处获取有关的信息资源,如何去获取(用何种手段、方法去获取)以及如何有效地利用这些资源等问题,如果学生确实有困难,教师应及时给予帮助。

5. 自主学习策略设计

自主学习策略的设计是以学为主教学设计的核心内容之一。在以学为主的建构主义学习环境中,常用的教学策略有"支架式教学策略""抛锚式教学策略"和"随机进入教学策略"等。根据所选择的不同教学策略,对学生的自主学习应做不同的设计。

6. 协作学习设计

协作学习的目的是为了在个人自主学习的基础上,通过小组讨论、协商和角色扮演等不同策略,进一步完善和深化对主题的意义建构。整个协作学习过程均应由教师组织引导,讨论的问题可由教师提出也可以由学生提出。

7.学习效果评价设计

学习效果评价设计包括小组对个人的评价和学生个人的自我评价。评价内容主要围绕三个方面:自主学习能力,协作学习过程中做出的贡献,是否达到意义建构的要求。

第二节 化学教学设计模式的分析

一、教学设计时应考虑的教学要素

尽管教学设计过程不尽相同,但教学设计过程的基本要素是一致的,这些共同的特征要素是:教学目标分析,学生特征分析,教学模式和策略的选择与设计,学习环境设计,教学设计结果的评价。

1.教学目标(从学生的角度而言也称为学习目标)分析

教学目标是对学生通过学习后应该表现出来的可见行为的具体、明确的表述,它是预先确定的、通过教学可以达到并且能够通过技术手段测量的教学结果。根据布卢姆(B.S.Bloom)的目标分类理论,教学目标包含认知、情感、动作技能三大领域目标。每一领域又可根据目标要求高低不同而划分为若干层次。

表 2-1 教学目标领域及层次

目标领域	目标层次
认知	知识、理解、应用、分析、综合、评价
情感	接受(或注意)、反应、价值判断、组织化、个性化
动作技能	知觉能力、体力、技能动作、有意交流

编写教学目标时应注意:①教学目标表述的应该是学生的学习结果,而不是说明教师将做什么。②教学目标的表述应力求明确、具体、可以观察和测量,避免用含糊和不切实际的语言表达。③编写的教学目标应体现学习结果的类型及其层次性。

我们将在第四章结合具体内容对教学目标的确定与表述进行详细介绍。

2.学生特征分析

学生作为学习活动的主体,其具有的认知、情感、社会等特征都将对学习过程产生影响。因此,要取得教学设计的成功,必须重视对学生的分析,其主要内容包括:①学

生初始能力分析；②学生的一般特征；③学生的学习风格；④学习内容方面的能力；⑤学习风格的测定。

我们将在第三章结合具体内容对学习者的分析进行详细介绍。

3.教学模式和策略的选择与设计

教学策略是指在不同的教学条件下，为达到不同的教学结果所采用的手段和策略。这一环节是为了完成特定的教学目标而对教学顺序、教学活动、教学方法、教学组织形式、教学媒体等因素进行总体考虑，主要解决教师"如何教"和学生"如何学"的问题，是教学设计中的最核心环节，直接反映了教师的教学思想与观念。我们将在第三章结合具体内容进行详细的介绍。

4.学习环境设计

学习是个体以心理变化适应环境变化的过程。人在什么样的环境中学习，在一定程度上决定着他将获得什么样的学习结果。学习环境是学生身心发展的基础，它潜在地干预着学生学习活动的过程，系统地影响着学习活动的效果。学习环境设计在教师教学设计中有重要作用。

5.教学设计结果的评价

无论是教学设计方案还是学习材料，这些设计成果一般在使用之前，要在小范围内使用，测定它的可行性、适用性和有效性以及其他情况，以此来检验方案并不断修改、完善方案，使教学设计过程及其成果更趋有效。教学设计成果的评价一般也包括形成性评价和总结性评价两种形式。我们将在第八章结合具体内容进行详细介绍。

二、教学设计模式的要素

教学设计涉及一个复杂的教学系统和教学过程，要考虑的因素比较多，也比较复杂，有大环境的因素，教学过程的因素，也有教师、学生的因素等。具体而言，主要有十个要素，这十大要素基本涵盖了教学设计的主要方面。

1.学生

学生是我们进行教学设计的出发点、归宿和核心，所以，必须对学生的基本特征、已具备的基本知识和认知结构、学习风格等情况有一个基本了解。学生在整个学习活动中处于什么样的地位？他有哪些交互行为？如何调动学生学习的兴趣和积极性？这一系列的问题是"学生"要素所要研究和考虑的。

2.教师

虽然在以"学"为中心的教学设计中，教师已不再处于中心位置。但也并不意味着教师和教师的"教"就可以完全抛开。教师在引导学生学习，帮助其制订学习策略、学习目标，提供学习资源等方面，可以发挥巨大的作用。

3.交互学习方式

学习的交互方式非常丰富,是思维情感的参与,还是外显行为的参与?是与教师、学生进行交互,还是与机器、网络、教学软件进行交互?是面对面的交互,还是通过媒介进行交互?是真实的交互,还是虚拟的交互等?学习的交互方式是以"学"为中心教学设计的一个比较显著的特点,也是培养学生动手能力、创新能力,体现以"学"为中心的措施之一。

4.学习目标

学习目标也称为培养总目标,主要包括对学生培养的阶段性目标和完成学习内容之后所要达到的单元目标。这两个目标应是一致的,后者服务于前者,单元目标是阶段性目标实现的基础,总目标的实现又依赖于不同时期的阶段性目标的实现;而培养总目标则和社会发展的大环境的总需求、现代人才观、学生的具体状况相联系,不同的社会需求,不同的学生状况就会有不同的学习目标。

5.学习内容

学习内容是实现学习目标所必须学习的知识内容,是我们进行具体教学设计操作的对象。学习内容的选择与安排同学习目标、学习策略、学生特征等联系在一起。

6.学习情境

学习情境是为顺利地掌握学习内容,尽快达到学习目标而选择或创设的情形与环境。学习情境的创设主要是通过现代信息技术实现的,情境的创设要与学习内容相统一,与学习过程相协调,它的作用是推进学习的进程。

7.学习资源

学习资源是具体学习内容的辅助内容和延伸,是为了学习内容更全面、更广博而设计的。它既与学习内容相统一,又与学习内容相区别,是辅助性的学习内容。

8.学习策略

学习策略是自主确定学习内容的顺序、学习的方法、学习用的媒体、学习目标和学习方案的一种模式和方法。其核心是要发挥学生学习的主动性、积极性,充分体现学生的认知主体作用,高效优质地完成教学任务,实现学习目标。

9.学习评价

学习评价是教学设计的一个重要因素和环节,主要是通过对学习过程、学习结果进行评价,并对评价结果进行分析、判断,以此来调控、修改后继教学设计的实践活动。没有学习评价就不可能有完善的教学设计方案。

10.创新空间

要在学习内容的挖掘、呈现顺序和告知学习结论的方式上进行精心的设计,在思维方法和空间方面给学生留有足够的余地,要引导学生进行创造性思维和实践活动。

三、中学化学典型教学模式

1. 发现式学习教学模式的教学设计案例

元素周期律①

依据发现学习理论和化学学科的特点,发现学习化学教学模式可设计如下:

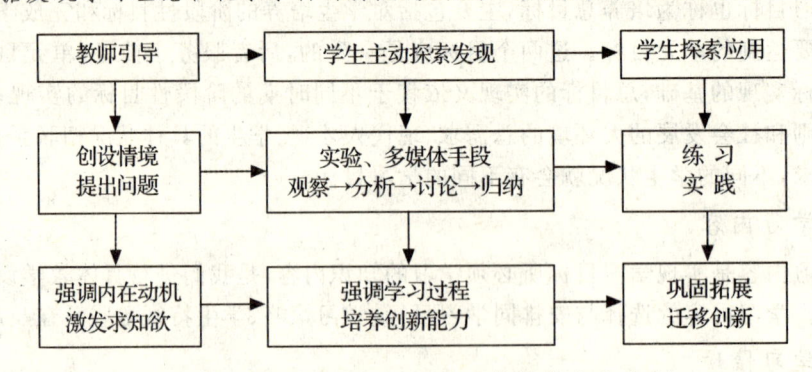

```
教师引导 ──→ 学生主动探索发现 ──→ 学生探索应用
   ↓              ↓                    ↓
创设情境      实验、多媒体手段          练习
提出问题      观察→分析→讨论→归纳      实践
   ↓              ↓                    ↓
强调内在动机   强调学习过程          巩固拓展
激发求知欲    培养创新能力          迁移创新
```

下面是教学"元素周期律"一课具体应用这一教学模式的实例。

(1)创设情境,激发动机

多媒体展示:课题名称——元素周期律。

教师:这节课我们学习化学中一条重要的规律——元素周期律,知道元素周期律是谁发现的吗?

多媒体展示:门捷列夫头像和名言——什么是天才?一生努力便成天才!

教师:元素周期律是俄国伟大的科学家门捷列夫发现的。元素周期律的发现结束了无机化学的混乱状态,为我们学习元素的性质提供了正确的途径和方法。今天,我请同学们当一次小门捷列夫,自己去发现元素周期律。同学们有没有兴趣和信心?

学生:有!课堂气氛顿时活跃起来,学生对发现元素周期律产生了浓厚的兴趣,这为下一步学生主动去发现元素周期律提供了内在动力。

(2)学生主动探索发现

①发现目标之一:核外电子排布的周期性变化

a.多媒体展示:研究对象为1~18号元素。

b.人机信息交换:1~18号元素的原子结构示意图。

c.学生观察分析:1~2号,3~10号,11~18号元素核外电子排布规律——最外层电子数1→8稳定结构重复出现。

---

① 傅晓涛."发现学习"及其在"元素周期律教学中的运用".安徽教育学院学报[J].2007(11),121—122

d.教师引导讨论:原子核外电子排布的这种变化像日历中星期日→星期六重复出现一样,像这种周而复始的变化可叫作什么?

学生:周期性变化!

f.学生归纳:随着原子序数的递增,核外电子排布呈周期性变化。

②发现目标之二:元素主要化合价的周期性变化。

a.多媒体展示:1~2号,3~10号,11~18号元素的主要化合价。

b.学生观察分析:元素化合价的变化规律为"＋1→＋7价"和"－4→－1价"重复出现。

c.教师引导讨论:元素化合价周期性变化的原因——元素原子最外层电子排布的周期性变化。

d.学生归纳:随着原子序数的递增,元素主要化合价呈周期性变化。

③发现目标之三:元素原子半径的周期性变化。

a.多媒体展示:1~2号,3~10号,11~18号元素模拟原子图像。

b.学生观察分析:原子半径的变化规律——原子半径大小重复出现。

c.学生归纳:随着原子序数的递增,元素的原子半径呈周期性变化。

为了调节学生的学习氛围,安排如下小插曲。

多媒体展示:真棒!继续努力!同时播放一小段轻松愉快的音乐。

④发现目标之四:元素的金属性与非金属性的周期性变化。

a.学生分组实验:金属性 Na＞Mg＞Al。

b.学生分析讨论:非金属性 Si＜P＜S＜Cl。

c.学生归纳:Na──→Cl 金属性逐渐减弱,非金属性逐渐增强。

d.引导分析:Na──→Cl 金属性、非金属性变化的原因——原子结构。

e.学生推理:Li──→F 金属性逐渐减弱,非金属性逐渐增强。

f.学生归纳:随着原子序数的递增,元素金属性与非金属性呈周期性变化。

引导学生得出结论:元素周期律的实质是元素原子的核外电子排布的周期性变化。随着原子序数的递增,主要化合价、原子半径、金属性、非金属性呈周期性变化。

(3)巩固拓展,迁移创新

巩固练习:设计一张由1~18号元素组成的小元素周期表。学生纷纷动脑、动手,各显其能,设计了各种形式的元素周期表。最后通过评比表扬了小门捷列夫元素周期表和富创意的环形元素周期表。通过练习实践,不仅巩固了新知识,还培养了学生的创新精神。

小资料:

发现学习教学模式的优点:

①有利于发挥学生在学习过程中的主体作用;

②能激发学生的学习热情;

③学习知识比较牢固、便于迁移；
④有利于发展学生的能力、学习科学方法、培养科学态度。

2.自主学习教学模式的教学设计案例

水的净化[①]

自主学习，就是让学生真正成为教学活动的主体，积极主动地认知和体验教学活动。培养具有较强的自主学习能力的人才，不仅符合现代社会的需要，也是新课改背景下学校教育的重要目标之一。

第三单元《自然界的水》在教材呈现上以前两个单元的知识为基础，从社会实际和学生的生活实际出发，把化学的一些概念和基本操作穿插其中，体现了知识的连续性和综合性。《水的净化》是该单元的重点内容，强调了过滤和蒸馏这两个基本实验操作，很好地体现了单元特点，对培养学生自主学习能力具有重要作用。

(1)体验社会生活，增强学生自主学习的兴趣

在整个教学过程中，教师提供了三个与生活中的水相联系的情境素材：宋祖英演唱的《南阳，我的家乡》，自来水厂净水流程，上海世博会中的成都活水公园。其中，第一个素材作为当节课的导入部分，视频中播放的是南阳本土风景，其中有许多与水有关的景点，紧扣本课主题，充分调动学生的学习激情。第二个素材结合南阳市居民饮用水的水源——白河，提出问题，激发学生的探究热情。在课堂临近尾声，设计"请您欣赏"的栏目，播放第三个素材。这既是对当节课所学净水方法的小结，又体现出水的净化应有的实际应用价值，使学生树立终身学习、不断自主获得新知识的意识。

(2)优化实验设计，提供学生自主学习的平台

实验室过滤操作是该节课教学的重、难点所在。这里可以将演示实验改为学生实验，把学生分成学习小组展开探究实验，从而理解明矾、过滤和活性炭的净水原理。由于初三学生的探究能力和水平处于初级阶段，为了增强探究过程的实效性，在实验前，需要对学生提出明确要求：首先，观察水样特点，找到合适的净水方法，设计出合理的方案(包括所用药品、仪器及主要操作步骤)，依方案进行实验。其次，总结探究过程中出现的问题及应对措施。实验结束后，请各小组向大家展示探究方案和成果。

在教学中，学生学习能力上的差异性表现得比较突出。45%的学生很快就能进入状态，他们能够与小组其他成员在较短的时间内设计出简单的实验方案，并且能够按照方案有序地进行实验。25%的学生，在实验时会出现一些问题。例如，河水太多而造成过滤时间长；明矾的用量过多或过少而影响吸附效果；还有的学生在过滤前加入活性炭，没有对比，感受不到活性炭的吸附作用；还有同学过滤器的制作和过滤操作不规范，使得到的水浑浊。对于这些问题，应鼓励学生尽量通过组内成员之间的讨论和

[①] 李霞.基于培养自主学习能力的化学教学设计——以《水的净化》为例.教学研究[J].2011(2),42—43

与其他小组之间的交流来解决,教师做最后的指导与校正。也正是有了这些问题的存在,学生体验到失败,才能真正体会到自主探索的曲折与乐趣,增进对新知识的理解。

当大部分小组完成实验后,教师可邀请做完实验的学生展示探究方案,鼓励他们用自己的话说出小组的想法和做法。例如,小组的方案与其他小组有什么不同?哪种更科学?在实验过程中,遇到了哪些困难,是怎么解决的?

学生交流评价后,最后由教师小结过滤的操作注意事项及操作要领。

这样设计,让学生真正经历了从"感性→理性→应用"的科学认知过程,认识到合作与交流在科学探究中的重要作用。突破难点的同时,培养了他们严谨求实的学习态度,提升了解决问题的能力。

(3)创设递进式问题,引导学生自主学习

在整个新课教学活动中,教师设计了四个递进式的问题,层层推进学生的思维活动,让学生在解决问题的过程中自主学习。

导入新课时,教师提出第一个问题:"请问影片中这些天然存在的水是纯净物还是混合物?你是怎么判断的?"学生根据生活经验能回答出是混合物,因为其中含有泥沙、微生物和矿物质等。这样学生们就会明白:天然水不适合直接饮用,要喝上卫生洁净的水,就要想办法净化。这样,自然而然地引出新课题的学习。

在介绍自来水净水流程前,展示一瓶取自南阳市白河的水,提出第二个问题:"你能利用已有的生活经验,把这瓶水中的杂质除去吗?"这个问题与学生的生活贴切,他们的积极性被调动起来,他们能够回答出相应的解决方法。例如,静置一段时间,让泥沙沉底;加消毒剂消毒;煮开;用过滤器过滤等。但是,由于学生的实践经验有限,对白河水怎样变成自来水的过程难以想象和理解,所以,还需播放视频加以展示。这个问题的设计,可以在学生原有知识经验和新知识(也就是水厂净水流程)间建立联系,实现知识的迁移,为下个环节的探究实验做好准备。

在介绍实验室过滤操作之前,提出第三个问题:"能否模仿水厂净水过程,自己动手把一瓶加了少量品红的白河水净化?"这样,使学生自主学习的热情达到高潮。在教师的引导下,顺利进入探究实践活动中。

实验结束后,教师用学生过滤得到的水和一杯蒸馏水,提出第四个问题:"能用简单方法区分这两种水吗?"由于学生没有学过物质鉴别的化学方法,对蒸发操作也很陌生,所以他们会感到以前的知识已经不能解答这个问题,从而产生了一种心理上的期待感,期待从老师这里得到答案。于是,教师可以模仿综艺节目中的魔术师,向两个烧杯中分别加入适量的肥皂水,用玻璃棒搅拌后,将出现的不同现象展示给学生观察,并告诉他们:"出现浮渣的是过滤得到的水,出现丰富泡沫的是蒸馏水。这到底是为什么呢?"此时的学生会产生一种想揭秘魔术的焦虑感。心理学研究认为,中学生只有处在中等程度的焦虑状态,才能有效地产生学习需要。这时,再让学生带着问题自学课本,寻找答案,会收到很好的教学效果。

(4)指导阅读教材,培养学生的自主学习能力

该课教材中设置了两个净水示意图,"活动与探究"内容中介绍了具体的过滤操作方法,还有关于硬水、软水的相关知识。这些都是学生学习该课程知识的重要资源。所以,可以充分利用教科书指导学生自学,培养学生自主学习的能力。例如,在过滤操作实验前,先引导学生阅读教材,做好准备。然后,在介绍硬水和软水的区别和转化时,可以设置以下三个阅读任务:第一,明确区别硬水、软水,并弄清楚硬水的危害。第二,为什么能用肥皂水区分硬水、软水?第三,在生活中和实验室里,用什么方法可以把硬水转化成软水?通过这一过程,帮助学生明确这个环节的学习目的,帮助他们分清阅读的主次和重点,培养其自主学习的能力。

总之,培养学生的自主学习能力是一个系统工程,需要教师转变教育教学观念,研究学生的学习规律,并且能够针对学生的心理特点和现实需要,采取灵活多样的教学策略。

3.探究式学习教学模式的教学设计案例

化学能与热能①

(1)教学目标

①知识与技能

a.通过科学探究活动,学生在实验室探究中认识和感受化学能与热能之间相互转化及其研究过程,学会定性和定量研究化学反应中热量变化的科学方法。

b.拓宽科学视野,建立正确的能量观。

c.进一步加强根据实验进行分析的能力;通过科学探究的学习方法,研究化学问题的能力;进一步形成用对比的方法认识事物和全面地分析事物的逻辑思维能力。

②过程与方法

a.学生通过实验与观察,进一步运用和掌握研究化学问题的科学方法。

b.通过对未知化学问题进行科学探究,使学生了解与掌握科学探究的学习方法。

③情感态度与价值观

通过科学探究,认识与解决未知化学问题,使学生热爱科学,尊重科学,感悟到科学研究的魅力。

(2)教学重点

化学能与热能之间的内在联系,以及化学能与热能的相互转化。

(3)教学难点

从本质上(微观结构角度)理解化学反应中的能量变化,从而建立起科学的能量变化观。

---

① 赵冬梅.建构－探究式化学教学模式研究[D].华中师范大学,2006:26-31

(4)教学方法:实验、比较、科学探究。

(5)课时安排:第二章第一节第二课时。

(6)教具准备:

小试管、小烧杯、胶头滴管、玻璃棒、大小玻璃片、棉花、铝片、稀盐酸、稀硫酸、$Ba(OH)_2 \cdot 8H_2O$、NH_4Cl、环形玻璃搅拌棒。

实验1:

[学生分组实验]放热反应:金属与酸的反应。

[填写实验记录]

实验步骤	眼睛看到的现象	用手触摸的感觉	用温度计测量的数据
在一支试管中加入2~3 mL 6 mol/L的盐酸溶液			
向含有盐酸溶液的试管中插入用砂纸打磨过的铝条			
结论			

[思考与讨论]

①写出铝与盐酸反应的化学方程式:_____。

②用眼睛不能直接观察到反应中的热量变化,你将采取哪些简易的办法来了解反应中的热量变化?

③要明显地感知或测量反应中的热量变化,你在实验中应注意哪些问题?

[反思与评价]

①个人反思和总结。

a.通过这个实验你学到了哪些化学知识?学会了哪些实验方法?

b.在整个过程中,你最满意的做法是什么?你最不满意的做法是什么?

②组内交流和评价。

a.在思考、讨论过程中,同组成员给了你哪些启示?你又给了同组成员哪些启示?

b.在实验中,同组成员给了你哪些帮助?你又给了同组成员哪些帮助?

实验2:

[学生分组实验]吸热反应。

[分组实验]阅读教材,并根据已有知识设计实验方案和实验步骤。

[填写实验记录]

实验步骤	实验现象	得出结论
将晶体混合后立即用玻璃棒快速搅拌混合物		
用手触摸烧杯下部		
用手拿起烧杯		
将粘有玻璃片的烧杯放在盛有热水的烧杯上,过一会儿再拿起		
反应完后移走烧杯上的多孔塑料片,观察反应物		

[思考与讨论]

①用化学方程式表示上述反应:_____。

②整个实验中有哪些创新之处?怎样处理生成的氨气?

实验3:

学生分组实验:放热反应,中和反应。

两个学生分成一组进行实验,其中每个学生做一个实验并记录实验现象供组内交流、比较使用,然后讨论得出结论。

步骤一:两个学生各取一支大小相同的试管,分别做一个实验并记录实验现象和数据。

步骤二:汇总实验现象和数据并列表比较。

步骤三:对实验进行原理性抽象——为什么强酸与强碱发生反应时都会放出热量?

[讨论分析]

三个反应的化学方程式和离子方程式分别是:_____。

[反思与评价]

①为什么三个不同的反应,放出的热量也相等?

②此实验过程中应注意什么问题?(浓度、用量、反应时间)

③通过实验总结中和热的概念。

[小组总结评价]

化学反应大部分为放热反应,如铝片与盐酸的反应就是放热反应。

①一般活泼金属与水和酸的反应是放热反应。

②木炭、氢气、甲烷等在氧气中的燃烧反应也都是放热反应。少部分化学反应是吸热反应,如二氧化碳与碳的反应。

③一个确定的化学反应在发生过程中是吸收能量还是放出能量,决定于反应物的总能量与生成物的总能量的相对大小。从能量守恒可知:

$$\sum E(反应物) > \sum E(生成物) ——放出能量$$
$$\sum E(反应物) < \sum E(生成物) ——吸收能量$$

[小组间交流和评价]

①总结后,你觉得你们的实验结果怎么样?有哪些好的地方,哪些不足的地方?不足之处应怎样改进?

②在实验中你是否有了新的设想?

拓展实验:

同学们设计实验:如何通过实验来测定盐酸与氢氧化钠反应的中和热?你认为在设计实验装置和操作时要注意哪些问题?你准备如何进行实验?

[提示]

在设计实验装置和操作时需从两个方面考虑,一是注重"量"的问题,如:①反应物的浓度和体积取定值;②测量反应前后的温度值;③做平行实验取平均值。二是尽量减小实验误差。

实验用品:大烧杯(500 mL)、小烧杯(300 mL)、温度计(100 ℃)、量筒(50 mL)2个、碎纸片、硬纸片(中间有两个小孔)、环形玻璃搅拌棒、1.0 mol/L HCl 溶液、1.1 mol/L NaOH 溶液。

实验原理:酸碱中和反应是放热反应,中和后放出的热量等于溶液和容器吸收的热量。可以通过测定一定量酸与碱中和时溶液温度的变化,求出中和热。

1.0 mol/L HCl 溶液和 1.1 mol/L NaOH 溶液的密度可以近似为 1 g/mL。所以 50 mL 1.0 mol/L HCl 溶液的质量 $m_1 = 50$ g。50 mL 1.1 mol/L NaOH 溶液的质量 $m_2 = 50$ g,中和后生成的溶液质量为 $m_1 + m_2 = 100$ g,它的比热为 c,量热器(测定热量的仪器,有保温隔热的作用)的热容为 C_0(焦/开)。若溶液温度的变化是 $t_2 - t_1$,在中和时放出的热量为:

$$Q = [(m_1 + m_2)c + C_0](t_2 - t_1)$$

又 50 mL 1.0 mol/L HCl 溶液中含 HCl 0.05 mol,它与 50 mL 1.1 mol/L NaOH 溶液中和时生成 0.05 mol 水,放出热量是 Q,即生成 1 mol 水时放出热量(中和热)是:

$$Q/0.05 = [(m_1 + m_2)c + C_0](t_2 - t_1)/0.05$$

溶液的比热 c 可以近似地作为水的比热,即 4.18 焦/(克·开)。在中学实验中精确度不要求很高,通常可忽略量热器的热容。这样中和热可用下式计算:

$$Q = 100(t_2 - t_1)/0.05(卡)$$

其中,1 卡 = 4.186 焦。

[填写实验记录]

实验次数	起始温度（℃）			终止温度 t_2（℃）	温度差 (t_2-t_1)（℃）
	HCl 溶液	NaOH 溶液	平均值 t_1		
1					
2					
3					

[反思与评价]

①实验过程中有什么注意事项没有注意到，导致误差较大？

②你对此实验有什么改进方法？

思考题

1.有人说：探究模式是新课程所倡导的一种教学模式，能促进学生学习素养的发展，我们应该全部采用这种模式进行化学教学。你同意吗？请说明你的理由。

2.中学化学不同的内容可以根据教学环境、学生的已有基础等具体情况采取不同的教学模式，请结合具体的内容分析元素及其化合物、化学基本原理、化学实验等化学核心知识分别适合采用哪种教学模式。

实践探索

农村中学和城市中学在化学教学环境、教师素质、学习资源等方面均存在差异，请以"化学能与热能"为例，尝试对同一教学内容设计不同的教学方案。

拓展延伸

当前，很多化学课堂师生所遵循的教与学的方法基本上是一种静态的、注入式的教学方法，很少让学生通过自己的活动与实践来获得知识；依靠学生查阅资料、集体讨论为主的活动很少；教师布置的作业也多为书面习题与阅读教科书，而很少布置如观察、制作、实验、社会调查等实践性作业；学生很少有机会根据自己的理解发表看法和意见，课堂教学在一定程度上存在着以"课堂为中心、教师为中心、课本为中心"的情况，学生只能按照教师设计好的程序靠"听、记、背、练"被动学习，请你结合具体的一节课或一个单元，运用本章所学的知识和网络学习平台，尝试采用自主学习、发现学习或探究学习的方式进行教学方案的设计，避免上述现象的发生或对其进行优化。

第三章　化学教学设计的背景分析

学习目标

1. 知道在进行化学教学设计前需要进行化学学习需要分析、学生学习情况分析和学习内容分析。

2. 了解学习需要分析对有效教学的重要意义，能运用学习需要分析的方法和步骤结合具体化学教学内容进行分析。

3. 会分析学生的学习起点及化学学习情况，并将其运用于化学教学设计中，掌握概念图的分析方法。

4. 知道中学化学学习的核心知识，了解学生在认识不同类型的知识的过程中需要的不同的方法，能结合具体内容进行分析。

教学设计工作是从三种不同的"分析"(即学习需要分析、学习情况分析、学习内容分析)开始的,因为这三种分析都处在教学设计的开始阶段,所以可以把它们统称为"教学设计的前期分析"。这三种分析是相互联系的,学习需要分析是整个教学设计过程的第一步,分析以后将得到总的教学目标,这个总目标规定了学生经过学习之后能达到的能力水平,指明了学生将要获得的能力。学习内容分析与学生特征分析之间虽然没有先后顺序,但有着内在的联系,通过进行学生特征分析,可明确学生的起点能力,进而确定学习起点,并为选择教学策略提供依据。学习内容分析就要根据前面两项分析的结果确定学习内容,促使学生从起点能力向终点能力转化,确保总的教学目标能够实现。由此看来,前期分析可以使我们了解教学设计的背景,搞清楚影响教学效果的各种因素之间的关系。只有这样才能做到有的放矢地进行教学设计,真正提高教学效率,使教学效果达到最优化。

第一节 化学学习需要分析

一、化学学习需要概述

学习需要分析就是通过内部参照分析或外部参照分析等方法,找出学生的现状和期望之间的差距,确定需要解决的问题是什么,并确定问题的性质,形成教学设计项目的总目标,为分析学习内容、编写学习目标、制订教学策略、选择和运用教学媒体以及进行教学评价等各项教学设计的工作提供真实的依据。因此,学习需要分析是教学设计的一个非常重要的开端。

学习需要是指学生目前的学习状况与期望他们达到的学习状况之间的差距,或者说,是学生目前水平与期望学生达到的水平之间的差距。差距指出了学生在能力素质方面的不足,指出了教学中实际存在和要解决的问题。分析学习需要是指通过系统化的调查研究过程,发现教学中存在的问题,通过分析问题产生的原因确定问题的性质,论证解决该问题的必要性和可行性。

在化学学习中,学生化学学习需要与马斯洛需要一样,是有层次的[①]。如图3-1所示。

---

① 吴俊明,王祖浩,刘知新.化学学习论[M].广西教育出版社,1996:56

```
         ┌ 模仿楷模、自我完善、做出贡献的需要      自我实现的需要  ┐ 生
    高层 │ 满足化学美感的需要                 审美的需要    │ 长
    次   │ 解决化学问题的需要                              │ 需
         └ 认识化学事物的需要                 认识的需要    ┘ 要

         ┌ 学好化学赢得尊重的需要              尊重的需要    ┐ 缺
    低层 │ 爱的需要                                        │ 失
    次   │ 升学、就业的需要                   安全的需要    │ 需
         └ 避免失败、惩罚的需要                生理的需要    ┘ 要
```

图 3-1 化学学习需要

二、化学学习需要分析的方法与步骤

学习需要分析可以分为以下四个基本步骤，我们在实践中可根据实际情况灵活掌握。

(1) 规划。它包括确定分析对象——学生、选择分析方法（如内部参照法或外部参照法）、确定收集数据的技术（包括问卷、评估量表、面谈、小组会议及案卷查询）、选择参与学习需要分析的人员。

(2) 收集数据。收集数据不可避免地要考虑样本的大小和结构。样本必须是每一类对象中具有代表性的个体。此外，收集数据还应包括日程的安排以及分发、收集问卷等工作。

(3) 分析数据。对收集到的数据，必须进行系统性分析，并根据经济价值、影响、某种顺序量表、呈现的频数、时间顺序等对分析的结果予以优化选择和排列。

(4) 写出分析报告。分析报告应包括四个部分：概括分析研究的目的；概括地描述分析的过程和分析的参与者；用表格或简单的描述说明分析的结果；以数据为基础，提出必要的建议。

三、学习需要分析应注意的问题

(1) 学习需要是指学生的需要（即学生的现状与期望学生达到的状况之间存在的差距），而不是教师的需要，更不是对教学过程、手段的具体需要。

(2) 获得的数据必须真实、可靠地反映学生和有关人员的情况，它包括现在和将来应该达到的状况，切忌仅凭主观想象或感觉来处理学习需要问题。

(3) 注意对参加学习需要分析的所有合作者（包括学生、教育者、社会人士三方面）的价值观念进行协调，以取得对期望值和差距尽可能接近的看法，否则我们得到的数

据将无效。

(4)要以学习行为结果来描述差距,而不是用过程(手段)来描述,要避免在确定问题之前就急于去寻找解决的方案。

(5)学习需要分析是一个永无止境的过程,所以在实践中要经常对学习需要的有效性提出疑问和进行检验。

第二节 化学学习情况分析

教学活动设计的宗旨是为了促进学生的学习。因此,要获得成功的教学活动设计,就需要对学生进行分析,以学生的特征为教学活动设计的出发点。学生特征是指影响学习过程有效性的学生的经验背景。学生特征分析就是要了解学生的一般特征、学习风格,分析学生学习教学内容之前所具有的初始能力,并确定教学活动的起点依据。其中,学生的一般特征分析就是要了解会对学生学习有关内容产生影响的心理特点和社会特点,主要侧重于对学生整体情况进行分析。学习风格分析主要侧重于了解学生之间的一些个体差异,了解学生各自不同的学习方式,了解他们对学习环境条件的不同需求,了解他们在认知方式上的差异,了解他们的焦虑水平等个性意识倾向性差异,了解他们的生理类型的差异等。

一、化学学习起点分析的维度

化学学习起点分析可以了解学生的学习准备情况及其学习风格,为学习内容的选择和组织、学习目标的阐明、教学活动的设计、教学方法与媒体的选用等教学外因条件适合于学生的内因条件提供依据,从而使教学真正促进学生智力和能力的发展。它主要包括三个方面

1.学习准备的分析

学习准备是学生在从事新的学习时,其原有的知识水平和原有心理发展水平对新的学习的适应性。教学的成功与否在很大程度上取决于学生的准备状态,而且任何教学都以学生的准备状态作为出发点。学习准备包括两个方面:一是学生进行化学学习的心理、生理和社会的特点,包括年龄、性别、学习动机、个人对学习的期望、工作经历、生活经验、经济、文化、社会背景等一般特征;二是学生对化学学科内容的学习已经具备的知识技能基础及其学习态度。

在中学阶段,学生思维能力得到迅速发展,他们的逻辑思维处于优势地位,表现出以下五个方面的特征:①通过假设进行思维。能按照提出问题、明确问题、提出假设、检验假设的途径,经过一系列抽象的逻辑推理过程来解决问题。②思维的预计性。在复杂的活动前采取诸如打算、计划、制订方案和策略等预计因素。③思维的形式化。中学生思维成分中形式运算思维已逐步占优势。④思维活动中,自我意识或监控能力明显增强。中学生能反省和自我调节思维活动的进程,使思路更加清晰、判断更为准确。⑤思维能跳出旧框框。中学生的创造性思维迅速发展,追求新颖、独特的因素,追求个性色彩和系统性、结构性。初中生抽象逻辑思维虽占优势,但很大程度上还属经验型,需要感性经验的直接支持。他们能够用理论作为指导来分析、综合各种事实材料,从而不断扩大自己的知识领域,还能掌握从一般到特殊的演绎过程和从特殊到一般的归纳过程。从经验型水平向理论型水平转化是从初中二年级开始的,到高中二年级思维则趋向定型、成熟。需要注意的是,与小学生一样,中学生的智力发展与能力发展也存在着不一致性。

在情感方面,初中阶段和高中阶段有不同的特征。初中学生自我意识逐渐明确,他们富有激情,感情丰富,爱冲动,爱幻想。他们开始重视社会道德规范,但对人和事的评价比较简单和片面。他们在对知、情、意的自我调控中,意志行为日益增多,抗诱惑能力日益增强,但自我调控仍不稳定。高中阶段,独立性、自主性日益增强,成为情感发展的主要特征。学生的意志行为愈来愈多,他们追求真理、正义、善良和美好的东西。自我调控逐渐在行为控制中占主导地位,即一切外控因素只有内化为自我控制时才能发挥其作用。另外,从初中到高中,学习动机也逐渐由兴趣型转向信念型。

2.学生的起点水平分析

学习的起点是学生学习新知识之前已具备的知识和技能,是学习新知识支持性的前提条件,任何一个学生都是由他原来所学的知识、技能、态度带入新的学习过程中的。分析学生的起点水平的目的,是了解学生的学习准备状态方面的情况,为教学内容的选择和组织、教学活动的安排、教学策略的采用等教学设计工作提供科学的依据。了解学生在教学开始之前的知识技能,其目的有两个:明确学生对于面临的学习是否有必备的行为能力,应该提供给学生哪些"补救"活动,我们称之为"预备能力分析";了解学生对所要学习的东西已经知道了多少,我们称之为"目标能力分析"。

对预备能力的预估通常需要编制一套预测题。教学设计者可以根据经验先在学习内容分析图上设定一个教学起点,将该起点以下的知识技能作为预备能力,并以此为依据编写预测题。也可采用概念图的方法去确定,可依据具体情况灵活选择。绘制

概念图之前,需要教师对学生之前所学的相关知识进行归纳、总结,同时要在这些知识与新知识之间建立起联系,找出它们之间的关联性。为了判断学生的知识学习起点,可以让学生自行绘制某一知识的概念图,通过与标准概念图的比较,判断分析学生的原有知识结构,以此指导自己的教学设计和教学活动的实施。如图 3-2 关于"元素"的概念图,可用作标准概念图,应用于《化学(必修 1)》第一章 物质的分类教学中。

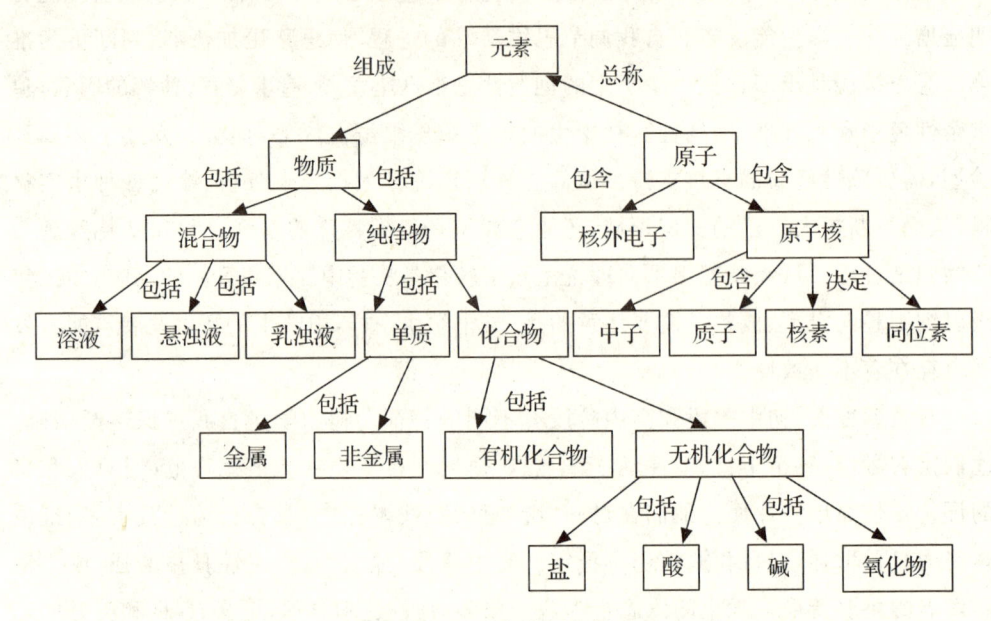

图 3-2 元素的概念图

【评析】先让学生对关于元素的相关知识设计概念图,通过将学生对关于元素的概念图与图 3-2 的概念图进行比较分析,得到学生认知结构中的缺陷和不足,进而了解到学生的原有知识结构特征,只有以学生原来具有的认知结构为基础,通过精心设计的教学活动,指导学生重建自己的认知结构,才能使教学获得成功。

3.学生学习风格的分析

在各种学习情境中,每一个学生都必须由自己来感知信息,对信息做出处理、储存和提取等反应。而学生之间存在着生理和心理上的个体差异,不同学生获取信息的速度不同,对刺激的感知及反应也不同。要实现真正意义上的个别化教学,必须为每一个学生提供适合其特点的学习计划、学习资源和学习环境。多媒体技术的发展和教学资源的丰富与共享,使大规模地开展个别化教学成为可能。

物质的量的学习是一部分学生较难理解的问题。对于不同的学生,可以采取不同的教学方式。

(1)对于数理逻辑智能较强的学生,可以多做理性分析:依下列线索引导学生先理解物质的量的概念、摩尔单位的意义,而后自然而然地学会它的应用:"化学科学计量为什么要引入一种新的计量单位?""阿伏加德罗常数 N_A 是怎么推算出来的?""利用物质的量的概念,怎样换算物质的质量、体积和微粒数?"这种学习程序是:了解问题的产生缘由—理解"物质的量"概念的产生和意义—理解物质的量的单位摩尔与阿伏加德罗常数—掌握物质的量和物质的质量、体积、所含微粒数的换算关系。

(2)而对于自然观察、语言智能较强的学生,可以通过简要的语言描述,实际应用的例子,让他们先接受(知道)摩尔单位,通过模仿、练习,初步学会应用,慢慢领悟什么是物质的量,最终达到理解、掌握。这种学习程序大致为:知道有一种新的计量单位摩尔—认识怎样计算 1 mol 物质的质量、含有的微粒数—应用摩尔单位进行简单的计算—接受摩尔单位和物质的量的概念—在应用中逐渐领悟、掌握。

对学生学习风格的分析有利于教师把握学生之间存在的个体差异,从而选择更加有效的教学策略和方法,促进学生个体的学习与发展。

二、化学学习情况分析应注意的问题

分析学生特征时,既需要考虑学生之间的稳定的、相似的特征,又要分析学生之间变化的、差异性的特征。相似性特征的研究可以为课堂教学提供理论指导,差异性研究能够为个别化教学提供理论指导。实际上,在教学设计实践中我们不可能考虑到所有的学生特征,即使考虑到,在设计层面上也有一定的制约。因此我们应主要考虑那些对学生的学习能够产生最为重要的影响,并且是可干预、可适应的特征要素。在分析学生的特征时,不仅要分析一般性的、稳定的特征,而且需要考虑学习化学学科时所表现出来的独特性。

第三节 化学学习内容分析

学习内容分析就是在确定好总的教学目标的前提下,借助归类分析法、图解分析法、层级分析法、信息加工分析法等方法,分析学生要实现的总的教学目标,需要掌握哪些知识技能、方法或形成什么情感态度。通过对学习内容的分析,可以确定学生所需学习的内容的范围和深度,并能确定内容各组成部分之间的关系,为以后教学顺序的安排奠定基础。由于分析学习内容是为了规定学习内容的范围、深度及学习内容各部分的联系,回答"学什么"的问题,而与实际教学设计项目有所不同,所以学习内容分析可以在不同层次上进行。

在我国新一轮课程改革中,高中化学新课程改变了传统的以物质结构为基础、以元素周期律为主线的课程体系,在内容的选择上,充分反映现代化学发展和应用的趋势,突出"物质""结构"和"反应"三大核心主题,引领学生形成基本的化学观念;重视化学、技术与社会的相互联系,培养学生的社会责任感、参与意识和决策能力;加强科学过程和科学方法的学习,培养学生的科学探究能力。

一、化学学习内容分析概述

1. 学习内容分析的含义

学习内容,就是指为了实现教学目标,要求学生系统学习的知识、技能和行为规范的总和。

学习内容分析要解决的核心问题是安排什么样的学习内容,才能够实现学习需要所确定的总的教学目标。学习内容分析是以总的教学目标为基础,旨在规定学习内容的范围、深度和揭示学习内容各组成部分的联系,以保证达到教学效果最优化。学习内容的范围指学生必须达到的知识和能力的广度;学习内容的深度规定了学生必须达到的知识深浅程度和能力的质量水平。明确学习内容各组成部分的联系,可以为教学顺序的安排奠定基础。所谓教学顺序,是指把这些规定了广度和深度的知识与技能,用便于学生理解和接受的形式加以序列化。所以,学习内容的安排既与"学什么"有关,又与"如何学"有关。学习内容分析的结果表明:学习完成之后学生必须知道什么、能做什么;学生为了达到这样的目标,需要哪些预备知识、技能和态度,以及化学内容的结构及最佳教学顺序。经过学习内容分析,教师就会明白应该如何教学。

依据新颁布的化学课程标准,最有教育价值的化学核心知识包括:①关于物质的探究、物质性质的验证、物质的变化、能量转化;②对化学基本概念的描述,用模型和理论(规律、原理、定律)来阐释化学过程;③化学知识的应用及其对环境的副作用;④化学的社会观、价值观等是中学阶段化学课程中要形成的基本观念。化学学习内容就是以这些核心知识为核心选择的,能形成和体现这些基本观念的具体知识内容,并在每一单元中都突出基本观念的主导地位,引导学生将具体化学知识和概念的学习与基本观念的形成有机地融合。

例如,"物质的探究、物质性质的验证、物质的变化、能量转化"的主要内容包括"物质是由元素组成的,从多种角度依据不同的标准对物质进行分类,各类物质的结构,各类物质的性质,各类物质之间的反应关系,化学反应实质"。在必修和选修模块中,围绕这一基本观念,分别从不同的章节、结合不同的知识内容来引入和加深知识。必修教材分别从几个不同的角度对物质进行分类,如从分散系分类的角度引出胶体的内容,从导电角度引出电解质和非电解质,从物质在化学反应中所起的作用角度引出氧化剂和还原剂。必修教材的其他章节则介绍物质的性质:非金属元素碳、氮、硫、硅的性质,海水中几种金属和非金属的性质,重要的有机化合物等,认识酸、碱、盐之间的反应实质是离子反应,了解原子结构与元素性质的关系,了解化学反应中物质变化和能量变化的实质,使学生通过不断学习而循序渐进地建立起这些基本观念。选修模块"物质结构与性质"的内容则主要是讨论物质结构与性质之间的关系,较为抽象,在化学基本理论的学习与应用上的要求比其他模块要高,教材是通过联系学生在必修教材已学过的有关物质及其变化的经验与知识,用化学实验或引用实验事实帮助学生理解,同时还运用各种模型、图表和现代信息技术来加深理解。

2.学习内容的选择

我们首先讨论单元的选择。教师一般按单元组织教学。化学教育中,单元是指化学课程内容的划分单位,也就相当于教材的一章,大致是某类化学问题。一个单元的内容有相对的完整性。单元实质上反映了课程编制者或教师对化学学科结构的总的看法,以及在此基础上对这种结构按教学要求所做的分解和逻辑安排。

在选择学习内容时,为防止遗漏学习重点和要点,应尽可能多地收集与课程目标有关的内容资料。在确定学习内容时可以合并相关内容或删除不必要的部分。例如,选修模块里面新增了很多以前没有的内容,是为对化学学习有较高要求的学生所设计的,我们在教学方式和内容深度上仍应保持高中阶段应有的要求及与基础模块的衔接,但是更注重化学知识的认知过程和要求,在叙述与推演上更重视科学内涵与发展的逻辑关系。另外,选修模块的设置,为了满足学生的不同需要,为具有不同潜能和特长的学生的未来发展打下良好基础。选修模块新增内容一方面体现了课程内容的时代性,另一方面,可能是本模块核心的知识。在教学时,对多数学生应以课程标准的要

求为准,对有潜能、有兴趣的学生可以适度拓展。对于学生来说,最重要的东西就是核心知识、核心方法、核心思路,当我们的教学形式发生改变,当我们的课堂变成学生思维碰撞的"战场",学生求知的"斗志"被激发后,学生就不会觉得学习很痛苦了。

3.学习内容的安排

学习内容的安排是对已选定的学习任务进行组织编排,使它具有一定的系统性或整体性。在化学课程中,各单元学习内容之间的联系一般有三种类型:一是相对独立,各单元在顺序上可互换位置;二是一个单元的学习构成另一个单元的基础,这类结构在序列上极为严密;三是各单元学习内容的联系呈综合型。所以在组织学习内容时,首先要搞清楚各项学习任务之间的联系。

在教学内容组织编排的各种主张中,较有影响的有三种观点:一是布鲁纳提出的螺旋式编排教学内容的主张,即根据学生的智力发展水平,让学生尽早有机会在不同程度上去接触和掌握化学学科的基本结构,以后随着学生在智力上的成熟,围绕基本结构不断加深内容深度,使学生对化学有更深刻和有意义的理解;二是加涅提出的直线编排教学内容的主张,他从学习层级论的观点出发,把教学内容转化为一系列习得能力目标,然后按这些目标之间的心理学关系,即从较简单的辨别技能的学习到复杂的问题解决技能的学习,把全部教学内容按等级来排列;三是奥苏贝尔提出的渐进分化和综合贯通的原则。渐进分化是指"该学科的最一般和最概括的观念应首先呈现,然后按细节和具体性逐渐分化";综合贯通是强调学科的整体性。因为化学学科内容不仅包括化学学科的各种概念和规则,同时也包括化学学科本身的特定结构、方法或逻辑,如果不掌握这部分内容,就不可能真正理解这门学科。我们在编排学习内容时,应根据化学学科特点综合运用上述三种观点。

组织学习内容要重视以下几个方面:①由整体到部分,由一般到个别,不断分化。如果学习是以掌握科学概念为主的,则基本的原理和概念应放在中心地位。这是因为当人们在接触一个完全不熟悉的知识领域时,只有阐明了理论框架,才能借助这种框架进行分类和系统化。②确保从已知到未知。如果学习的内容在概括程度上高于学生原有的概念,或要学习的新的命题与学生认知结构中已有的概念不能产生从属关系时,就应采取由浅入深、由易到难、由具体到抽象、由较简单技能到复杂技能的序列,排成一个有层次或有关联的系统,使前一部分的学习为后一部分的学习提供基础,成为后续学习的"认知固着点"。③按事物发展的规律排列。如果学习内容是线性的,可以通过向前的、进化的、按年代发展或从起源出发的方法来编排。这样的组织方式与研究的社会现象、自然现象的变化顺序和客观事物本身发展的顺序一致,符合事物的运动变化规律,能使学生对自然和社会现象的发展过程有比较全面的认识。④注意教学内容之间的横向联系。安排学习内容时,不仅要注意概念纵向发展之间的联系,还要注意从横向方面加强概念原理、单元课题之间的联系以及知识、技能、情感各部分内容之间的协调衔接，以促进学生融会贯通地去学习。

例如，在高中课程标准中，"化学反应原理"的内容分为3个部分呈现：必修模块《化学1》中的"电解质"，必修模块《化学2》中的"化学键与化学反应""化学反应的快慢和限度"，以及选修模块《化学反应原理》。《化学1》中将"电解质"内容包含在第2章"元素与物质世界"中介绍，《化学2》中将"化学键与化学反应""化学反应的快慢和限度"在第2章"化学键化学反应与能量"中介绍，而选修模块《化学反应原理》是相对独立的，比较系统地介绍了有关化学原理的基础知识。

《化学反应原理》按章、节、节下标题来组织教材内容体系，共分3章11节内容。第1章"化学反应与能量变化"、第2章"化学反应的方向、限度与速率"、第3章"物质在水溶液中的行为"。在内容组织原则上注重三序结合，即教材的逻辑顺序、学生的认知顺序与学生的心理发展顺序结合，注重知识的直线排列与螺旋上升。

【案例】用概念图策略分析《化学（必修1）》的概念体系。

第一章以化学实验方法和技能为主要内容和线索，结合基本概念等化学基础知识，将实验方法、实验技能与化学基础知识紧密结合，引出了若干高中化学的核心概念，如物质的量、摩尔质量、气体摩尔体积、物质的量浓度等。在知识的深度、广度把握上，教师一定要注意与初中知识的衔接，同时又要符合学生的认知发展顺序。在本章的教学过程中，教师应创设有利于学生自主学习、主动探究的学习情境，充分利用教材内外的各种素材，运用多种教学手段，结合已有的知识和生活经验，让学生在学习活动中领悟物质的量、气体摩尔体积、物质的量浓度等概念，体验探究活动的过程和乐趣。教学的重点是让学生学会通过学习化学，了解化学的一般方法，培养学生对化学科学的情感。

第二章是连接初中化学与高中化学的纽带和桥梁，对于引导学生有效地进行高中阶段的化学学习，发展学生的科学素养，具有非常重要的承前启后的作用。对化学物质及其变化的分类是本章的一条基本线索。考虑到学生在进入高中化学学习时，一般都需要复习初中的知识，如化学基本概念和原理、物质间的化学反应等。因此，把化学反应与物质分类编排在高中化学的第二章，使学生对物质的分类、离子反应、氧化还原反应等知识的学习，既源于初中又高于初中，既有利于初、高中知识的衔接，又有利于学生运用科学方法进行化学学习。从化学物质的分类来看，纯净物的分类在初中已初步介绍过，这里主要是通过复习使知识进一步系统化。溶液和浊液这两种混合物虽然初中也涉及过，但是还没有从分散系的角度对混合物进行分类。因此，分散系和液态分散系的分类、胶体及其主要性质是高中化学的新知识。胶体的性质表现在很多方面，这里只是从胶体与溶液区分的角度介绍胶体的性质。

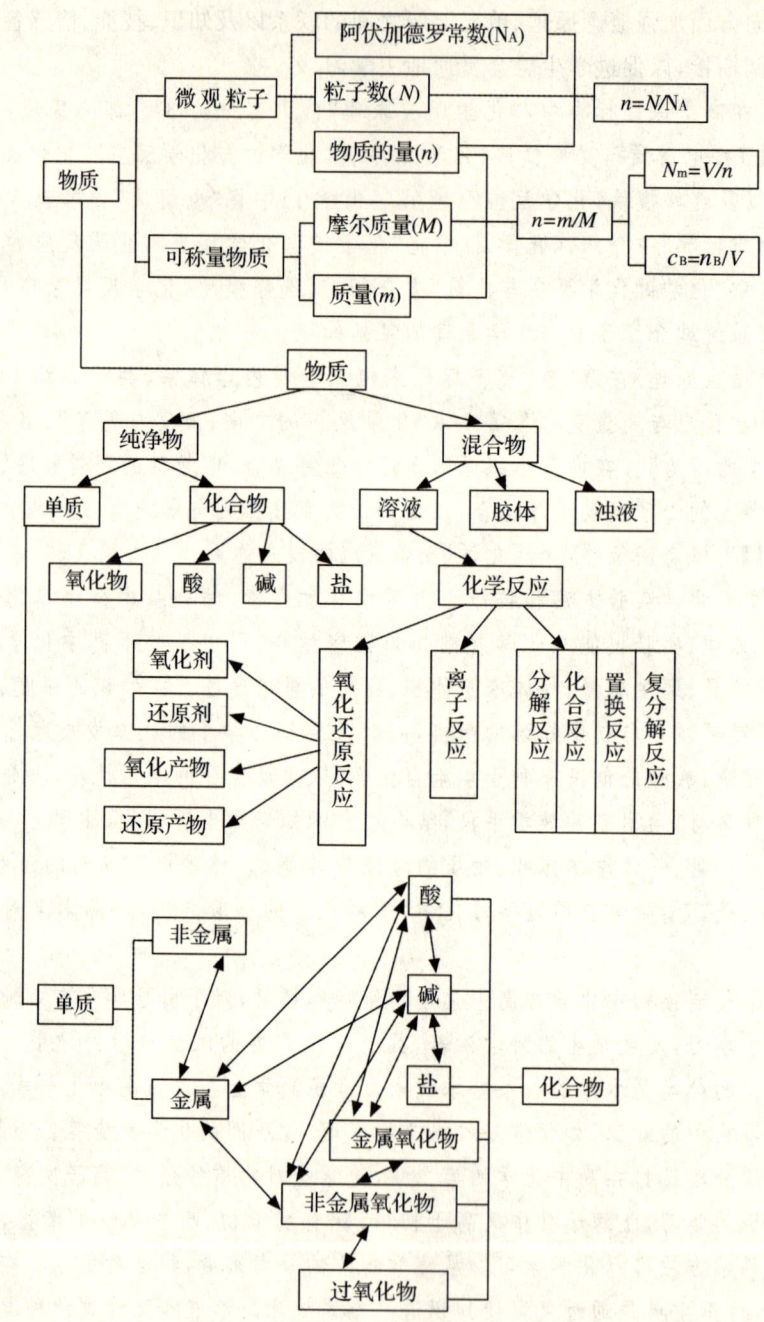

图 3-3 《化学 1》知识体系的概念图[①]

---

① 马艳.概念图在高中化学教学设计中的应用[D].辽宁师范大学,2010:19

第三、四章开始介绍具体的元素化合物知识，是中学化学的基础知识，也是学生今后在工作和生活中经常要接触、需要了解和应用的基本知识。这些知识既可以为前面的实验和理论知识补充感性认识的材料，又可以为《化学2》介绍的物质结构、元素周期律、化学反应与能量等理论知识打下重要的基础，还可以帮助学生逐步掌握学习化学的一些基本方法，能使学生真正认识化学在促进社会发展、改善人类的生活条件等方面所起到的重要作用。

图3-3是对《化学1》相关概念和知识点设计的概念图。

【案例】用概念图策略分析人教版化学教材（必修2）的概念体系。

第一章以碱金属元素和卤素元素为代表，介绍同主族元素性质的相似性和递变性，以第三周期元素为代表介绍元素周期律。将元素性质、物质结构、元素周期表等内容结合起来，归纳总结有关的化学基本理论。在初中化学的基础上，通过离子键和共价键的形成，以及离子化合物和共价化合物的比较，使学生认识化学键的含义。通过学习这部分内容，可以使学生对所学元素、化合物等知识进行综合、归纳，从理论上进一步理解。同时，作为理论指导，也为学生继续学习化学打下基础。

第二章关于化学能与热能、电能的相互转化，重点讨论化学能向热能或电能的转化，以及化学能直接转化为电能的装置——化学电池，主要考虑其应用的广泛性和学习的阶段性。通过原电池和传统干电池（锌锰电池），初步认识化学电池的化学原理和结构；通过介绍新型电池（如锂离子电池、燃料电池等），体现化学电池的改进与创新，初步形成科学技术的发展观。关于化学反应速率及其影响因素，是通过实例和实验使学生形成初步认识的，不涉及对反应速率定量计算或不同物质间反应速率的相互换算。本章在选材上尽量将化学原料与实验、实例相结合，对化学概念或术语（如化学能、化学电池、催化剂、反应限度等）采用直接使用或叙述含义以降低学习的难度。

第三章没有完全考虑有机化学本身的内在逻辑体系，主要是选取典型代表物，介绍其基本的结构、主要性质以及在生产、生活中的应用，较少涉及有机物的概念和它们的性质（如烯烃、芳香烃、醇类、羧酸等）。为了学习同系物和同分异构体的概念，只简单介绍了烷烃的结构特点，没有涉及烷烃的系统命名等。

第四章紧紧围绕金属矿物、海水和化石燃料等人类重要自然资源的综合利用中的基本化学原理和基础知识，如氧化还原反应原理及其应用，金属活动性顺序，典型非金属元素——卤素及其化合物之间的化学转化，分离混合物的基本操作——蒸馏、分馏，具有典型结构的有机物——乙烯的聚合反应等。作为高中必修模块的结尾，不仅对于学生总结复习很重要，而且对于学生进一步学习后续的选修模块乃至选择自己未来的升学和就业方向都可能会产生一定的影响。

图 3-4 是对《化学 2》相关概念和知识点设计的概念图。

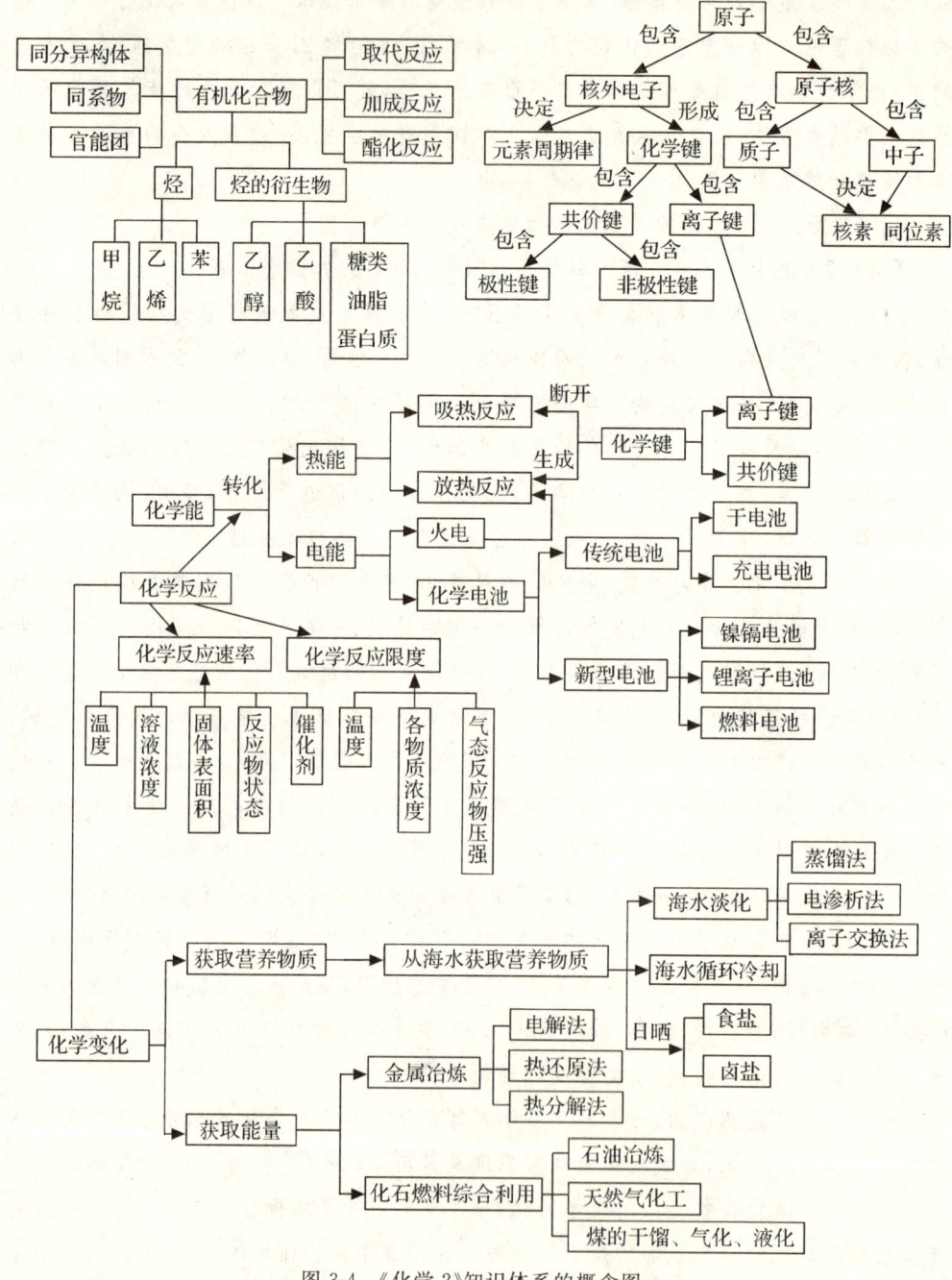

图 3-4 《化学 2》知识体系的概念图

4. 单元目标与学习类别的确定

各单元的学习内容确定以后,要为每一单元编写相应的单元目标。在单元目标里要说明学生完成本单元学习以后应能做什么。由于单元目标体现该单元总的教学意图,所以在表述上较概括、扼要。一个单元的目标可以是一条,也可以包括两条或更多。在单元目标表达的基础上,我们需判断各单元学习内容的基本类别。教学目标应具有明确性和可操作性,在其内容上应包括:学生掌握知识方面的认知目标,培养学生的能力目标,发展学生的情感目标。

例如,在课程标准中,高中《化学1》主题3中"常见无机物及其应用"的单元目标是:①能根据物质的组成和性质对物质进行分类。②知道胶体是一种常见的分散系。③根据生产、生活中的应用实例或通过实验探究,了解钠、铝、铁、铜等金属及其重要化合物的主要性质,能列举合金材料的重要应用。④知道酸、碱、盐在溶液中能发生电离,通过实验事实认识离子反应及其发生的条件,了解常见离子的检验方法。⑤根据实验事实了解氧化还原反应的本质是电子的转移,举例说明生产、生活中常见的氧化还原反应。⑥通过实验了解氯、氮、硫、硅等非金属及其重要化合物的主要性质,认识其在生产中的应用和对生态环境的影响。

5. 学习内容选择与组织的初步评价

在各单元目标确定以后,为保证所选择的学习内容与学习需要相符合,教学设计者应重视对学习内容的选择和组织进行评价。在教学设计的初期,可从下列几个方面评价学习内容的选择与组织:①所选择的学习内容是否为实现教学目标所必需,还需补充什么?哪些内容与目标无关,应该删除?②各单元的顺序排列与化学学科逻辑结构的关系如何?在这种关系的处理上体现了什么样的学习理论或教学理论?③各单元的排列顺序是否符合学生的心理发展?④各单元的排列顺序是否符合教学的实际情况?⑤学生已掌握了哪些内容?教学从哪里开始?

高中化学新课程在知识体系构建方面的特点,要求教师在教学中必须要树立整体意识,准确理解和把握不同课程模块内容之间的联系和发展,根据不同课程模块的目标要求和内容特点,考虑学生的认识基础,循序渐进地引领学生不断丰富和完善知识体系,促进其认知结构的形成。由于受传统教学观念的影响,许多教师习惯于知识"一步到位"的教学方式,特别是刚开始实施高中新课程,由于对整体的课程内容理解和把握不透,加上对考试范围的担心,这种做法尤为常见。实践证明不顾学生实际的"一步到位"的教学方式不仅不利于学生深入理解和掌握化学知识,而且由于知识难点的集中和知识深度的增加,往往挫伤了学生学习化学的积极性。所以,在高中化学新课程的教学中,教师不仅要重视学生知识体系的构建,更要依据学生的认知发展水平和知识体系构建的层次性和渐进性,按照不同模块课程标准的要求,准确把握教学内容的深度、广度,切实以学生的发展为本,分层次、循序渐进地构建系统的知识体系,促进学生科学素养全面发展。

二、学习内容分析的一般步骤

学习内容总是具有一定的层次结构。教师在进行学习内容分析时,也是针对这几个层次的学习内容进行分析的。一般都可以采用以下步骤进行分析。

(1)选择与组织单元。为实现一门课程总的教学目标,学生必须学习哪些内容(即必须完成哪些学习任务)?对这个问题的考虑,首先要从单元层次开始。单元作为一门课程内容的划分单位,一般包括一项相对完整的学习任务。在这些单元学习任务中,哪些应先学,哪些应后学?这涉及对各单元的顺序安排。通过选择与组织单元,可确定课程内容的基本框架。需要教师对教学目标进行深入分析,找出学生学习新知识所必须具备的知识技能,并对它们的关系进行辨别、排序,最后制成概念图。在教学活动之前将制得的概念图展示给学生,不仅让学生进一步巩固这方面知识,也能在一定程度上激发学生的学习兴趣。

例如"电解质与物质结构关系"的学习任务分析,如图 3-5 所示。

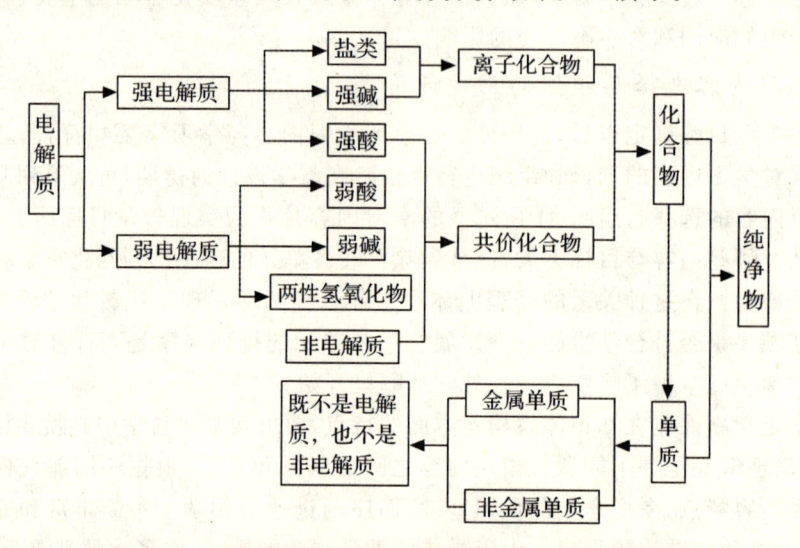

图 3-5 电解质与物质结构关系的层级分析概念图

【评析】"盐类""强酸""强碱""弱酸""弱碱"是完成强弱电解质辨别任务的先决条件,而"化合物""单质"的辨别又是完成电解质、非电解质辨别任务的先决条件。总之,概念图广泛应用于教师对学生的任务分析阶段,是教师进行任务分析的有效工具。

教学设计是一个问题解决的过程,学习任务的分析则是问题解决过程的起点。因此,深入教学实际进行调查研究,了解教学中存在的问题和需要,才能为教学目标、教学策略、教学媒体、教学过程的设计,以及教学设计成果的评价奠定坚实的基础。同时,学习任务的分析能够使教学设计有效地利用教学资源,使教学设计具有较强的针对性和实用性。

（2）确定单元目标。单元目标是一个单元的教学过程结束时所要得到的结果，说明学生学完本单元的内容以后应能做什么。确定了单元目标，课程目标就具体化了。

（3）确定学习任务的类别。根据单元目标的表述，我们可以区别学习任务的性质，学习任务一般可分为认知、动作技能和态度（情感）三大类。美国教育心理学家加涅等将这项工作称为任务分类。

（4）评价内容。在对各单元的学习任务做进一步的内容分析之前，有必要论证所选出的学习内容的效度，看是否为实现课程目标所必需。

（5）分析任务。分析任务是指要对各单元的学习任务逐项进行深入细致的分析。如：为实现单元目标，学生必须学习哪些具体的知识与技能？这些知识与技能之间存在哪些联系？对不同类型的学习任务，需运用不同的任务分析方法。

（6）进一步评价内容。这一步是对任务分析的结果——已确定的知识与技能及其相互的联系进行评价，删除与实现单元目标无关的部分，补充所需要的内容。

三、化学学习内容分析的方法和步骤

分析学习内容是为了规定学习内容的范围、深度及学习内容各部分的联系，回答"学什么"的问题。基本方法有归类分析法、图解分析法、层级分析法、信息加工分析法、使用卡片的方法和解释结构模型法等。

1. 归类分析法

归类分析法主要是研究对有关信息进行分类的方法，旨在鉴别为实现教学目标所需学习的知识点。

2. 图解分析法

图解分析法是一种用直观形式揭示教学内容要素及其相互联系的内容分析方法，用于对认知教学内容的分析。图解分析的结果是一种简明扼要、提纲挈领地从内容和逻辑上高度概括教学内容的一套图表或符号。教学活动是一种有目的、有计划的特殊认识活动，为达到教学活动的预期目的，减少教学中的盲目性和随意性，就需要对教学过程进行科学的设计。① 根据教学内容的结构、特点，概念图可以应用于教学目标设计、学前背景分析、教学策略设计、教学评价设计各个环节，成为教师教学设计的有效工具。②

3. 层级分析法

层级分析法是用来揭示教学目标所要求掌握的从属技能的一种内容分析方法。

---

① 裴新宁.面向学生的教学设计[M].教育科学出版社,2005.3
② 田慧生,李如密.教学论[M].河北教育出版社,1996.12

这是一个逆向分析的过程,即从已确定的教学目标开始考虑,要求学生获得教学目标规定的能力,他们必须具有哪些次一级的从属能力?而要培养这些次一级的从属能力,又需具备哪些再次一级的从属能力?……可见,在层级分析中,各层次的知识点具有不同的难度等级——越是在底层的知识点,难度等级越低(越容易),越是在上层的知识点难度越大,而在归类分析中则无此差别。

层级分析的原则虽较简单,但具体做起来却不容易。它要求参加教学设计的教师要熟悉教学内容,了解学生的原有能力基础,并具备较丰富的心理学知识。

4.信息加工分析法

信息加工分析法由加涅提出,是将教学目标要求的心理操作过程揭示出来的一种内容分析方法,这种心理操作过程及其所涉及的能力构成教学内容。在许多学习内容中,完成任务的操作步骤不是按"1→2→3→…→n"的线性程序进行的。当某一步骤结束后,需根据出现的结果判断下一步怎么做。在这种情况下,就要使用流程图表现该操作过程。流程图除直观地表现出整个操作过程及各步骤以外,还表现出其中一系列决策点及可供选择的不同行动路线。信息加工分析法不仅能将内隐的心理操作过程显示出来,也适用于描述或记录外显的动作技能的操作过程。

5.使用卡片的方法

教学内容分析的工作细致复杂,常有必要对分析结果进行修改、补充或删除一些内容。因此,需掌握一种计划技巧,较有效的计划技巧是使用卡片。具体方法是:将教学目标和各项内容要点分别写在各张卡片上,对它们的关系进行安排,经讨论修改后,再转抄到纸上。使用卡片的主要特点是灵活,便于修改及调整各项内容之间的关系;另一特点是形象直观,便于讨论时交流思想。

6.解释结构模型法(ISM 分析法)

解释结构模型法(Interpretative Structural Modelling Method,简称 ISM 分析法)是用于分析和揭示复杂关系结构的有效方法,它可将系统中各要素之间的复杂、零乱关系分解成清晰的多级递阶的结构形式。这种分析方法包括三个操作步骤:第一,抽取知识元素——确定教学子目标;第二,确定各个子目标之间的直接关系,做出目标矩阵;第三,利用目标矩阵求出教学目标,形成关系图。

教学设计的一切活动都是为了学生的学,教学目标是否实现,要在学生自己的认知和发展的学习活动中体现出来,而作为学习活动主体的学生在学习过程中又都是以自己的特点来进行学习的。所以教学设计的产品是否与学生的特点相匹配,是教学设计成功与否的关键之一。

四、化学学习内容分析应注意的问题

1.重视化学基本观念的形成

化学基本观念是学生通过化学学习在头脑中留存的,在考查周围的化学问题时所具有的基本的概括性认识。中学生化学基本观念的形成具有阶段性、层次性和渐进性的特点,它需要两个方面的有机结合。一方面,从形成基本观念所需要的素材来看,必须有合适的、能有效形成化学基本观念的核心概念以及能形成这些核心概念的具体化学知识;另一方面,从基本观念的形成过程来看,必须充分调动学生思维的积极性,使学生在积极主动的探究活动中,深刻理解和掌握有关的化学知识和核心概念,不断提高头脑中知识的系统性和概括性水平,逐步形成对化学知识的概括性的认识。学生通过初中化学课程的学习已初步形成了元素观、微粒观、化学反应与能量、物质分类等基本化学观念。在此基础上,高中化学课程标准通过精心选择有关的核心概念和具体知识,以及设计多种多样的探究活动,引领学生进一步丰富和发展"物质的微粒性、化学反应与能量、物质结构与性质、化学反应限度"等化学基本观念。

例如,有关物质微粒性认识的"微粒观"是一种重要的化学基本观念,它的形成对于学生认识物质的微观构成、理解化学反应的实质、了解化学符号的意义以及解释客观的现象等具有重要意义。为帮助学生形成和发展微粒观,高中化学课程标准不仅在《化学2》中设置了"物质结构基础"内容主题,还在选修课程中设置了《物质结构与性质》课程模块。依据化学基本观念形成的特点,考虑到中学生的知识基础,课程标准中尽可能选择那些最有利于微粒观形成的核心概念。在《化学2》"物质结构基础"主题内容中只选择了元素、核素、原子核外电子排布、元素周期律、化学键、离子键、共价键、有机化合物的成键特征等核心概念,以帮助学生理解微粒运动的特点,初步形成"微粒间存在相互作用"的认识。

在《物质结构与性质》模块中,课程标准以微粒之间不同的作用力为线索,确定了"原子结构与物质的性质""化学键与物质的性质""分子间作用力与物质的性质"等内容主题,进一步加深学生对微粒间相互作用的理解,从而形成对物质微粒性认识的基本观念。

同时,在课程标准中还设计了一些有利于学生理解核心概念、促进化学基本观念形成的探究活动。例如,交流讨论离子化合物和共价化合物的区别,讨论或实验探究碱金属、卤族元素的性质递变规律,运用模型研究 P_4,P_2O_5,P_4O_{10} 等共价分子的结构及相互联系,并预测它们的性质等。可以说,这些探究活动为学生形成物质微粒性认识的基本观念提供了有力保障。

重视学生化学基本观念的形成,是化学新课程内容选择的重要转变。学生能牢固地、准确地、哪怕只是定性地建立起基本的化学观念,应当是中学化学教学的第一目标。新课程强调:学生化学基本观念的形成不可能是空中楼阁,也不可能通过大量记忆化学知识自发形成,它需要学生在积极主动的探究活动中,深刻理解和掌握有关的化学知识和核心概念,在对知识的理解、应用中不断概括提炼而形成。在化学学习中,背诵或记忆某些具体的化学事实性知识,当然是有价值的,但是更重要的价值在于它们是形成化学观念或某些基本观念的载体。

2.注重在社会背景中学习化学知识

化学作为一门中心科学,在促进社会可持续发展方面发挥着巨大作用。当今人类社会所面临的许多重大问题,如资源、能源、材料、环境、卫生、健康等都与化学科学的发展密切相关。因此,通过高中化学课程的学习,使学生正确认识化学科学的社会价值,理解科学、技术与社会的相互联系,树立可持续发展的思想,就具有非常重要的作用。高中化学新课程重视化学、技术与社会的相互联系,强调课程内容要贴近生活,贴近社会,从学生已有的生活经验和将要经历的社会生活实际出发,关注学生面临的与化学相关的社会问题,引导学生在社会背景中学习化学,将化学知识的学习融入有关的社会现象和解决具体的社会问题之中,鼓励学生积极参与社会实践活动,对社会问题做出自己的思考和决策,从而增强学生的社会责任感和使命感。

高中化学课程标准在内容选择上主要从两个方面引导学生在社会背景中学习化学知识。一是以与人类社会发展密切相关的化学知识或社会热点问题作为课程内容的主题或模块,集中呈现化学与社会生活相联系的课程内容。这种设置有利于学生更全面、深入地认识化学在人类社会发展中的积极作用,培养学生应用所学化学知识对社会生活中的问题做出判断和解释的能力。

例如,在《化学2》中专门设置了"化学与可持续发展"内容主题,在选修课程中设置了《化学与生活》与《化学与技术》2个模块。其中"化学与可持续发展"主题将重要的有机化合物知识从社会可持续发展的视角进行组织呈现,《化学与生活》模块主要以学生的生活经验为基础,力求使课程内容能够贴近学生、贴近生活,基本涵盖了"化学与健康""生活中的材料""化学与环境保护"等社会热点问题,使学生切实感受到化学对人类生活的影响,形成正确的价值观。《化学与技术》模块的内容则以化学知识为基础,介绍化学在自然资源开发利用、材料制造和工农业生产中的应用,使学生能运用所学知识对与化学有关的一系列技术问题做出合理的分析,强化应用意识和实践能力。

另外,对于一些无法单列主题或模块的与社会生活紧密联系的化学知识,课程标准则采取了穿插渗透的方式,分散在其他课程模块与内容主题之中。例如,在《化学2》"化学反应与能量"内容主题中,要求学生"通过生产、生活中的实例了解化学能与热能的相互转化""通过实验认识化学反应的速率和化学反应的限度,了解控制反应条件在生产和科学研究中的作用"等。

在社会背景中学习化学知识,为学生学习化学提供了一种更全面的解释方法,使化学教育摆脱了对化学的单一、理性的解释,而且这些社会背景也为学生创设了一个参与讨论、实验、亲身经历活动的机会,只有通过参与具有社会背景的活动,学生才能真正感受到化学知识的广泛应用,体会到化学理论的物质力量和化学科学技术的价值,才能使学生通过学习去适应现代社会生活,并能对与化学有关的社会问题进行思考和决策。同时,只有将化学知识的学习融入有关的社会现象和解决具体社会问题之中,才能真正激发起学生的社会责任感和使命感,提高他们学习化学的积极性和主动性,促进其科学素养的发展。

3. 将科学探究作为重要的课程内容

科学探究是科学家探索科学问题、发现科学规律的基本活动,也是人们认识科学现象,获得并理解科学知识的重要途径。当代科学观认为,科学不仅仅是反映客观事实和规律的知识体系,也是对大自然不断前进和自我校正的探究过程,所有的科学知识都是科学探究的结果。传统化学课程内容的选择更多地关注了知识结论,而忽视了获得结论的过程与方法,它割裂了"抽象的书本知识与人的发现问题、解决问题、形成知识过程的丰富、复杂的联系"。"认识什么"和"怎样认识"是科学过程的两个方面,忽略了科学的"过程与方法",一方面不可能达到对科学本质的认识,另一方面也滤掉了过程与方法对学生发展的教育价值。以提高学生科学素养为宗旨的化学新课程改革将科学探究作为重要的课程内容,把科学过程和方法作为学习的对象,有力地促进了学生学习方式的转变,使学生获得化学知识技能的过程成为理解化学、进行科学探究和形成科学价值观的过程,充分发挥科学探究对于学生科学素养发展的不可替代的作用。

化学新课程中的科学探究,是学生积极主动地获取化学知识、认识和解决化学问题的重要实践活动。它涉及提出问题、猜想与假设、制订计划、进行实验、收集证据、解释与讨论、反思与评价、表达与交流等要素。《全日制义务教育化学课程标准(实验稿)》在内容标准中单独设立主题,从"增进对科学探究的理解""发展科学探究能力"和"学习基本的实验技能"三个方面对科学探究提出了具体的学习内容和目标。高中化学新课程没有将"科学探究"单独设立主题,而是在义务教育化学课程要求的基础上,根据不同模块课程的特点,在相关主题里设置了科学探究的内容。例如在《化学1》"认识化学科学""化学实验基础"等主题中都对科学探究提出了具体的要求。另外,在所有课程模块的内容标准中,都列有"活动与探究建议",这些探究活动本身也是化学课程内容的有机组成部分。实验是学生学习化学、实现科学探究的重要途径,为进一

步体验实验探究的基本过程,高中化学新课程还在选修模块中设置了《实验化学》课程模块,引导学生通过实验探究活动,掌握基本的实验探究方法,提高科学探究能力。

思考题

1.有教师认为:"在进行教学内容分析时,我通常是根据课程标准和考试大纲来确定教学重点和难点的。我认为这样更科学、更准确。"你同意吗?你有补充吗?请说明你的理由。

2.如果教师在教学设计过程中能够多角度、全方位地分析学生,并且将分析的结果运用到教学中,那么教师就能减少教学中的"无效劳动",提高教学实效。在化学教学设计中,必须注重对教学对象——学生的分析,你能举例说明学生分析的意义吗?

实践探索

选择人教版初中化学九年级上册第三单元的第二个课题"分子与原子",结合所学知识,试着进行学习需要分析、学习内容分析和学生分析,以文字形式表述出来。你可以与其他同学进行讨论,看看他们是怎样分析的,然后进一步完善你的分析报告吧!

拓展延伸

当前,很多化学教师在进行教学设计时仅仅参考课程标准和考试说明,而忽视学生的具体情况,这样会带来哪些弊端?请结合自己的成长经历和教学体验进行思考和论述。

第四章　化学教学目标设计

本章导学

本章主要介绍教学目标的概念、意义、目标分类理论、教学目标设计的原则和步骤及教学目标的编写方法。第一节重点介绍教学目标的概念及功能,属于理解性内容;第二节介绍了教学目标分类理论,在学习布卢姆和加涅分类理论的基础上,重点分析化学新课程教学目标的维度和层次。第三节和第四节则结合具体案例介绍了化学教学目标的编写步骤与方法。第五节重点介绍如何进行教学任务的分析。

学习目标

1. 说出化学教学目标设计的原则。
2. 知道教学目标分类体系和表达方法,结合不同的教学内容选择不同的表述方法。
3. 归纳总结确立化学教学目标的步骤,概述分析教学目标和表达教学目标的方法。
4. 能根据给定的教学内容确立符合新课程标准的教学目标,知道在设计过程中应该注意的问题,并尝试进行反思和改进。
5. 能根据给定的教学内容判断学习结果的类型,并根据学生的起点能力确定教学目标。

第一节 化学教学目标概述

一、化学教学目标的概念及意义

1. 化学教学目标的概念及意义

化学教学目标是预期学生通过化学教学活动获得的学习结果,是化学新课程目标在化学教学中的具体化。在化学教学设计中,化学教学目标的设计居于化学教学设计的基础地位。化学教学目标的设计,从方向、任务和内容上决定了化学教学过程中教师的教学策略和学生的学习策略,对化学教学活动具有导向、调控、激励、评价等功能。

2. 教学目标的功能

教学目标是教学活动的出发点和最终归宿,它具有以下几个功能:①教学设计可以提供分析教材和设计教学活动的依据。教师一方面根据课程目标确定课时教学目标,另一方面又根据这些教学目标设计教学活动和实施教学。具体明确的教学目标可以帮助教师迅速理清教学思路,建立一种特定的思维方式来思考问题,以及如何才能达到教学目标,[1]从而引导教师设计合适的教学活动顺序,选择合适的教学媒体、教学方法、教学手段、教学资料等。[2] ②教学目标描述具体的行为表现,能为教学评价提供科学依据。课程标准提出的教学目的与任务过于抽象,教师无法把握客观、具体的评价标准,使教学评价的随意性很大。用全面、具体和可测量的教学目标作为编制测验题的依据,可以保证测验的效度、信度及试题的难度和区分度,使教学评价有科学的依据。教师只有根据教学目标编写测试题来测量和评价教学效果,才能体现教学的意义。[3] ③教学目标可以激发学生的学习动机。要激发学生的认识内驱力、自我提高内驱力和附属内驱力,必须让学生了解预期的学习成果,他们才能明确成就的性质,进行目标清晰的成就活动,对自己的行为结果做成就归因,并最终取得认知、自我提高和获得赞许的喜悦。④教学目标可以帮助教师评鉴和修正教学的过程。对教师来说,教学

---

[1] 徐英俊.教学设计[M].教育科学出版社,2001:117-118
[2] 崔鸿.中学生物教学设计与案例研究[M].科学出版社,2012:34
[3] 郭成.教学设计[M].人民教育出版社,2007:111

目标描述了完成教学活动以后学生的应有行为表现,这为教师教学活动的测量和评价提供了科学的依据。① 根据控制论原理,教学过程必须依靠反馈进行自我控制。有了明确的教学目标,教师就可以此为标准,在教学过程中充分运用提问、讨论、交谈、测验和评改作业等各种反馈的方法。

二、与化学教学目标密切相关的概念

教学目的和教学目标是一般和特殊的关系,同时前者具有稳定性,后者具有灵活性。教学目标是一个完整教案的重要组成部分。从"教学目的"到"教学目标",不仅是一字之差,而是对教学的本质的理解发生了变化,对教学行为的指导发生了变化。"教学目的"更多的是从教师角度考虑通过教师的"教"所要达到的目的,相对忽略了学生学习的个性特征,对不同的学生而言,教师所要达到的目的是一致的,达成方向是单向的,达成手段是单一的。"教学目标"就要求教师改变审视问题的角度,更多地从学生"学"的角度来考虑,展示的是学生学习结果的期望。对不同的学生依据学生的基础和发展可能设计不同的目标,达到的方向是双向的,达成的手段是多样的。

三、化学教学目标设计的价值取向

所谓价值取向,是人们价值思维和价值选择的方向性。化学教学目标的价值取向也就是在制订化学教学目标时对化学的价值思维和价值选择的方向性。

化学教学目标是一切化学教学活动的出发点,又是归宿,同时也是化学教学目标的价值得以实现的可能,化学教学目标的价值取向分为:社会本位和学生本位。社会本位要求教学以社会为价值主体,满足社会需要,把学生培养成社会所需要的人。学生本位要求教学应满足学生个体的需要,教学应以学生的兴趣、需要为出发点,让学生自由地、自然地发展。

---

① 崔鸿.中学生物教学设计与案例研究[M].科学出版社,2012:34

第二节　化学教学目标分类理论

教学目标分类是指运用分类学的理论,把教学目标按照由简单到复杂、从低级到高级的形式进行有序地排列组合,使之系列化。教学目标体系应该是一套具体可测的、行为操作化的、看得见、摸得着的目标,这对于实现教学的目的和进行课堂教学质量评价具有十分重要的意义。自20世纪50年代以来,人们对教学目标分类问题进行了系统、深入的研究,提出了几种重要的教学目标分类理论。

一、布卢姆等人的教育目标分类学

布卢姆等人受到行为主义和认知心理学的影响,将教育目标分为认知、情感和动作技能三个领域。每一个领域内,又细分为若干层次,这些层次具有阶梯关系,即较高层次目标包含且源自较低层次目标,每一层次又规定了一般(具体)目标。

1. 认知领域教育目标

布卢姆等人把认知领域的教育目标,从低级到高级共分为识记、领会、运用、分析、综合、评价六个层次。

2. 情感领域教育目标

依据价值内化的程度分为接受或注意、反应、价值评价、价值观的组织、品格形成五级。

3. 动作技能领域教育目标

辛普森(E.J.Simpson)把动作技能领域的教育目标,分为知觉、准备、有指导的反应、机械动作、复杂的外显反应、适应、创作七级。动作技能领域目标的各个层次,也均有各自的一般目标,这些目标可以用一些描述学习结果和行动的动词加以表示。

二、加涅的学习结果分类理论

加涅被认为是认知心理学派的折中者,主要从事学习心理学的研究,他认为并非所有的学习均相近,从而把学习区分为不同层次,最早提出了八个层次,以代表不同种类的认知能力,为了能够使学习层次的原则在教学上应用,加涅提出了五种学习结果,使教师能根据学习结果的表述设计最佳的学习条件。五种学习结果分别为"态度(attitude)""动作技能(motor skills)""言语信息(verbal information)""智力技能(intellectual skills)"和"认知策略(cognitive strategies)"。

三、我国关于教学目标分类体系的探索

长期以来,我国教育界重视和突出"基础知识和基本技能",形成了"双基"教育模式,从而形成了"双基"教学目标体系。这一体系在 20 世纪 80 年代以来的教育教学改革中,受到各方面的批判,这种批判凭借扬弃性的精神和追求,催生出了"三基教学",即基础知识、基本技能和基本能力教学。后来,人们开始重视儿童健康个性的形成和发展。在教学研究中,引发了我们思考和研究我国教学目标的建构问题,进而提出了"三基一个性"的教学目标体系的构建设想,即将教学目标分为"基础知识、基本技能、基本能力和健康个性"四个领域。

四、化学新课程教学目标的维度及层次

依据不同的标准,化学教学目标可以分成不同的类型或维度。从科学素养的基本结构出发,根据义务教育化学课程标准中的课程目标、内容标准及教科书内容特点,借鉴布卢姆等人的教育目标理论,我们可以把义务教育化学教学目标维度、层次水平及可供选择的动词归纳如下。

表 4-1　化学新课程教学目标类型及层次

目标维度		目标层次	可供选择的动词
知识与技能	化学知识	了解	知道、记住、说出、列举、找到、写出、辨认
		理解	能表示、区别、识别、认识、看懂
		应用	证明、说明、画出、写出、解释、设计、计算、理解、判断、选择
	实验技能	模仿	初步学习
		独立操作	初步学会
过程与方法		感受	注意、感知、觉察、关注、留心、体验、认识、体会
		领悟	初步形成、树立、保持、发展、增强
		简单应用	设计、计划、提出、运用
情感态度与价值观		经历	关注、注意、感知、觉察、体验
		反应	意识、体会、认识、遵守
		领悟	初步形成、树立、保持、发展、增强

第三节　化学教学目标设计的原则和步骤

一、化学教学目标设计的操作程序

弄清楚了化学教学目标的维度及陈述方法，我们就可以对具体化学教学内容的教学目标进行设计了。所谓化学教学目标设计，是指根据化学教学目标内容和相应的目标层次，以化学教材中的"课题"或者"节"（内容标准的二级主题）为单位，将化学课程目标具体化。

（1）以化学课程"内容标准""活动与探究建议"为依据，结合化学教材具体的教学内容特点，分析教材中"知识与技能""过程与方法""情感态度与价值观"三个目标维度中的化学教学目标内容，并按其内在联系排序。

（2）根据化学教学目标内容特点、教学阶段性及学生特点，分析化学教学应达到的目标层次。

（3）用简明、通俗的语言陈述教学目标要求。

案例 4-1："课题 1 空气"的化学教学目标设计

知识与技能：
（1）说出空气的主要成分，知道空气是混合物。
（2）认识空气对人类生活的重要作用，并能举例说明。
（3）通过动手实验，初步学习基本的化学实验操作技能。

过程与方法：
（1）通过实验探究空气中的氧气的体积分数，体验科学探究的基本过程，尝试根据实验现象提出有意义的问题。
（2）感受对实验现象进行分析、判断、推理，进而得出结论的过程。

情感态度与价值观：
（1）通过对空气组成的学习，转变原有的关于空气的认识。
（2）通过实验探究空气中的氧气的体积分数和科学家们探求空气奥妙的科学史，增进学习化学的兴趣，体会勤于思考、严谨求实和勇于实践的科学精神。
（3）认识到实验在科学探究中的重要作用。
（4）学习从化学角度初步认识和理解人与空气的关系，意识到空气是人类生存的宝贵资源。

二、化学教学目标设计的基本原则

在设计化学教学目标时，我们应注意以下几个原则。

(1)平衡性原则。所谓平衡性有三层含义。①化学教学目标的结构要合理，既要有反映具有质与量规定性的、可观测的行为的结果性目标，又不忽视表现内部心理过程的定性目标；②目标的内容要全面，既要有化学知识与技能目标，又要重视探究过程与方法、情感态度与价值观方面的目标，要充分发挥目标的整体效应；③教学目标的多少应符合学习规律，即教学目标既要有主次区分，突出重点，又要考虑多样性的教学目标的交替运用。

(2)弹性原则。弹性原则是指教学目标的设计要灵活变通、区别对待。由于教学目标是教师预期的学生学习结果，带有一定的主观性。因此，在实际的化学教学过程中，如发现有预料之外的变化，应及时更正或修改既定的目标，而不应把它视为神圣不可改变的东西。另外，化学教学目标的底线是要求全体学生必须达到的最基本目标，对于不能达标者，要采取补救措施，帮助他们达标。而对学有余力的学生，还应专门为他们制订拓宽的目标，促进其个性特长得到发展。

(3)可行性原则。这是指所制订的化学教学目标要切实可行，在"规定的时间内能够实现"。例如，"培养实验探究能力""学会实验条件控制方法"这样的化学教学目标陈述就显得笼统，不可能通过某一课时的教学来实现，而是整个化学教学才能实现的课程目标。如果改为"体验应用实验条件控制方法进行化学实验探究的过程""认识实验条件控制方法在化学实验探究过程中的重要作用"，这样的教学目标陈述就比较好落实。

(4)相关性原则。这是指要处理好化学教学目标与化学课程目标，教材单元的化学教学目标与教材章的化学教学目标、教材节的化学教学目标之间的关系。化学教学目标是化学课程目标的具体化，所以制订的化学教学目标应充分体现化学课程目标的要求，二者应具有一致性。单元化学教学目标、章化学教学目标、节化学教学目标在内容上应该依次更加具体化、可操作化，教学目标的水平层次应该体现阶段性和发展性。

第四节　化学教学目标的编写

一、化学教学目标的编写方法

有了教学目标，我们还必须把它描述出来。准确、清晰地陈述化学教学目标，既有利于教师的化学教学设计，又有利于指导学生的化学探究学习，也有利于化学教学评价。

借鉴西方教育心理学家马杰(R.E.Mager)、格伦兰(N.E.Gronlund)、艾思纳(E.W.Eisner)等学者提出的三种不同的教学目标陈述理论和技术，我们可以构建新的化学教学目标陈述模式。一个规范的教学目标应包含以下四个基本要素。

主体：指教学对象，即学生。学生是化学教学的主体，教学目标陈述主体应该是学生，而不是教师。因为教学目标应当表述为学生的学习目标和结果。按照这一要求，化学教学目标陈述可表达为"初步学习""能解释""能设计""能体验到"等。而不宜使用"使学生了解""培养学生的科学态度""激发学生的实验兴趣"等句式，因为这样陈述的主体不是学生，而是教师。

行为：指通过学习以后，学生能做什么，或者有什么心理感受或体验。一般用动宾短语较准确地描述学生的行为。动词表明学习的要求，宾语说明学习的内容。可以用那些能够外观和测量的行为动词(如说出、列举、识别、判断、认出、写出、区别、解释、选择、计算、设计等)或者用难以观测的表示内在意识和心理状态的动词(如：感知、关注、感受、觉察、领会、体验等)来进行陈述。行为的表述，关键是选择准确、恰当的动词，因为它代表了对学生学习行为的要求。

条件：指影响学生产生学习结果的特定限制或范围，主要说明学生在何种情境下完成指定的学习目标。条件的陈述包括以下因素：环境因素(如空间、地点等)；人的因素(是个人独立完成、小组集体完成，还是在教师指导下完成等)；设备因素(所要用到的工具、设备、器材等)；信息因素(所要用到的图表、资料、书籍、数据、网络等)；明确性因素(需要提供什么刺激/条件来引起行为的产生)。

案例4-2：化学教学目标陈述的比较

(1)通过对镁条的观察和简单实验，体验化学实验在研究物质性质上的作用。

(2)能在教师指导下或通过小组讨论，根据所要探究的问题设计简单的化学实验方案。

(3)通过溶液的导电性实验，了解化合物可以分为电解质和非电解质。

案例评析：

上述(1)(2)中条件表述清楚明确,但(3)中条件表述不明确,因为与电解质、非电解质概念有关的实验还应有熔融状态下的导电实验,只有溶液导电性实验这一条件是不能建立上述概念的。

标准：又叫"行为程度",是指学生对目标达到的最低表现水平,用以评定、测量学生学习结果的达成度。

案例 4-3：化学教学目标陈述的比较

(1)全体学生能够正确应用化学式表示某些常见物质的组成。

(2)90%以上学生能设计出两 种以上鉴别铁粉、铝粉和石墨粉的实验方案。

案例评析：

标准是学生学习结果的行为可接受的最低衡量依据,对行为标准的陈述,应使它具有可检测性。

上述两例均清楚地表述了学生学习应达到的程度。

一般来说,化学知识与技能领域的学习目标要求结果化,因此教师应明确学生的学习结果是什么,采用明确、可观察、可测量、可评价的行为动词来进行陈述,如"记住……的实验现象"。而对于"过程与方法""情感态度与价值观"目标,由于其无须结果化或难以结果化,我们通常使用体验性、过程性的动词与少数行为动词结合来描述学生自己的心理感受,体验或安排学生表现的机会,如"认识到合作与交流在实验探究活动中的重要作用"。化学教学目标陈述的动词使用特点见表 4-2。

表 4-2　化学教学目标陈述的动词使用特点

目标分类	动词使用特点
知识与技能	明确、可观察、可测量、可评价的行为动词
过程与方法	大多数难以测量,少数行为动词与体验性的内在心理动词相结合
情感态度与价值观	难以测量,体验性的内在心理动词

案例 4-4：化学教学目标的陈述

下面示例中各字母的含义：A——主体；B——动词；C——条件；D——程度。

(1)学生完成实验后,能写出规范的实验报告。
　　　A　　　C　　　　　B　D

(2)学生能正确书写简单的化学反应方程式。
　　A　　D　B

(3)认识到科学探究可以通过实验、观察等多种手段获取事实和证据。
　　B　　　　　　　　C

(4)知道原子是由原子核和核外电子构成的。
　　B

案例评析：化学教学目标的陈述应尽可能明确清晰，关键是动词的选用要准确。(1)(2)是规范的化学实验教学目标陈述例子，但在实际的教学目标陈述中，不一定都要将4个要素全部表示出来，可以视其教学内容灵活处理，如(3)(4)所示。

二、中学化学教学目标编写案例与分析

1. 教学目标的检视方法[①]

在教学目标设计完成之后，可将其与如下基本要求进行对照，从而检视教学目标的质量。

(1)教学目标是否尽可能地做到了以"最终行为"来呈现？

(2)教学目标中陈述的行为是否是学生行为而非教师行为？

(3)每一项教学目标是否只陈述了一项学习结果？

(4)教学目标中所使用的动词是否达到了最大可能的外显化？教学目标是否为明显的具体行为目标？

(5)教学目标中的行为水平是否明晰？

(6)教学目标体系中是否考虑到了学生的知识与技能、过程与方法、情感态度与价值观这三个基本维度？

2. 制订化学教学目标存在的问题与矫正方法

(1)随意性。

在化学教学中，不少教师只凭经验和考试的要求进行教学，认为讲完规定的教材内容就达成了教学目标。有些教师备课时只是抄教参或上网下载，教学目标只是用来应付学校检查的。这会导致教学目标虚化，教学随意性大。

问题诊断：对教学目标的功能缺乏认识。

矫正方法：正确认识教学目标的功能。

布卢姆指出，有效的学习始于准确地知道达到的目标是什么。由此可见，把握教学目标是实现有效教学的前提与关键，教学目标是教学的灵魂，它支配着教学的全过程，并规定着教与学的方向。教学目标的功能可以概括为指导学生的学习、指导教师的教学以及指导学习结果的评价，可简化为导学、导教和导评。有时某一单元抽象概念较多，掌握概念基本含义及概念间联系是教学的重点，也是学生学习的难点。把知识目标用概念图表示，有助于教师将教学目标清晰化，减少随意性，教师可以在备课过程中对教学目标中的相关概念制作概念图。

---

① 张辉蓉.数学诊断式教学设计研究[D].西南大学,2009:70

案例 4-5 "化学计量在实验中的应用"的教学目标陈述(知识目标)

(1)了解物质的量及阿伏加德罗常数的含义,知道摩尔是物质的量的基本单位。

(2)初步学会物质的量、物质的微粒数之间的转化关系。

(3)了解物质的量、摩尔质量和物质的质量之间的关系。

(4)理解和掌握气体摩尔体积的概念及计算。

(5)理解物质的量浓度的基本含义,掌握物质的量浓度的简单计算和溶液稀释时的相关计算。

图 4-1 即是对上述目标的知识点制作的概念图。

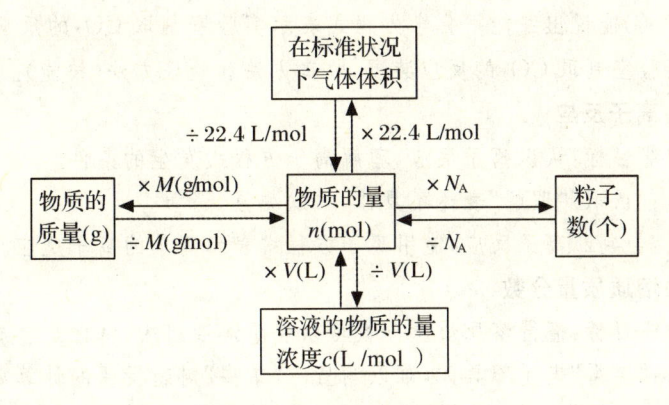

```
                    ┌──────────────┐
                    │ 在标准状况    │
                    │ 下气体体积    │
                    └──────────────┘
                  ÷22.4 L/mol ↕ ×22.4 L/mol
┌────────┐  ×M(g/mol)  ┌────────┐  ×N_A   ┌────────┐
│ 物质的 │ ──────────→ │ 物质的量 │ ──────→ │ 粒子   │
│ 质量(g)│ ←────────── │ n(mol)  │ ←────── │ 数(个) │
└────────┘  ÷M(g/mol)  └────────┘  ÷N_A   └────────┘
                   ×V(L) ↕ ÷V(L)
                    ┌──────────────┐
                    │ 溶液的物质的量│
                    │ 浓度c(L/mol) │
                    └──────────────┘
```

图 4-1 物质的量概念图

【评析】这一单元抽象概念较多,掌握概念基本含义及概念间联系是教学的重点和难点。用概念图表示知识目标,有助于教师将目标清晰化,因此教师可以在备课过程中对教学目标中的相关概念制作概念图,也可以在学生预习阶段引导学生对某些教学目标自制概念图。

(2)陈述模糊。

制订化学教学目标时词语表述不清。清晰的教学目标应陈述学生在完成学习之后会发生的变化,而在实际制订教学目标时,这部分错误出现得最多。

问题诊断:主要有行为动词选择不当、行为对象错误等。

矫正方法:加强目标分类理论的学习。

案例 4-6:燃烧与灭火

知识与技能目标:通过活动与探究,让学生知道燃烧的条件,引导学生归纳灭火的条件,教会学生设计对比实验的方法。

问题诊断:"让学生""引导学生""教会学生",谁来"让学生",当然是教师;谁来"引导学生",当然还是教师;谁来"教会学生",当然又是教师。教师变成行为主体,把教师置于主体地位、中心地位,而把学生置于被动地位、边缘地位。

矫正建议:通过燃烧条件的探究活动,学生(主体可省略)能说出燃烧的条件;通过燃烧条件的学习,学生(主体可省略)能归纳出灭火原理和方法。

案例 4-7:二氧化碳制取的研究

知识与技能目标:了解实验室制取 CO_2 的反应原理、制取装置、收集方法和验证方法。

问题诊断:"了解"表述不具体,难以评价。将"了解"改成"能说出并能用化学方程式表示"实验室制取 CO_2 的反应原理,将实验室制取 CO_2 的反应装置、收集方法和验证方法的技能目标改为"初步学会",这样比较具体,也可评价了。

矫正建议:①能说出并能用化学方程式表示实验室制取 CO_2 的反应原理(知识)。②初步学会实验室制取 CO_2 的反应装置、收集方法和验证方法(技能)。

案例 4-8:离子反应

知识与技能目标:认识离子反应,理解离子方程式发生的条件。

问题诊断:"认识""理解"表述不具体,难以测量。

矫正建议:会判断离子反应,能用离子方程式表示简单的离子反应。

案例 4-9:溶质质量分数

知识与技能目标:懂得溶质质量分数可以表示溶液组成,掌握溶质质量分数计算。

问题诊断:"懂得"表述不具体,难以测量。"掌握"对新授课的计算要求太高。

矫正建议:认识溶质质量分数是可以表示溶液组成的一种方法,能进行溶质质量分数的简单计算(因为新授课强调简单计算)。

有些教师在陈述教学目标时喜欢使用"了解、理解"等动词,化学课程标准中虽然将"了解、理解"等动词也列入可供选择的教学目标行为动词中,但我们无法得知学生的学习到什么程度才算是"理解或了解"。"理解"等动词可以用于阐述总体课程目标,因为总体课程目标需要有一定的概括性,而课时教学目标可将"理解"等动词再具体到可评价的行为动词。

案例 4-10:元素周期表

知识与技能目标:能根据所给条件确定元素在周期表中的位置。

问题诊断:"所给条件"没具体指明是在什么条件下,就无法评价。

矫正建议:能根据元素的原子序数(1~18),确定元素在周期表中的位置。

案例 4-11:溶解度问题

知识与技能目标:会查阅物质的溶解性或溶解度,会绘制溶解度曲线。

问题诊断:缺少特定条件或范围,查阅物质的溶解性或溶解度、绘制溶解度曲线一定要给出条件,否则无法完成此项学习任务。

矫正建议:会利用溶解性表或溶解度曲线,查阅有关物质的溶解性或溶解度,依据给定的数据绘制溶解度曲线。

案例 4-12：认识几种化学反应（复习课）

知识与技能目标：会书写化学反应方程式。

问题诊断：缺少特定条件或范围。

矫正建议：根据所给信息或常见物质的化学反应实例（学习条件），学生（行为主体）能用化学方程式表示（行为动词）变化过程。

案例 4-13：化合价与化学式

知识与技能目标：会写化学式和求化合价。

问题诊断：没有行为条件，也没有学习水平的描述。

矫正建议：通过化合价与化学式学习（行为条件），学生（行为主体）能根据化学式求（行为动词）元素的化合价，能根据化合价正确（表现程度）书写（行为动词）化学式。

案例 4-14：复分解反应

规范的化学教学目标陈述：通过复分解反应条件的学习（行为条件），学生（行为主体）能正确（表现程度）判断（行为动词）酸、碱、盐之间能否发生复分解反应。

(3) 目标制订单一。

设计化学教学目标时，只重视知识与技能目标制订，忽视了情感态度与价值观目标，或对三维目标模糊不清，没有分类陈述。

问题诊断：对化学课程三维目标理解不到位。

矫正方法：学习化学课程目标内容。

新课程知识与技能、过程与方法、情感态度与价值观三维目标的贯彻与落实，能充分反映教师的价值取向。三维目标可以概括为：要学习什么内容（知识与技能），怎么才能学会这些内容（过程与方法），带着什么样的心情学会这些内容（情感态度与价值观）。在化学教学中三维目标之间的关系为：知识与技能是载体，过程与方法、情感态度与价值观的形成要以知识与技能的掌握为依托和中介，这三者密切联系，相互支撑，形成有机整体，对提高学生全面的科学素养具有重要作用。

案例 4-15：二氧化碳制取的研究

教学目标：

① 能说出并能用化学方程式表示实验室制取 CO_2 的反应原理。

② 初步学会实验室制取 CO_2 的反应装置、收集方法和验证方法。

③ 初步形成实验室制取气体的一般思路和方法。

问题诊断：三维目标模糊不清，没有分类陈述，且过程与方法和情感态度与价值观游离于知识与技能目标之外，游离于教学内容和任务之外。

矫正建议：

知识与技能目标：学生要获得 CO_2 制取的知识与技能（载体），要经历实验室制取二氧化碳的研究与实践。通过对 CO_2 和 O_2 的性质、发生和收集装置的比较研究以及制取二氧化碳的实践，形成实验室制取气体的一般思路和方法。

过程与方法目标:通过实验室制取二氧化碳的研究(比较法)与实践(实验法),初步形成实验室制取气体的一般思路和方法。

情感态度与价值观目标:在实验室制取CO_2的研究与实践过程中,培养学生相互合作、勤于思考、严谨求实、勇于创新和实践的科学精神。

案例4-16:溶液的形成

知识与技能目标:通过对氯化钠、硝酸钠、氢氧化钠三种物质在水中溶解时温度变化的探究,感受到物质在溶解过程中常常伴随有吸热或放热现象。

问题诊断:"通过……探究""感受"是过程性目标的要求,此目标的表述属于过程与方法目标的表述,混淆了三维目标的分类。

矫正建议:通过氯化钠、硝酸钠、氢氧化钠三种物质在水中溶解时温度变化的探究,认识物质在溶解过程中常常伴随有吸热或放热现象。

(4)课程目标和教学目标区分不清。

对化学课程目标和教学目标区分不清。在制订某一节课的教学目标时,不够具体、明确,往往把化学课程目标的内容定为某一节课的教学目标。

问题诊断:化学课程目标与教学目标的关系不清。

矫正方法:认识化学课程目标与教学目标间的关系。

课程目标与教学目标既有区别也有联系。化学课程目标是指化学教育目标,是预先确定的要求学生通过化学课程的学习所应达到的学习结果。教学目标是教师教与学生学的目标,是单元目标、课时目标甚至每个教学环节、教学活动应达到的具体目标。化学教学目标的制订不能以具体内容标准来代替相应的化学课时教学目标,而应依据课程目标、具体内容标准、教材内容和学生实际来制订化学教学目标。

案例4-17:分子和原子

课标要求:认识物质的微粒性,知道分子、原子等都是构成物质的微粒。

知识与技能目标:认识物质的微粒性,知道分子、原子等都是构成物质的微粒。

问题诊断:直接用课标内容代替教学目标,缺乏可以测量与观察的行为动词。

矫正建议:从身边的现象和简单的实验入手,认识分子的真实存在,从用扫描隧道显微镜获得的苯分子图像、以及硅原子构成的文字说明等认识物质的微粒性,知道分子、原子等都是构成物质的微粒。

三、制订有效教学目标策略

(1)深入研究课标。国家课程标准是课程改革的纲领性文件,它具有法定性、核心性、指导性的地位和作用,也是新课程实施过程中教师教和学生学的直接依据。可以说,教师对课程标准的领悟程度,将直接决定着新课程课堂教学的质量和学生学的效果。

(2)深入研究教材。新教材本身就是按三维目标设计的,除了知识点,也考虑了科学方法、情感因素,需要教师去仔细体会,充分挖掘。新教材在内容安排上具有较大的弹性,教师在使用时必须要进行加工处理,只有这样,才能更好地理解和把握教材,准确地制订好教学目标,发挥好教材应有的作用。

(3)深入研究学生。主要从三个方面入手:首先是要充分考虑学生在知识技能方面的准备情况和思维特点,掌握学生的认知水平,以便确定双基目标;其次是要充分考虑学生在情感态度方面的适应性,了解学生的生活经验;再次是要充分考虑学生的学习差异、个性特点和达标差距,以便按照课程标准确定教学目标要求及出发点,为不同状态和水平的学生提供适合他们最佳发展的教学条件。

(4)反思评价策略设计。教学活动完成时,反思和自我评价也是关键的一环。反思的内容应该是:概念和原理的关键特征是什么?分析解决这些特征的问题是什么?问题之间的逻辑关系如何?在解决问题的过程中所用的化学方法和化学思想有哪些?其中最巧妙的解决方法是什么?自我评价的内容应从以下几方面分析:对探究活动的各环节是否有效地进行了自我监控?是否促进了自己科学思维和探究能力的提高?对概念、原理是否有了新的、更深入的理解?反思是对学习内容的再次升华,对自我认知结构的再次优化,自我评价强化了对探究活动的自我监控,提高了自主学习的能力等。

第五节 化学教学任务分析

任务分析是教学设计中的重要环节,是促进教学设计科学化的一门重要技术。任务分析的目的是揭示教学目标规定的学习结果的类型及其构成成分和层次关系,并据此确定促使这些学习结果习得的教学条件,从而为学习顺序的安排和教学情境的创设提供心理学依据。

一、化学教学任务分析的步骤

任务分析理论是近20年来随着对各种学习类型及其有效学习条件的深入研究而发展起来的,它主要包括以下几个步骤。

1. 分析学习结果的类型

认知心理学家加涅将学生的学习结果分为言语信息、智慧技能、认知策略、动作技能和态度五种类型。其中智慧技能又分为辨别、概念、规则、高级规则四个由低到高的层次。在加涅的学习结果分类中蕴含着一个重要观点,即学习具有层次性。这种层次

性最明显地体现在智慧技能的学习中,高一级的学习以低一级的学习为基础,低一级的学习是高一级学习的先决条件。

根据化学学科的特点,结合加涅的学习结果分类,我们可以把化学知识的学习结果分为五种类型:事实性知识、理论性知识、策略性知识、技能性知识和情意类内容。其中,事实性知识是指与物质的性质密切相关的反映物质的存在、制法、存储、用途、检验和反应等多方面的知识;理论性知识是指与化学理论密切相关的概念、原理、规律等内容;策略性知识是指与学生控制自己学习过程相关的各种方法,即学会如何学好化学的知识;技能性知识是指运用习得的知识和经验,通过反复练习而形成的顺利完成某种任务的活动方式,主要包括实验操作技能、化学计算技能和化学表达技能;情意类内容是指对学生情感、意志、品格和行为规范产生影响的一类教学内容。

不同类型知识的学习,要求有不同的学习条件。我们把影响化学学习的条件分为学生自身的内部条件和外部条件。内部条件又分为必要条件和支持性条件。必要条件是不可缺少的学习条件,支持性条件一般是有助于学习的条件。化学理论性知识的学习具有明显的层次性,低一级理论性知识是高一级理论性知识学习的必要条件。假定我们的教学目标是化学原理的学习,教师在进行任务分析时必须鉴别构成该原理的基本概念,这些基本概念就是原理学习的必要条件。只有掌握了这些基本的概念,才能进一步掌握由基本概念构成的化学原理。而一些有助于理论性知识学习的策略性知识和事实性知识则是理论性知识学习的支持性条件。化学策略性知识学习的必要条件是某些基本的心理能力,如记忆策略需要有心理表象的能力,解决化学问题时需要有把问题分解的分析能力。化学事实性知识学习的必要条件是学生必须具有一套有组织有意义的化学语言信息(化学用语),其支持性条件是有关的理论性知识和某些策略性知识(如观察、实验、记忆等)。表4-3概括了三种类型的化学知识认知学习的必要条件和支持性条件。

表4-3 三种类型的化学知识认知学习的必要条件和支持性条件

化学知识分类	必要条件	支持性条件
事实性知识	一套有组织有意义的化学语言信息	情感性知识 策略性知识 理论性知识
理论性知识	较简单的理论性知识	情感性知识 策略性知识 事实性知识
策略性知识	某些基本心理能力和认知发展水平	情感性知识 策略性知识 事实性知识

在进行任务分析时,教师首先需要将教学目标中陈述的学生的学习结果归到五分类中,然后分析不同类型化学知识学习的内部、外部条件。教学就是依据预期的不同学习结果来创设或安排适当的学习条件,帮助学生有效地进行学习,使预期的学习结果得以实现。

2. 确定学生的起点能力

起点能力,是指学生在学习新知识技能之前原有的知识技能水平。例如"理解物质的量浓度的概念,记住其数学表达式 $c=n/v$,并能运用表达式进行物质的量浓度的计算",这一教学目标所规定的是一定的教学活动完成之后学生应习得的终点能力。这一终点能力的达成,需要以下先决知识技能:①知道溶液的概念和性质;②知道物质的量的概念,能正确计算有关物质的物质的量。这两种知识技能构成了学生"正确进行物质的量浓度计算"之前的起点能力。起点能力是学生习得新能力的必要条件,它在很大程度上决定教学的成效。许多研究表明,起点能力比智力对新的学习起的作用更大。教师可以通过诊断测验、平时作业批改和提问等方式确定学生的起点能力,并采取相应的措施,确保学生具备接受新知识所必需的起点能力。

同时,在分析学生的起点能力时,教师还必须对学生的学习心向(动机、态度)、认知风格等进行分析,以确定教学的出发点。所谓认知风格,也称认知方式,指个体偏爱的信息加工方式,表现在个体对外界信息的感知、注意、思考、记忆和解决问题的方式上。不同认知风格的人对于信息加工和处理的方式有差异,主要表现在场独立与场依存型、冲动型与沉思型等方面。认知方式上的差异不同于智力上的差异,它没有优劣之分,但影响学习的方式。另有研究表明,学生对科学信息进行思考或反应的认知风格,即科学认知偏好分为事实或记忆、原理原则、发问质疑和应用四种类型。事实或记忆型科学认知偏好者,喜欢记忆科学信息,并将科学信息以原样储存于记忆之中;原理原则型偏好者喜欢从习得的科学信息中归纳出原理原则或寻找信息之间的相互关系;发问质疑型偏好者喜欢对科学信息做批判思考、质疑或评价,以深入探讨有关的科学知识;应用型偏好者喜欢以科学信息的应用性来评价或判断其价值,对应用科学知识解决生活中的问题最感兴趣。研究结果显示,具备发问质疑型或原理原则型科学认知偏好的学生,其科学学业成就显著优于记忆型或应用型的学生。而且具备发问质疑型与原理原则型科学认知偏好的学生在技能、创造力、科学态度、科学兴趣、好奇心等方面均优于记忆型的学生。学生的科学认知偏好表现会因教师的教学风格及教学策略、教学目标、学习内容的类型等因素而有所差异,它可以通过教学来加以培养,因此了解学生的认知风格对于教学设计具有重要的意义。

3. 使能目标及其关系

在从起点能力到终点能力之间,学生还有许多知识技能尚未掌握,掌握这些知识技能又是达到终点目标的前提条件。从起点能力到终点能力之间的这些知识技能被称为使能目标。从起点能力到终点能力之间所需要学习的知识技能越多,则使能目标也越多。例如:物质的量浓度的教学,从起点能力到终点能力之间的使能目标如图4-2所示。

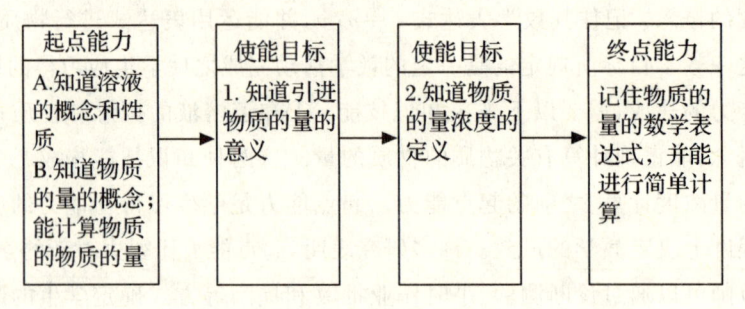

```
┌─────────────┐   ┌─────────────┐   ┌─────────────┐   ┌─────────────┐
│  起点能力    │   │  使能目标    │   │  使能目标    │   │  终点能力    │
│ A.知道溶液   │   │1.知道引进   │   │2.知道物质   │   │记住物质的   │
│  的概念和性 │──→│  物质的量的 │──→│  的量浓度的 │──→│  量的数学表 │
│  质         │   │  意义       │   │  定义       │   │  达式,并能 │
│ B.知道物质  │   │             │   │             │   │  进行简单计 │
│  的量的概念;│   │             │   │             │   │  算         │
│  能计算物质 │   │             │   │             │   │             │
│  的物质的量 │   │             │   │             │   │             │
└─────────────┘   └─────────────┘   └─────────────┘   └─────────────┘
```

图 4-2 物质的量浓度教学的使能目标

一旦分析清楚了起点能力、使能目标和终点能力的先后顺序,教学步骤的确定就有了科学的依据。学生的起点能力、使能目标和终点能力之间所存在的关系,也直接影响教学步骤和教学方法的选择。认知心理学家奥苏贝尔认为学习的实质是新知识与学生认知结构中原有的知识通过相互作用,建立非人为和实质性的联系。新旧知识的相互作用,就是新旧意义的同化,其结果是新知识获得意义,原有认知结构发生重组。因此,在新知识的学习中,认知结构中的原有知识起决定作用。新知识与学生认知结构中原有的知识可构成三种关系。

(1) 原有知识是上位的,新学习的知识是原有知识的下位知识。当认知结构中原有知识在包容程度和概括水平上高于新学习的知识时,新知识对原有知识构成下位关系,这时新知识的学习称为下位学习。例如,学生已经具有了烃的概念,学习芳香烃的概念就构成下位学习,如图4-3所示。

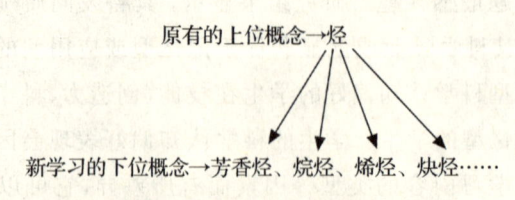

```
        原有的上位概念→烃
         ╱   ╱   ╲   ╲
        ↓   ↓   ↓   ↓
新学习的下位概念→芳香烃、烷烃、烯烃、炔烃……
```

图 4-3 原有知识对新知识构成上位关系

(2) 原有知识是下位的,新学习的知识是原有知识的上位知识。当新知识在包容与概括程度上高于原有知识时,这时新知识的学习属于上位学习。例如,学生已经具有了铁、硫、碳、磷等跟氧气反应的知识,在此基础上学习化合反应的概念便产生上位学习,如图4-4所示。

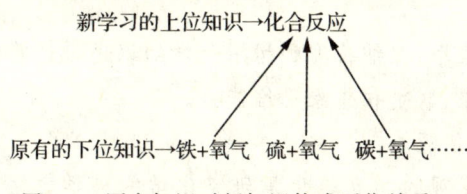

新学习的上位知识→化合反应

原有的下位知识→铁+氧气　硫+氧气　碳+氧气……

图4-4　原有知识对新知识构成下位关系

(3)原有知识和新学习的知识是并列的,构成并列结合的关系。有时新知识与认知结构中原有的知识既不产生上位关系,也不产生下位关系,新知识可能与原有知识有某种吻合关系或者类比关系,这时新知识的学习为并列结合学习。例如,学生已经具有了酸的通性的知识,再学习碱的通性时,由于二者之间具有某些相似性,新知识也可以被原有知识同化。

上位学习、下位学习和并列结合学习三者的内部、外部学习条件不同,新、旧知识相互作用的过程和结果也不同,在进行任务分析时,必须弄清楚新、旧知识之间的关系,从而选择最优的学习模式。

二、中学化学教学任务分析的案例与分析

以高中化学"物质的量"一节为例,根据加涅的学习结果分类理论,按照教学任务分析的方法,进行如下任务分析。

1.确定教学目标

教学目标是学生学习的预期的结果,它将课程标准所提出的理念和目标具体化,并为学习结果的测量与评价提供了依据。任务分析的实质是教学目标分析,通过分析教材和学生实际而确定教学目标是整个任务分析工作的起点。任务分析的其他各项工作也随着教学目标的明确而展开。

案例4-18"物质的量"一节的教学目标确定

(1)知识与技能。

①初步理解物质的量(n)及其单位摩尔的含义,并了解提出此概念的重要性和必要性,懂得阿伏加德罗常数(N_A)的含义。

②了解物质的量与微观粒子数(N)之间的关系,即$n = N / N_A$,并初步学会计算。

③了解摩尔质量(M)的概念。

④了解物质的量与摩尔质量、物质的质量(m)之间的关系,即 $n = m/M$,并初步学会计算。

(2)过程与方法。

①初步形成演绎推理、归纳推理和运用化学知识进行计算的能力。

②进一步增强抽象、联想和想象思维能力。

(3)情感态度与价值观。

①认识到宏观和微观的相互转化是研究化学的科学方法之一,形成尊重科学的思想。

②进一步形成严谨求实的科学精神,做到解题规范化,单位使用准确。

2.学习结果类型分析

揭示教学目标所属学习结果的类型,是确定学习条件、使能目标及其顺序关系的基础。根据加涅的学习结果分类理论,"物质的量"一节的学习结果类型属于智慧技能——规则学习,即学会有关物质的量的计算。

3.学习条件分析

任务分析主张学习有不同的类型,而不同类型的学习有不同的过程和条件。据上一步分析所得的学习结果类型,找准适合该类型学习的学习过程和条件,进而揭示学生起点状态到终点学习目标之间所必须掌握的使能目标及其顺序关系。加涅强调激发和引导学习的条件有外部条件和内部条件两类。外部条件是独立于学生之外存在的,即指学习的环境。内部条件指学生在开始某一任务时已有的知识和能力。学习结果分类理论所揭示的学习条件属于内部条件。内部条件又分为必要条件和支持性条件。其中,必要条件是学生达到教学目标不可缺少的条件,支持性条件则是有助于学生达到学习目标的条件。

案例 4-19 "物质的量"学习条件分析

(1)必要条件。按加涅的智慧技能层次论,规则学习的必要先决条件是概念。此处构成规则学习的先决条件是物质的量的有关概念,即物质的量和单位摩尔、阿伏加德罗常数、摩尔质量。

(2)支持性条件。认知策略一是运用演绎推理、归纳推理的方法总结物质的量与阿伏加德罗常数、微粒数之间的关系,物质的量与物质的质量、摩尔质量之间的关系;二是认识宏观与微观的相互转化是化学研究的科学方法之一。态度是要培养学生严谨求实的科学精神,要求解题规范,单位使用准确。

(3)必要条件和支持性条件的区别。必要条件是构成新的学习结果的必要成分。物质的量及其单位摩尔、阿伏加德罗常数和摩尔质量是学习两个表达式的先决条件,学生在掌握相关概念的基础上才能进行规则学习,因此它们是新的表达式中的必要成分、必要条件;而演绎推理、归纳推理的认知策略和严谨求实的科学态度在此前的学习中曾运用多次,在后续的学习中仍将重复使用。认知策略和态度使智慧技能的学习更为科学化,虽有助于新的学习,但不是新的学习结果中的必要构成成分,是支持性条件。

4. 起点能力分析

起点能力是指学生在学习新知识技能之前原有的知识技能水平。"物质的量"一节的学习目标是理解物质的量及其单位、阿伏加德罗常数和摩尔质量的含义,牢记两个数学表达式,并能运用其进行简单快速的计算。达到终点目标,需要以下先决知识技能。①知道宏观物质和物质的质量两个概念;②掌握分子、原子、离子等微观粒子的概念。这两种知识技能构成了学生习得新知识技能之前的起点能力,在很大程度上决定了后续学习活动的效果。因此,在教学设计时,教师要安排一定的时间复习这部分知识,以确保学生具备接受新知识所必需的起点能力。在分析学生起点能力的同时,教师还必须对学生的认知方式、认知能力和性格差异等进行分析,以确定教学的出发点。以上任务分析结果见表4-4。

表4-4 物质的量教学任务分析

起点能力	使能目标一	使能目标二	终点能力
①知道宏观物质和物质的量两个概念。 ②掌握分子、原子、离子等微观粒子的概念。	了解物质的量的意义。	掌握三个概念:物质的量、阿伏加德罗常数和摩尔质量。	记住两个数学表达式并能进行简单计算。

思考题

1. 你认为为什么必须设计教学目标?在整个教学过程中,它起着怎样的作用?
2. 教学实践中,该如何提炼出具体的教学目标呢?教学目标的设计需要符合哪些原则?
3. 进行三维目标的设计应从哪些方面着手?如何使教学目标具有可操作性,符合新课程的要求?
4. 作为新教师的你,可能在设计教学目标时常常会根据自己对教材的理解和参考教师用书或其他的参考书来制订教学目标,这种方式合理吗?

实践探索

新课程要求我们的教学要促进学生的知识、技能、过程与方法、情感态度与价值观的全面发展,可是我们的课时和条件又非常有限,想一想,你怎样处理教学目标的全面性和时空的有限性之间的矛盾?

拓展延伸

在关于教学目标制订的问题上,可谓众说纷纭:有人说新课程改革提倡教学的开放性,不应该有什么具体的目标;有人说课堂教学应该追求教学过程中的即时生成,不应该强调教学目标,而应该提倡非预设性教学;有人说要将新课程的"知识与技能、过程与方法、情感态度与价值观"三维目标和每节课的教学内容一一对应;还有人认为没有目标的教学杂乱无章,还是"目标教学"最好……

你支持哪种观点?为什么?请结合教学实践进行阐述。

第五章　针对不同类型知识内容的化学教与学过程设计

本章导学

本章主要介绍化学知识的分类及不同类型知识的教学过程设计。第一节重点介绍化学知识的定义及分类。第二节介绍了化学陈述性知识的概念、学习条件、学习过程及教学策略。第三节介绍化学程序性知识与陈述性知识的关系、化学程序性知识的分类、一般教学过程和教学策略。第四节结合具体案例重点介绍了化学问题解决的教学设计。

学习目标

1.从不同的角度理解知识的含义,了解化学知识的分类。

2.知道陈述性知识学习的条件、陈述性知识学习的一般过程,能结合化学学科的具体内容进行化学概念和化学原理等内容的教学设计,并根据具体情况灵活选择、运用陈述性知识的教学策略。

3.能厘清化学程序性知识与陈述性知识的关系,知道化学程序性知识的分类和化学程序性知识学习的一般过程。能根据具体内容和学生的特点,灵活运用化学程序性知识学习的教学策略,进行化学智力技能、化学动作技能及化学认知技能等方面的教学设计。

4.知道什么是化学问题解决,能灵活选择并使用问题解决教学设计策略。

第一节 化学知识的定义及分类

一、知识的定义

知识是一个广泛使用的词,提到"知识"时,大多数人会联想到学校和学业学习,如学生在化学课堂中学到的化学知识、物理课堂中学到的物理知识等。《教育大辞典》(顾明远主编)将知识定义为:"对事物属性与联系的认识。表现为对事物的知觉、表象、概念、法则等心理形式。"这是根据哲学认识论中的反映论给出的定义,强调知识是客观世界的主观反映。著名的认知心理学家皮亚杰从心理学的角度提出:"知识是主体和环境或思维与客体相互交换而导致的知觉建构,知识不是客体的副本,也不是由主体决定的先验意识。"本章所指的知识特指化学学科知识。

二、化学知识的分类

化学知识通常包括六类:化学基本概念、基本理论、元素及化合物知识、化学计算、有机化合物知识、化学实验。这种知识分类的方法,是从知识结构的角度考虑的,[1]因缺乏心理学依据,不利于教师设计和学生学习。研究者们依据认知心理学广义知识分类的方法,将化学知识划分为:化学陈述性知识、化学程序性知识和化学策略性知识。

1. 化学陈述性知识

化学陈述性知识是指"是什么"的知识,即对内容的了解和意义的掌握(如概念、规律、原则等)的知识。[2] 它包括化学知识中的言语信息、概念、规则等,如元素符号、质量守恒定律等。[3]

(1)言语信息:有关名称或符号的知识。如物质名称、化学仪器、元素符号、化学术语、化学用语等。

(2)定义性概念、具体概念、抽象概念:简单命题或事实的知识。如基本概念,元素及化合物的性质、用途等。

(3)原理、规则:有意义的命题组合知识。如物质结构、化学定律、溶液理论、化学平衡等理论知识。

---

[1] 李杰红,陈代武.化学知识的分类与教学设计[J].现代教育科学,2007,(1):114
[2] 黄梅.基于广义知识加工的教学策略设计[J].教育科学,2009,25(5):30
[3] 李杰红,陈代武.化学知识的分类与教学设计[J].现代教育科学,2007,(1):114

2.化学程序性知识

化学程序性知识是指"怎么用"的知识,就是在遇到新的问题时有选择地运用概念、规律、原则的知识,它与认知技能直接联系,[1]即化学原理、规则等的运用。例如,质量守恒定律属于陈述性知识,而应用此定律进行计算则是程序性知识。在本章第三节我们将具体讲述。

3.化学策略性知识

化学策略性知识是指"为什么"的知识,即知道为何、何时、何地使用特定的概念、规律、原则。它是关于如何思考以及思维方法的知识,它与认知策略直接联系,所以一旦掌握,能自觉地、熟练地、灵活地运用,那么它就转化成了能力。[2]

第二节 化学陈述性知识的教学设计

一、化学陈述性知识概述

陈述性知识是指个人具有的有关"世界是什么的知识",主要是指语言信息方面的知识,用于回答"是什么"的问题,如"氧化剂是什么""铁的物理性质是什么"等。根据加涅的理论,我们可以将化学陈述性知识的学习分成三种类型:符号表征学习、概念学习和命题学习。

1.符号表征学习

符号表征学习指学习单个符号或一组符号的意义,也就是说学习它们代表什么。符号表征学习的主要内容是词汇学习,即学习这个词表示什么。符号表征学习的心理机制是符号与其代表的事物或观念在学生认知结构中建立相应的等值关系。[3] 例如,铜这类物质,在汉语中它的形符是"铜",音符是"tong",化学用语中的符号为"Cu"。这三种形态是可以分离的,学生需要在特定的情境下识别它们。

2.概念学习

概念学习实质上是掌握同类事物共同的关键特征。例如学习"氧化物"这一概念,就是掌握氧化物是由负价氧和另外一种化学元素组成的二元化合物这一关键特征。如果"氧化物"这个符号对某个学生来说,已经具有这种一般意义,那么它就成了一个概念,成了代表概念的名词。同类事物的关键特征可以由学生从大量同类事物的不同例证中独

---

[1] 黄梅.基于广义知识加工的教学策略设计[J].教育科学,2009,25(5):30
[2] 黄梅.基于广义知识加工的教学策略设计[J].教育科学,2009,25(5):30
[3] 皮连生.教育心理学(第三版)[M].上海教育出版社,2004:106—107

立发现,这种获得概念的方式叫概念形成;也可以用定义的方式直接向学生呈现,学生利用认知结构中原有的概念理解新概念,这种获得概念的方式叫作概念同化。①

3. 命题学习

命题可以分为两类:一类是非概括性命题,指的是两个或者两个以上的特殊事物之间的关系;另一类命题是概括性命题,表示若干事物或性质之间的关系。不论非概括性命题还是概括性命题,它们都是由单词联合组成的句子表征的,因此在命题学习中也包括了符号表征的学习。命题学习在复杂程度上一般高于概念学习。

化学陈述性知识具有生动具体、形象直观等特点,主要指元素化合物知识。它包括:①有关名称或符号的知识,如物质名称、化学仪器、元素符号、化学术语、化学用语等;②简单命题或事实的知识,如基本概念、元素及化合物的性质、用途等;③有意义的命题组合知识,如物质结构、化学定律、溶液理论、化学平衡等理论知识。

二、陈述性知识学习的条件

我们用认知心理学的同化论来解释陈述性知识学习的条件。同化论的核心是相互作用观。它强调学生的积极主动精神即有意义学习的心向,强调潜在意义的新观念必须在学生的认知结构中找到适当的同化点。新旧观念相互作用的结果导致潜在意义的观念转变为实际的心理意义,与此同时,原有认知结构才会发生变化。②

三、陈述性知识学习的一般过程

陈述性知识的学习过程分为激活启动、获得加工、巩固迁移三个阶段,每一个阶段都为后续学习提供了基础。

1. 激活启动阶段

符合学习认知规律的教学情境和教学情境的人文性加工等教学条件能够引发学生的认知冲突,为记忆搜索和提取提供线索,建立新知识与已有认知结构之间的联系,让学生明确学习的责任与意义,激发学生的学习动机。

2. 知识的获得加工阶段

这个阶段主要有以下三个方面的任务:一是从表面意义强调关键术语的罗列和用科学事实对知识进行科学的理解与界定;二是从深层意义上对陈述性知识进行抽象分析,让学生进一步深入理解、重新定义和构建联系;三是从价值意义上让学生了解所学陈述性知识的价值。

---

① 皮连生.教育心理学(第三版)[M].上海教育出版社,2004:107—108
② 皮连生.教育心理学(第三版)[M].上海教育出版社,2004:114

3.知识巩固迁移阶段

让学生在最初的学习中进行主动练习、精细性复述,在多元情境中充分复习并抽象地表征知识等教学条件,能够进一步巩固、修改和完善学生形成的知识图式,纠正理解中的错误,促进知识的长久保持。①

四、促进化学陈述性知识教与学的策略

陈述性知识的学习过程分为激活启动、获得加工、巩固迁移三个阶段,在不同的阶段可以采取不同的策略。

1.激活启动阶段的教学策略

创设实际的问题情境,提示学生回忆原有知识,呈现经过精心安排和组织过的新知识,引导学生建立新知识与已有认知结构之间的联系,帮助学生形成认知冲突,激发学习动机,明确学习目标。案例教学法就是一种非常好的情境化导入教学方法,但是这个阶段的案例最好以正例为主,帮助学生形成正确的概念。

2.知识的获得与加工阶段的教学策略

教师对陈述性知识进行去情境化概括,即对知识进行深加工与编码,只有进行了深加工与良好编码的知识才易于提取、组织,才能形成学生良好的认知结构,便于新旧知识的同化。讲述教学法、演示教学法、启发式教学法和练习教学法有利于教师传递一些较为抽象、艰深的知识体系和概念,使学生在较短时间尽快掌握系统知识,提高学生的概括水平。学生掌握的基础知识越多,越容易产生广泛的迁移。

3.学习的保持、巩固与迁移阶段的教学策略

对于简单的陈述性知识,指导学生复习与记忆策略的难点不在于理解而在于保持,可采用以下的策略进行巩固:复述策略、精加工策略以及组织策略。对于复杂的陈述性知识,同样可以采用以上三种策略,只是应用的目的和条件不同。例如,在使用复述策略时,不能仅是简单重复,而是利用对学习材料深层次的意义理解、具体运用、特别标志来进行强化,透过机械复述、精确复述和主动复述三个阶段进行学习,并适当地运用"联想方式学习"。

实际教学中要根据陈述性知识的特点与学生认知结构的关系及学生的认知水平选择教学策略,但无论使用何种方式,都要鼓励学生自己去发现、归纳,这样有助于学生对知识的理解与记忆。还要鼓励学生运用于实践,以检验学生对知识的理解和掌握情况。②

---

① 黄梅.化学陈述性知识加工阶段与教学条件[J].课程与教学,2012(1):67—70
② 黄梅.基于广义知识加工的教学策略设计[J].教育科学,2009(10):31—33

五、化学概念的学习过程

化学概念是化学知识的重要组成部分,是有关物质的组成、结构、性质、变化的本质属性及其规律在人们头脑中的能动反映,是反映物质在化学运动中的固有属性的一种思维形式,是整个化学学科知识的基础。化学概念的学习有观察学习和语言接受学习两种形式,综合这两种学习方式,化学概念的学习包括以下几个阶段。

(1)感知材料,建立表象。学生有目的地观察典型的化学事物、实例,听老师讲解或阅读教材。

(2)抽象本质,加工概念。对典型的化学事物、实例进行分析、综合、抽象,提取其本质特征,确定各特征间的联系,或者对接受的语句进行分析,形成关于概念意义属性的本质特征。

(3)熟悉内涵,初步形成概念。将找出的本质特征类化,推广到其他范围,形成概念,得出定义,或者联系原有知识同化或理解给予的含义,使概念符号化。

(4)联系整合,形成概念。

(5)拓展思维,运用概念。运用化学概念对化学事实进行概括、推理、解释。有计划地进行解题练习和实验操作设计等,使对概念的认识更加准确、深化和丰富。①

六、化学原理学习的主要形式及策略

在探索物质变化的过程中,人类积累了很多关于物质变化的规律性知识,即关于化学反应的基本原理,从而加深了对化学变化的认识。化学基本原理涵盖了从宏观到微观、物质结构与微粒间关系的规律,化学反应过程机理及其控制的研究,是化学和其他学科领域在分子层面上研究物质变化的理论基础,主要包括:化学变化的方向和限度、化学反应的速率和机理问题,以及物质结构与性质之间的关系。化学原理学习的思维方法如下。

1. 归纳法

归纳法是指从众多的结果或结论中分析、概括而总结出化学原理的形式,分为实验归纳和理论归纳。实验归纳是指直接从观察化学实验结果中分析、概括而总结出化学原理的主要方法。理论归纳是指用已有的化学基本概念和原理经过归纳,推理得出更普遍的化学原理,如化学反应中的能量守恒、由三大气体实验定律得出理想气体状态方程。

2. 演绎法

演绎法是利用较一般的化学原理,经过演绎推理,推导出特殊的化学原理的思维

---

① 于春梅.化学概念学习及化学解题策略研究[D].苏州大学,2003:43—44

方法,如学习有关理想气体的定律,既可以利用归纳法,也可以利用演绎法。

3. 类比法

类比法是根据两个对象在某些属性上的相似性而推出它们在另一种属性上也可能相似的一种推理形式。

化学原理学习的过程如下:

(1)熟练思维方法。在化学原理的学习过程中,经常使用上述几种思维方法,如果对这些思维方法不熟练,会严重影响学生的学习。因此,对这些思维方法的训练指导是必需的。

(2)建立事实依据。化学原理具有抽象性,对于抽象难懂的化学原理,在教学过程中需要以充分的感性材料为基础。这种由感性到理性、由现象到本质、由浅入深、由易到难的认识过程,才符合学生的认知规律。

(3)理解原理本质。化学原理教学需要感性认识,但不能仅仅停留在感性认识上,否则会出现错误。如在"电子云"的教学中,当问到"从氢原子电子云图上看,其原子核外有多少个电子?"时,有的学生答:"有几百个甚至几千个电子。"很明显,学生对电子云图只停留在直观感觉上,而没有进行抽象思维加工。

(4)理论联系实际。化学原理教学要与实际联系,首先要与元素化合物知识联系。应从化学原理出发,认识各种元素化合物的结构、性质、制取方法等。[1]

第三节 化学程序性知识的教学设计

"程序性知识"最早出现在人工智能与认知心理学领域,是"怎么用的知识",如如何书写化学方程式。现代认知心理学认为程序性知识相当于智慧技能和动作技能,它往往潜在于行动背后,难以用词语表达,主要反映活动的具体过程和操作步骤,说明做什么和怎么做,是一种实践性知识,也称操作知识。

一、化学程序性知识与陈述性知识的关系

习题:2 g 镁条在空气中完全燃烧,生成物的质量( )。

  A.大于 2 g B.等于 2 g C.小于 2 g D.不确定

分析:该习题是对质量守恒定律理解的考查。在初三化学学习中,我们已经掌握了质量守恒定律的概念,是陈述性知识。而上述习题是对该定律的简单应用,即程序性知识。

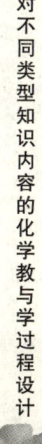

---

[1] 马仁翠.高中化学教学中化学原理的教学策略[J].数理化学习,2010(1):66—67

从上例中我们可总结出程序性知识和陈述性知识的关系与区别。

第一,程序性知识的建立是以相应的陈述性知识为基础的。陈述性知识是关于"是什么"的知识,而程序性知识是关于"做什么"的知识。要明白"做什么"就得先知道"是什么"。

第二,表现形式不同,更重要的是对环境的接近程度不同。陈述性知识的命题网络比较静态,与具体环境关联性不大;而程序性知识的命题网络较为动态,产生时对具体环境的反应较快。①

二、化学程序性知识的分类

从知识结构角度进行划分,化学程序性知识主要包括以下几类。②

(1)概念及简单规则的运用:如识别物质的类别,配合物,有机物的命名、式量,摩尔质量的计算等。

(2)运用原理和规则进行计算和判断:如有关摩尔、化学平衡的计算,物质鉴别、实验设计等。

(3)根据有关原理、规则进行实验操作:如气体的制备、物质的提纯、有机物的合成等。

陈述性知识是传统意义上的,即狭义上的知识,而程序性知识即技能。在信息加工心理学中,知识与技能密切相关。程序性知识作为技能,按照加涅的学习结果分类理论可划分为智慧技能、动作技能和认知技能。

(1)智慧技能:运用规则对外办事的能力。

(2)动作技能:运用规则支配自己身体肌肉协调的能力。

(3)认知技能:学生内部组织起来、用以支配自己心智加工过程的技能。

三、化学程序性知识学习的一般过程

研究者们一般将程序性知识学习的过程划分为三个阶段,即知识的习得阶段、知识的巩固与转化阶段和知识的应用与迁移阶段。

我国皮连生教授进一步将此三阶段拓展为六步骤,提出了程序性知识的学与教的一般过程模型,如图5-1所示。③

---

① 王仲尔.从陈述性和程序性知识的关系探讨成人英语写作流利性[J].中国成人教育,2009,(10):112
② 李杰红,陈代武.化学知识的分类与教学设计[J].现代教育科学,2007,(1):114
③ 皮连生.教育心理学(第三版)[M].上海教育出版社,2004:129

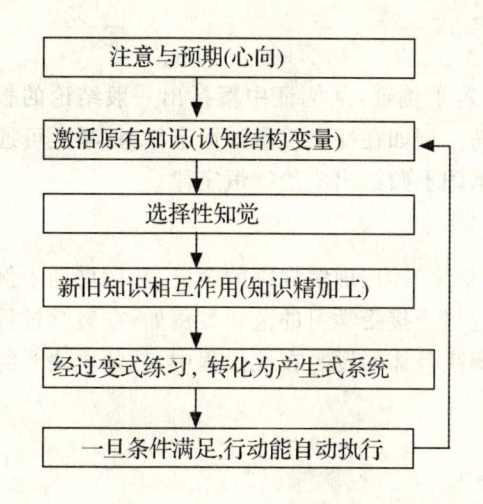

```
注意与预期(心向)          （1）引起与维持注意，告知教学目标。
      ↓
激活原有知识(认知结构变量)  （2）提示学生回忆与巩固原有知识。
      ↓
   选择性知觉              （3）呈现经过组织的新信息。
      ↓
新旧知识相互作用(知识精加工) （4）阐明新旧知识的各种关系，促进新知识
      ↓                         的理解。
经过变式练习，转化为产生式系统（5）指引学生反应，提供反馈与纠正。
      ↓
一旦条件满足,行动能自动执行  （6）提供技能适用情境，促进迁移。
```

图 5-1　程序性知识的学与教的模型

上图为程序性知识的学习过程，图中第 3、第 4 步为学与教的第一阶段，是知识的习得阶段，第 5 步为知识的巩固与转化阶段，第 6 步为知识的迁移与应用阶段。

四、化学程序性知识的教学策略

现代认知心理学认为，陈述性知识是程序性知识的前身。因此，要掌握化学程序性知识，相应化学陈述性知识的重要性是不容忽视的。但是，仅仅掌握陈述性知识远远不够，现实中常常出现的"懂而不会"就是掌握了陈述性知识而没有很好地掌握程序性知识。为使学生获得水平较高的程序性知识，可采取以下策略。

1. 概念的教学策略

针对概念的抽象水平不同，使用不同的教学方法。通常，具体概念的教学要经过知觉辨别、假设、检验假设和概括四个阶段，较适合采用发现式学习。例如学习"氧化物"这个概念时，首先展示多种氧化物的化学式；其次，假设"氧化物中只有两种元素，其中一种是氧元素"；再次，举出更多的氧化物的化学式检验这个假设，使假设进一步精确化，"一种化合物由两种元素组成，其中一种是氧元素的化合物叫氧化物"，最后概括揭示氧化物的本质特征。在这个过程中，需要从外界寻找较多的正例和反例，正例有助于确证概念的本质属性，反例有助于剔除概念的非本质属性。定义性概念的教学一般采用先让学生理解概念的含义、概念的本质特征，然后用适量的典型例子做分析说明的策略，较适合采用授受式教学。[①]

[①] 张志刚，朱世美．基于认知心理学知识分类的课堂教学策略探究[J]．现代教育科学，2008(5)：96—97

2."例—规"教学策略

"例—规"法是指通过学习、分析规则的若干例证,从例证中概括出一般结论的教学策略。它属于化学学习中的探究学习范畴。例如在探究质量守恒定律时,学生可通过多次实验探究,观察质量变化规律,在此基础上归纳出质量守恒定律。①

3."规—例"教学策略

"规—例"法与"例—规"法正好相反,是指先学习、理解规则的含义,然后借助于例证加深对规则的理解和应用的教学策略。它属于接受学习的范畴。例如,在教学过程中先学完质量守恒定律,然后再进行应用,解决具体问题。在此过程中,教师要注意组织多样的练习,促进学生对概念的理解。②

五、化学智慧技能的教学设计

皮亚杰将智慧技能划分为五个具有层次的亚类:辨别、具体概念、定义性概念、规则和高级规则,如应用化学规则、原理、概念等解决实际问题等。③

智慧技能学习的设计包括以下几点。

首先,依据奥苏贝尔的有意义接受理论,新知识的学习应建立在相关旧知识的基础上,这样新技能的学习才能有效。除此之外,新技能的多个步骤应该以叠加的方式呈现,并且呈现不应超过短时记忆的限制。④ 例如,教师在讲解化学方程式的书写时,若讲解太快,且未提示学过的相关内容,这种情况下,学生将会感觉很混乱。

其次,智慧技能的学习也要注意引起学生兴趣,或引发其认知冲突。教学设计中设置颠覆学生已有认识或结合学生感兴趣的内容,有利于达到良好的教学效果。

最后,加涅和德里斯科尔指出,最初习得智慧技能时,可能又快又准,但是它们的保持和在实际问题中的应用却比较困难。⑤ 因此,重复和变式是必要的。

六、化学动作技能的教学设计

动作技能是指"涉及肌肉使用的对行为表现准确、流畅、及时的执行"(加涅),如进行化学实验操作等。⑥

动作技能学习的设计包括:首先,某一动作技能的习得同智慧技能的习得一样,要满足引起学生注意和兴趣等条件。除此之外,根据菲茨和波斯纳提出的动作学习三阶

---

① 张志刚,朱世美.基于认知心理学知识分类的课堂教学策略探究[J].现代教育科学,2008(5):96-97.
② 张志刚,朱世美.基于认知心理学知识分类的课堂教学策略探究[J].现代教育科学,2008(5):96-97.
③ M.P.德里斯科尔著,王小明等译.学习心理学——面向教学的取向(第三版)[M].华东师范大学出版社,2007:303.
④ M.P.德里斯科尔著,王小明等译.学习心理学——面向教学的取向(第三版)[M].华东师范大学出版社,2007:310.
⑤ M.P.德里斯科尔著,王小明等译.学习心理学——面向教学的取向(第三版)[M].华东师范大学出版社,2007:313.
⑥ M.P.德里斯科尔著,王小明等译.学习心理学——面向教学的取向(第三版)[M].华东师范大学出版社,2007:305-306.

段理论(早期认知阶段—中间阶段—最后的自动化阶段),动作技能的习得(在化学中,即实验操作技能的习得)同样要满足三阶段相应的条件。方法有提示子程序(如言语指导或技能的演示)、重复练习、及时反馈等。①

七、化学认知技能的教学设计

认知技能是由学生指导其学习、思考、行动和感觉过程的许多方式组成。加涅将认知技能设想为代表了信息加工的执行控制功能,而且它们构成了其他人所说的条件性知识。②

认知技能同样属于程序性知识学习的范畴。因此,有关概念和规则等的智慧技能的学习条件也同样适用于认知技能的学习。但是,认知策略是一种特殊的程序性知识,它有自身的特点。因此,不能将一般概念和规则的学习规律简单推广到认知技能学习上。③

认知策略学习的内部条件有以下几点:①原有知识背景:研究表明,认知策略的应用离不开被加工的信息本身,在某一领域知识越丰富,就越能应用到适当的加工策略中。②学生动机水平:研究表明,凡是知道策略应用所带来效益的学生比只学习策略的学生,更能保持习得的策略。③反省认知发展水平:认知策略的反省成分是策略运用成败的关键,有些心理学家主张认知策略学习应与反省认知训练结合。④

认知技能学习的外部条件涉及以下内容:第一,若干例子同时呈现,越是高度概括的规则,越要提供更多的例子;第二,指导规则的发现及其运用条件;第三,提供变式练习的机会。⑤

第四节 化学问题解决的教学设计

一、问题解决教学概述

1. 问题解决教学模式的内涵

问题性教学是一种教学模式,顾名思义是将问题作为模式的主题,以问题的解决为目标,并在解决问题的过程中,学生掌握规定的教学内容,得到思维和科学方法的训

---

① M.P.德里斯科尔著,王小明等译.学习心理学——面向教学的取向(第三版)[M].华东师范大学出版社,2007:310
② M.P.德里斯科尔著,王小明等译.学习心理学——面向教学的取向(第三版)[M].华东师范大学出版社,2007:307
③ 皮连生.教育心理学(第三版)[M].上海教育出版社,2004:141
④ 皮连生.教育心理学(第三版)[M].上海教育出版社,2004:147—149
⑤ 皮连生.教育心理学(第三版)[M].上海教育出版社,2004:150—154

练,提高思维创造性和学习新事物的积极性。[1] 由于该模式特别有利于理化教学的优化操作,因此得到了广泛的研究和应用。在化学教学中,探究式教学即属于问题解决教学。

2.问题解决的教学模式

问题解决教学模式的基本结构是:设计情境,提出问题,分析问题,解决问题,回顾,归纳,得出结论,应用。[2]

该模式具体操作如下:[3]

第一步,设计情境,提出问题。设计情境即将此问题放入实际情境中,以学生感兴趣的情节表达出来,并将情境中蕴含的知识明确地提出来。情境可选取故事情节、日常生活现象、社会生产实践现象等。

第二步,分析问题、解决问题。分析问题中包含的知识以及需解决的问题,从课本、课外书、网站等资料和记忆中搜索解决问题所需的相关信息,进行整理和提取。该过程中要注重培养学生的科学思维能力和探索能力。

第三步,回顾、归纳并得出结论。分析问题、解决问题的结果要用言语形式(文字或图形等)表达出来,这是一个从感性到理性的过程,它可使学生对分析问题、解决问题的思维过程和思维方法有一个简明、有效的把握,同时,又能锻炼学生的表达能力。

第四步,应用。设计与所授内容相似的问题,以巩固"双基";依据教材,结合社会实际进行适当的综合和拓展,锻炼学生的知识迁移能力。

二、问题解决教学设计策略

1.问题解决教学设计中创设问题情境的策略

问题情境创设的合理与否,直接关系到问题解决教学的成败。创设化学问题情境有以下策略。[4]

(1)通过实验创设问题情境。化学实验具有直观性、形象性等特点,为学生提供了丰富的感性信息,易引起学生的兴趣。因此,运用实验来设置问题,引导学生通过观察、研究和分析实验中获得的感性信息去探究问题,从而揭示化学现象的本质,探究化学规律。

(2)通过旧知识的拓展引出新问题,创设问题情境。根据奥苏贝尔的同化理论,任何一个新知识的学习,可通过设计恰当的先行组织者,寻求它与旧知识的联系作为新概念的增长点,促进其学习。

---

[1] 侯春梅."问题解决"教学模式在地理教学中的应用[J].教育教学论坛,2010(22):116
[2] 杜义芳."问题解决"教学模式在中学教学中的应用初探——兼论STS理论的应用[J].化学教学,2001(8):15
[3] 杜义芳."问题解决"教学模式在中学教学中的应用初探——兼论STS理论的应用[J].化学教学,2001(8):15
[4] 何婧.新课程背景下问题探究教学模式探究[J].现代教育科学·普教研究,2010(5):67-69

(3)通过生动有趣的故事情节创设问题情境。在化学教学中,有些理论知识内容是抽象难懂的。对于这些内容就要求教师创设悬念,激发学生的探究热情,以使课堂生动有趣。

(4)通过分析相关数据变化规律创设问题情境。教师引导学生搜索信息、分析数据、总结规律,增强概念原理的说服力,使学生更容易掌握,教学更加严谨。在这个过程中,学生分析、概括、抽象、推理、演绎能力将得到提高,同时也渗透了科学方法的培养。

(5)通过多媒体技术创设问题情境。多媒体技术在化学教学中的应用不仅可增大信息传输的容量,提高信息的可信度,且能提供丰富多彩的视听景象,提高学生的学习兴趣。因此,借助多媒体技术来呈现问题,可以使抽象枯燥的问题变得具体、鲜活,激发学生的积极性。

2.问题解决教学的几个策略

教学策略是指在不同的教学条件下,为达到教学目的所采用的方式、方法及媒体等的总和。在问题解决教学中,可采用以下几个策略。[1]

(1)先行组织者教学策略。奥苏贝尔认为,能促进有意义学习的发生和保持的最有效策略,是利用适当的引导性材料对当前所学新内容加以定向与引导。这种引导材料就是先行组织者,其使用便于建立新、旧知识之间的联系,从而能对新学习内容起固定、吸收作用。

(2)情境-陶冶教学策略。这是由保加利亚心理学家洛扎诺夫(Georgi Lozanov)首创的,也称暗示教学策略,主要通过创设某种与现实生活类似的情境,让学生在思想高度集中但精神完全放松的情境下进行学习。通过与他人充分交流与合作,提高学生的合作精神和自主能力,从而达到培养人格的目的。该教学策略主要有以下几个组成步骤。①创设情境。教师通过语言描绘、实物演示和音乐渲染等方式或利用教学环境中的有利因素为学生创设一个生动形象的场景,激起学生的情绪。②自主活动。教师安排学生加入各种游戏、唱歌、听音乐、表演、操作等活动中,使学生在特定的气氛中积极主动地从事各种智力操作,在潜移默化中进行学习。③总结转化。通过教师启发总结,使学生领悟所学内容的情感基调,达到情感与理智的统一,并使这些认识和经验转化为指导其思想、行为的准则。

(3)以"整体"求"结构化"教学策略。问题解决教学模式使教学从封闭走向了开放。教师在设计教学中,要研读课标,把握重难点和核心内容,立足于课程的整体目标,把握化学学科的基本结构,实现教学的结构化。

(4)示范-模仿教学策略。该策略主要用于技能类知识的学习。教师示范,学生模仿,包括以下四个步骤:动作定向(教师示范)—参与性练习(教师指导下)—自主练习—技能迁移(可与其他技能组合,构成更为综合的能力)。

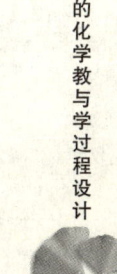

---

[1] 陈晓辉.问题解决教学模式中问题及教学策略设计[J].软件导刊·教育技术,2009(10):14—16

三、问题解决教学设计案例

案例 5-1：关于物质的量浓度的计算

1. 教学目标

(1) 知识与技能：巩固并灵活运用物质的量浓度概念；把物质的量浓度纳入到相关概念的知识网络中，形成新的知识结构；能够进行物质的量浓度相关计算；了解血糖浓度标准。

(2) 过程与方法：通过体验问题解决过程，逐步形成捕捉信息的能力、与人合作能力和自主解决化学问题能力。

(3) 情感态度与价值观：通过小组讨论、查阅资料，进一步形成团结协作意识和自主解决问题意识；通过对血糖、糖尿病的讨论，增强健康意识。

2. 问题设计

问题表述。(1) 人体血液中所含的葡萄糖称为血糖。正常水平的血糖对于人体的组织器官的生理功能极其重要。假设某人血液中血糖的质量分数约为 0.1%，若血液的密度约为 $1g/cm^3$，通过计算回答以下问题：①若此人为空腹，则初步判断此人血糖浓度是否正常？偏低？偏高？②若此人是在饭后两小时内，情况又如何呢？(2) 变式练习（略）。

设计意图。(1) 问题以计算人体血液中的血糖浓度为背景，其目的是体现物质的量浓度在实际生活中的应用及其重要性。(2) 问题中通过血糖浓度的判断，将化学与生命科学有机地结合起来，使学生意识到良好生活习惯的重要性。(3) 当然，最重要的目的还是通过解决问题巩固物质的量浓度相关知识，建立新的知识结构，促进知识迁移，培养学生问题解决能力。(4) 教师故意隐去葡萄糖的分子式、血糖浓度是否正常的标准等必备条件，其目的是为了锻炼学生捕捉信息的能力和促使其主动查阅资料。

3. 任务分析

问题分析。(1) 问题结构分析：该问题初看像是一个结构不完整的问题，其中有很多条件都没有明示，如葡萄糖的分子式、血糖浓度是否正常的标准等。但所有这些都是隐性条件，而且都具有特定的值。因此，这仍是一个结构良好问题。(2) 问题领域知识：主要涉及的概念是质量分数、密度、物质的量浓度及其关系，其中物质的量浓度又涉及物质的量、体积等；根据葡萄糖的分子式确定相对分子质量。(3) 问题情境特征知识：葡萄糖的分子式、判断血糖浓度是否正常的标准。(4) 一般策略知识：算法式（数学逻辑推理/数学模型）策略。

学生分析。(1) 学生起点能力。①知识：学生已经系统学习过质量分数、密度、物质的量浓度、物质的量、体积等，对其概念的理解难度不大；学生已经能够根据化学式确定其相对分子质量；学生已具备一定的相关数学知识和数学逻辑推理技能。②知结构:学生虽然都学习过该问题涉及的关键概念,但是概念间的相互联系却未必清楚,即这些知识还未形成牢固的联系,知识的结构化程度不高。(2)问题解决的主要障碍。①问题表征障碍:学生未必能够意识到问题的隐含条件,从而全面理解问题;相关概念不能形成有效的知识结构。②策略选择障碍:算法式策略选取应不成问题,但在数理逻辑推理上可能有一定障碍。

4.教学过程

设计意图	教师活动	学生活动	教学预见
创设情境,引起注意	呈现有关糖尿病的多媒体资料:幻灯片、Flash动画或影片剪辑等。	观看、思考,联系相关知识、经验。	—
让学生带着问题进入下一环节	同学们知道什么是糖尿病吗?我国有多少糖尿病人?引起糖尿病的主要原因有哪些?什么是血糖、血糖浓度?任选一个小组代表简要回答以上问题,教师不做评论。呈现幻灯片文字资料,回答以上问题。(文字信息要言简意赅,切忌冗长)	独立思考与小组讨论相结合。	—
让学生在错误观念与科学认识的冲突中更新观念、获取新知	追问:我们应该怎样保持良好的生活习惯?(以上过程要严格控制,时间不宜过长,要言简意赅,点到为止)	—	—
让学生课后查阅资料,写一篇小论文	—	记录,课后作业。	—
提出问题,明确表述	下面我们就要运用刚刚学习的物质的量浓度解决一个有关血糖浓度的问题,请看题。通过幻灯片,呈现问题:人体血糖中所含的葡萄糖称为血糖。正常水平的血糖对于人体的组织器官的生理功能极其重要。假设某人血液中血糖的质量分数约为 0.1‰,若血液的密度约为 1 g/cm³,通过计算回答以下问题:①若此人为空腹,则初步判断此人血糖浓度是否正常?偏低?偏高?②若此人是在饭后两小时内,情况又如何呢?	—	—

续表

设计意图	教师活动	学生活动	教学预见
问题信息量比较大,若只使用内部表征,记忆负荷过重,故提示学生用文字或符号对问题进行外部表征。	请同学们把该题所呈现的所有信息用文字或符号表示出来。 任选一个小组代表把其捕捉到的信息表示出来。 根据学生回答提问:我们再仔细读题,还可以捕捉到什么有用信息呢?	独立思考与小组讨论相结合表征问题。 学生积极思考。	学生应该能够顺利捕捉到以下信息。已知信息:质量分数、密度。未知信息:血糖浓度正常的判断标准。学生可能发现题中溶质葡萄糖的相对分子质量是有用信息。
回顾先决条件。	对!题中隐含的葡萄糖的相对分子质量也是一个有用信息。	跟随教师,回忆、联想相关知识。	
分析问题,培养学生查阅资料、自主解决问题的习惯,利用问题链引导学生解决问题。	复习、回顾问题信息包括的相关概念。(质量分数、密度、物质的量浓度、物质的量、体积及相对分子质量) 下一步我们把问题的隐含信息变为已知信息,包括葡萄糖的相对分子质量和人体血糖浓度标准。(提供相关资料) 任选一个代表把人体血糖浓度标准在黑板上写下来。	小组讨论,查阅资料。 在教师引导下积极思考并回答问题。 在教师引导下应该能够顺利回答。	通过讨论、资料查阅,学生应该能够得到所需信息。
利用概念图帮助学生形成新的知识结构、构建问题空间。	请问人体血糖浓度标准是用什么物理量表示的?对!物质的量浓度。那么要做出判断,我们应该知道什么?对!要知道其物质的量浓度。 那怎样求物质的量浓度呢? 对!通过已知条件:质量分数、密度、物质的量、体积及相对分子质量求物质的量浓度。 怎么求?它们之间有什么联系呢? 和学生一起建立概念图及其量的关系。	积极思考、联想旧知,形成新的知识结构。	学生回答:通过已知条件来求解。

物质的量浓度 —反比→ 体积 —正比→ 质量 —部分→ 质量分数
                              —反比→ 密度
         —正比→ 物质的量 —反比→ 摩尔质量 —数量相等→ 相对分子质量

续表

设计意图	教师活动	学生活动	教学预见
解决问题策略提示：运用数学推理，形成问题解决方案。	通过这些已知条件与物质的量浓度的关系，我们是否可以通过数学知识和数学逻辑推理得到血糖浓度？知道了血糖浓度能否做出判断？ 板书问题解决的具体过程，变式练习。	独立思考，形成问题解决方案，实践之并得到答案。 分析、思考、总结、归纳、提升。	—
总结、评价、反思。	此类问题的解决思路；与物质的量相关概念的知识结构。 谈谈你对这个问题解决的体会？ 在问题解决过程中有何收获，还存在哪些问题？	思考、总结。 做出自我评价。	—

案例 5-2：灭火的原理和方法

1. 教学目标

(1) 知识与技能：了解火灾的危害；认识燃烧的条件和灭火的原理；能够在特定情境下选择恰当的灭火方法。

(2) 过程与方法：通过对燃烧条件问题的自主解决，体验信息获取和自主解决问题的过程。在解决如何灭火的问题中，进一步形成独立思考能力、与人合作能力和问题解决能力。

(3) 情感态度与价值观：在自主解决问题和与同学合作交流讨论中体会学习化学的乐趣和价值；通过对火灾的了解，增强社会责任感。

2. 问题设计

问题表述：如何灭火？

设计意图。(1) 问题以火为背景，主要是让学生了解火灾的危害，增强社会责任感；(2) 引导学生在解决如何灭火的过程中，构建燃烧条件和灭火原理的知识；(3) 通过学生对灭火方法的情境性考察，使学生了解解决开放性问题的过程、方法；(4) 学生在开放性条件下解决问题，培养学生独立思考与合作交流的能力；(5) 问题涉及的领域知识非常丰富，有利于培养学生的创造性思维能力和发散思维能力。

3. 任务分析

问题分析。(1) 问题结构分析：这是一个典型的综合开放性问题，是条件、结论、策略和内容开放的组合。(2) 问题领域知识：该问题的领域知识涉及面非常广，不仅包括化学知识，还包括物理知识、生物知识、社会知识等多学科知识。(3) 问题情境特征知识：由于该问题的条件是开放性的，因此，其问题情境知识需要学生在独立思考和交流讨论过程中，根据自身相关知识结构来确定。(4) 一般策略知识：主要使用启发式问题解决策略及具体领域问题解决策略(如多向思维策略等)。

学生分析。(1)学生起点能力。①知识。本节课是初中化学内容,在学习本节课时,学生应该具有了一定的化学、物理、生物等相关知识和一些关于灭火的社会知识。②知识结构:解决这个问题需要学生运用多学科知识的能力,因此要求学生根据问题构建多学科的知识网络。(2)问题解决的主要障碍。①问题表征障碍。这个问题的表征障碍主要在两个方面,其一是对特定问题情境知识的掌握;其二是多学科知识网络、知识结构的构建。②策略选择障碍。主要在学生的发散思维能力上。

4.教学过程

设计意图	教师活动	学生活动	教学预见
为上课做准备,同时培养自主查阅资料、自主获取信息能力和自主解决问题能力。	课前:(上课前一周布置学习任务)问题:请同学们猜测一下燃烧应该具备什么条件?课外自主设计实验证明自己的观点,并写一篇小论文。	查阅资料,自主探究,完成小论文。	
创设问题情境,提出问题。 对火的客观认识。	课上:(幻灯片展示几幅关于火的图片)同学们都看到了什么呀? 对!火。大家对火不会陌生,火与我们的生活息息相关,我们人类的生存离不开火,饿了我们用火做饭,冷了我们用火取暖;同时,火还是人类文明的摇篮,正是对火的认识和利用开启了人类文明之门。但是,事物总是具有两面性,"火善用之则为福,不善用之则为祸"。如果不正确使用火,它也会给人类带来灾难——火灾。	观看、倾听	
触动学生,警示学生并引起学生注意。	呈现有关火灾的多媒体资料,可以是幻灯片、Flash动画或影片剪辑等(最好是不同类型火灾和不同媒体表现手段,文字、声音和图像配合使用)	观看、倾听	
引出问题。	介绍展示内容。 据统计,2005年全国共发生火灾235 941起,死亡2 496人,受伤2 506人,直接财产损失13.6亿元。而且这还不包括森林、草原、军队、地下矿井部分的火灾,而绝大部分火灾是人为因素引起的。可见,火灾给我们带来了多么大的损失。那么,我们有没有必要学习有关火、灭火的知识呢?	倾听、思考、回答问题	
明示问题。	这节课我们就来探讨如何灭火?		

续表

设计意图	教师活动	学生活动	教学预见
分析问题、解决问题	要研究如何灭火,我们是不是首先要了解一下火是如何引起的?又是怎样维持的?即燃烧应具备什么条件?	倾听、思考、回答问题。	只要教师精心做出有代表性的设计,就会激起学生积极思考和辩论,经过辩论,学生完全能够归纳和总结。
引导学生自我反思与相互评价。	根据学生课前作业——小论文,选取有代表性(可以是错误的设计)的实验设计,请该同学上台演示,并陈述观点和论据。(课前准备好实验仪器) 请对实验设计、观点或论据有异议的同学发表观点。最好是有激烈的争论,在争论过程中,教师不发表评论。 这一过程中教师要控制课堂秩序。	思考、提出自己观点。	
做简要点评。	很好!同学们都在积极地动脑筋,并且想出了这么多好的方法(对学生努力给予鼓励和肯定)。但有些想法还不够好。下面我们一起来总结一下。	独立思考与小组讨论。	学生根据燃烧原理讨论,能够回答灭火原理。
培养学生灵活运用新知识解决问题的能力。	(和学生一起总结燃烧的条件)我们已经知道了火是如何引起的,又是怎样维持的,即燃烧应具备什么条件。那么,我们现在的目的是灭火,是抑制燃烧。请问消防队员灭火的原理是什么?任选小组回答。 (追问)那么我们可以采用什么具体方法灭火呢?请同学们把具体的灭火方法表述出来,并说明理由。	联想经验,回忆相关知识,形成问题解决方案。	学生的方法可能千奇百怪,教师要选择有代表性的来分析。
形成问题解决方案。	请多位同学把自己的灭火方法与全班进行交流。 对学生的灭火方法提出质疑,比如针对用浇水降低温度的灭火方法,可以这样说:请问同学,如果着火的是一个情况不明的化工厂,我们可以鲁莽地使用水来灭火吗?……	讨论交流,问题解决方案置入特定情境,构建论据。	
假定特定情境,构建论据。	大家的灭火方法既没有错,又不一定对。为什么呢?不是所有的灭火方法对所有的火灾都适用,不同的情境我们必须采用不同的方法。下面请同学们为自己的方法加上特定的情境,并论证你的方法的可行性。 组织学生讨论交流。	讨论、交流。	学生根据社会经验能够提出一些简单的火灾情境。
总结、评价、反思。	总结归纳相关知识,形成新的知识结构;让学生就防火、灭火等相关问题,写一篇小论文。	思考、总结并做出自我评价。	

思考题

1. 如何判断具体化学知识的类型？请结合具体内容，尝试进行判断。
2. 陈述性知识学习的条件有哪些？陈述性知识学习的一般过程是什么？
3. 化学程序性知识的主要特征是什么？
4. 问题解决教学设计策略有哪些？问题解决学习对学生有哪些积极的影响？

实践探索

请选取初、高中化学教材中的任意一节内容，分析知识的类型，并运用所学的知识，选择适当的策略尝试进行这节课的教学设计。设计完成后，请查找一篇关于此内容的中学化学教师的教学设计，从教学目标设计、学生分析、教学内容分析、教学策略的选择和学习评价的使用等方面进行比较，或者与其他同学进行比较、分析、讨论，看看自己的设计是否合理？存在哪些问题？应该如何改进、优化？并撰写反思日记。

拓展延伸

实施问题解决教学，有助于改变教师的教学方式和学生的学习方式，培养学生的科学素养，促进学生创新意识与实践能力的发展。实施问题解决教学，离不开科学的、精心的教学设计。请思考，当你拟采用问题解决教学模式进行教学设计时，需要考虑哪些具体问题？你的问题设计有何依据？核心思路和线索应如何进行设计？

第六章　基于信息技术与学科整合的化学教学设计

本章导学

本章主要介绍信息技术和教育信息技术与化学课程整合的途径、方法及存在的问题，并介绍了四种基于信息技术与化学课程整合的教学模式。

学习目标

1. 理解教育信息技术的含义及其对教育活动带来的影响。

2. 理解信息技术与化学课程整合的途径与方法，思考整合带来的利与弊。

3. 理解信息技术与化学课程整合过程中存在的问题，并思考如何避免或进行改进与优化。

4. 学习基于主题式的化学教学模式，理解这种教学模式的特点和设计方法，并能选择合适的化学教学内容进行主题式化学教学设计。

5. 学习基于任务驱动的化学教学模式，理解这种教学模式的特点和设计方法，并能选择合适的化学教学内容进行任务驱动的化学教学设计。

6. 学习基于WebQuest的化学教学模式，理解这种教学模式的特点和设计方法，并能选择合适的化学教学内容进行基于WebQuest的化学教学设计。

7. 学习基于网络协助的化学学习模式，理解这种教学模式的特点和设计方法，并能选择合适的化学教学内容进行基于网络协助学习的化学教学设计。

信息技术(Information Technology, 简称 IT)与课程整合,是将信息技术有机地融合在化学教学过程中,营造一种信息化教学环境,使信息技术与学科课程结构、课程内容、课程资源以及课程实施等融合为一体,成为与课程内容和课程实施高度和谐的、自然的有机部分,实现一种既发挥了教师主导作用又体现了学生主体地位的"自主、探究、合作"的教与学的教学方式。它能更好地完成课程目标,把学生的主动性、积极性、创造性充分地发挥出来,并提高学生的信息获取、分析、加工、交流、创新、利用的能力,培养协作意识和能力[1],促使学生掌握在信息社会中的思维方法和解决问题的方法,使传统的以教师为中心的课堂教学结构发生根本性变革——由教师为中心的教学结构转变为"主导—主体相结合"的教学结构。

第一节 信息技术与化学课程整合理论概述

一、信息技术与教育信息技术

教育信息技术是在教育过程、教育系统中传递教育信息的技术。教育信息技术是由多种技术组成的技术体系,按照教育系统和技术特性进行分类,把教育信息技术大致分为传统教育信息技术、电子教育信息技术、教育组织系统技术、教学系统方法和教育信息资源管理五种类型。[2]

(1)传统教育信息技术,即传统教学技术,以"人—人"交互为主,并有媒体参与。这个体系包括口耳相传术、形体表演术、印刷术、文字载体编制技术、静态直观教学技术和课本、黑板、粉笔等实物,以及模型、图表等各种教学应用技术。这些技术是传统的,但不一定是过时的、不好的。虽然现代科技在教育中被广泛应用,但是传统教学技术在现代教育中仍在发挥主要作用,大多数情况下教师还是在用课本、黑板、粉笔、教具进行教学,学校教育仍然以面对面的教学为主。其原因就在于传统教育信息技术简单易行、经济实惠,教师可以自由发挥,充分表达自己的经验、思想感情和教学艺术。

(2)电子教育信息技术是指在"人—机—人"教育信息传播系统中,以电子信息技术为核心的教育信息技术。它的突出特点是电子信息技术与人的智能在教育中的结合。电子教育信息技术又可分为广义的和狭义的两类。广义的电子教育信息技术就是电化教育中所应用的一切电子媒体技术加智能技术,即电教技术,如幻灯投影教学

---

[1] 钟绍春.信息技术与课程整合的理论与实践研究[M].吉林教育出版社,2003
[2] 李祺.论教育信息技术[J].电化教育研究,2003(04):26—27

技术、录音教学技术、广播影视教学技术、教育卫星通信技术、计算机多媒体教学技术等，这是大家很熟悉的。狭义的电子教育信息技术通常指计算机多媒体教学技术、网络教学技术和教育卫星通信技术等，就是大家常说的教育信息化技术。

（3）教育组织系统技术。这个体系包括集中教学技术、小组教学技术、个别化学习技术。

（4）教学系统方法。这个技术体系包括教学设计技术、教育资源开发和使用技术、教育信息传播过程的教学管理与评价技术等。

（5）教育信息资源管理。美国持"系统方法（技术）说"观点的代表人物里克斯认为："信息资源管理是为了有效地利用信息资源这一重要的组织资源而实施规划、组织、用人、指挥、控制的系统方法。"教育系统中同样存在信息资源管理问题，因此教育中引进一般的信息资源管理概念是必要的。教育信息资源管理作为一种教育信息技术，对于充分发挥教育信息资源的作用具有极其重要的价值。

二、信息技术与课程整合的概念、意义、目标、途径与方法

信息技术与课程整合是指在课程教学过程中把信息技术、信息资源、信息方法、人力资源和课程内容有机结合，共同完成课程教学任务的一种新型的教学方式。[1] 化学是在原子、分子水平上研究物质的组成、结构、性质及其变化应用的一门自然科学，化学学科的教学着重研究物质的宏观、微观和动态等方面性质，比其他学科更具复杂性、微观性和抽象性，使得化学学科更需要较多地借助多媒体技术和网络技术，从而更好地向学生诠释其中的奥妙，以帮助学生对其进行理解和掌握。而信息技术与化学教学的整合，就是在化学教学中充分利用信息技术手段，把现代信息技术作为学生在学习时必要的认知工具和教师在改变教学方式时的重要辅助手段，依靠信息技术提供丰富的课程资源来创设教学情境并以此辅助学习活动，使信息技术与课程资源、课程结构及课程内容的实施等方面有机地结合在一起，成为和谐互动的整体。将现代信息技术与化学有效地整合，为学生提供丰富的学习资源，通过充分、合理、创造性地运用现代信息技术，为学生创设氛围浓厚的学习环境，激发学生对化学学科的兴趣，提高其自学能力，激活其思维，提高其分析能力，发展其个性，增强其综合素质。

---

[1] 李克东.信息技术与课程整合的核心.数字化学习（上）[J].2005（08）

三、信息技术与化学课程整合过程中存在的问题

随着以计算机和网络为核心的教育信息技术的不断发展及其在化学教学中的应用,信息技术与化学教学的整合已经成为一种趋势。但是,在实际教学中,也出现了过于依赖现代信息技术的倾向,反而影响了教学效果。现代信息技术有其独特的优势,但也存在明显的不足,作为现代教学手段,信息技术是对传统教学手段的补充,但不可能完全取代传统的教学手段。在教育信息技术与化学学科教学的整合中,存在三个主要问题。

1.模拟实验无法替代化学实验

利用现代信息技术,我们可以把一些难于观察的、抽象的、微观的、危险的化学过程模拟出来,使抽象问题具体化、复杂问题简单化,避免烦琐的讲解过程。然而,作为一门自然科学,是以实验为基础的,无论信息技术发展到何等程度,都无法取代实验教学在化学教育中的基础地位。

(1)在科学性上,利用信息技术模拟实验无法替代化学实验。尽管多媒体技术几乎可以将任何化学变化的过程逼真地模拟出来,但只是模拟。科学是需要用事实来说话的,模拟与事实是否相同呢?这必将导致学生心存疑惑。许多化学实验,其现象尽管没有课件演示那么清晰,如焰色反应,但实验是真实存在的,其真实性、科学性和严密性是可以为学生所感知的。

(2)在趣味性上,利用信息技术模拟实验无法替代化学实验。化学实验往往伴随着物体的运动、发光、发热、颜色及形态的变化,有时甚至是爆炸等极端现象,在完成教学的同时,也增强了课堂的趣味性,提高了学生的学习兴趣和课堂效率。许多学生喜爱上化学课的原因,就是因为在化学课堂上经常会有各种各样、有声有色的实验,如果简单地用影片似的课件演示替代实验,其趣味性必将荡然无存。

(3)在能力培养上,利用信息技术模拟实验无法替代化学实验。实验教学是培养学生探究能力,提高学生科学探索精神的最有效途径。在演示实验、学生实验的过程中,学生需要运用全部的感官去观察、感知实验的现象,通过对现象的分析、处理,探究变化的过程和原因。这其中的许多现象(如放热、吸热等)是课件难以真实描述的,这就影响了学生的分析、探究。何况,计算机模拟完全是按照老师的意志、知识水平进行设计、制作的,这种实验结果是一种理想状态下的结果。但现实中的许多外因都会对实验的现象与结果产生影响,从而使实验产生异常现象。另外,学生可以参与其中,在保证安全的前提下还可以由学生亲手完成整个实验,不仅可以增强学生的动手能力,而且可以使学生体验科学探索的途径,感受成功的喜悦。

2.屏幕无法完全取代传统板书

(1)传统的板书过程往往是老师思维过程的再现。教师伴随着讲授过程板书,实际上是在一步步书写着自己的思维过程,对学生具有一定的启迪和示范作用。同时,老师与学生、学生与学生之间的交流,也是学生思维渐进的过程。若这个过程也用电子板书来替代,也就无法展现教师教、学生学的思维过程,这样教学的效果就大打折扣了。

(2)课堂教学是一个复杂的过程,教材、教师、学生三者的思维不可能完全吻合。因此,课堂教学需要随机应变,需要教学机智。当学生的思维方式、思维顺序与课堂设计不相符时,就需要教师及时进行相应的调整,有时甚至要对设计好的板书进行调整。一般说来,板书除了包括教师备课过程中设计好的相对固定的部分外,也包括上课过程中针对具体问题和具体情况临时书写的部分。而利用信息技术制作的课件,在上课过程中难以即时修改,缺乏应变性。

(3)对于化学教学而言,其学科覆盖面广,知识点分散,若不能在教学过程中突出重难点,必将使学生无法抓住学习的主流。教师在板书的过程中,往往可以通过更换不同颜色的粉笔、利用各种不同的符号来突出重要知识点。优秀教师的课堂要点,常常能直观地反映在其板书的圈圈点点上。相反,在屏幕上,教师很难用其个性化的符号即时描述,也难以对需要强调的文字进行圈点,会影响教学效果。

3.人机对话无法替代信息交流

(1)传统的面对面的语言交流是一种畅通无阻的交流,如果师生之间、学生之间的交流全部通过计算机进行,实际上就是给信息交流设置了一层障碍。信息技术应该是一种工具,而不应是一种障碍。

(2)教学过程中的信息交流是多向的,教师与学生、学生与学生都可以进行必要的信息交流,这种交流绝非单个学生与机器的交流所能替代的。

(3)课堂教学不仅仅是知识的传播和学习,更是教师与学生、学生与学生之间情感的交流。不加控制地以网络来替代讲授,实际上是以人机对话来替代语言、感情的交流。缺乏情感交流的教学,就像一片荒芜的沙漠,是无法培育出健康成长的学生的。

信息技术与化学课程的整合在教学中有很大的应用潜力,但绝不是万能的,化学教师应以适当的方式把它应用到教学中恰当的环节上,使它成为教学的有机部分,发挥最大的潜力。使用过程中需要注意以下两点。①在化学教学中要明确信息技术的地位是"辅助",而不是"代替",要坚持不可取代性原则。②实验教学的功能是任何手段替代不了的,学生在实验中所经历的思维、操作、分析、观察能力的锻炼,在实验中对情绪、意志、毅力等品质的形成只能通过实验来实现。不能因信息技术与化学课程的整合而削弱实验教学,即坚持以实验为基础的教学原则。①

---

① 王素珍.谈教育信息技术与化学教学整合的盲点[J].长三角·教育,2012(2):51

第二节　基于信息技术与课程整合的化学教与学模式

一、主题式的化学教学模式

主题式教学模式是信息化教学模式的一种,是指在一定的专题、问题情境下,以学生主动建构为活动主线,旨在促进学生多元智能发展的教学活动模式(祝智庭、钟志贤,2003年)。它的功能目标是实现教学内容、学习方式、教师角色、课程结构的转变,提高学生问题解决、探究、创新等能力,促使学生的学科素养和信息素养同时提升,最终使学生学会认知、学会做事、学会共同生活、学会生存,实现终身教育。[①]

主题式教学模式的实现需要物质资源,如媒体、实验器材;需要人力资源,如教师、教辅人员、家长及社会力量支持;需要信息/环境资源,如互联网、虚拟实验室;更需要学生具有相应的信息技术应用能力,加上教师的智慧,如采用的策略和方法。主题式教学模式的实现是对各种条件进行统整的过程。

主题式教学单元设计流程:选取主题及核心概念,确定主题所涉及的专题(问题),针对专题(问题)设计学习任务活动,组织学习资源,形成活动时间表,决定评价方式,设计主题单元资源。从教师设计活动、教学过程、学生学习活动三个层面分析,主题式教学模式的活动程序如图 6-1 所示。[②]

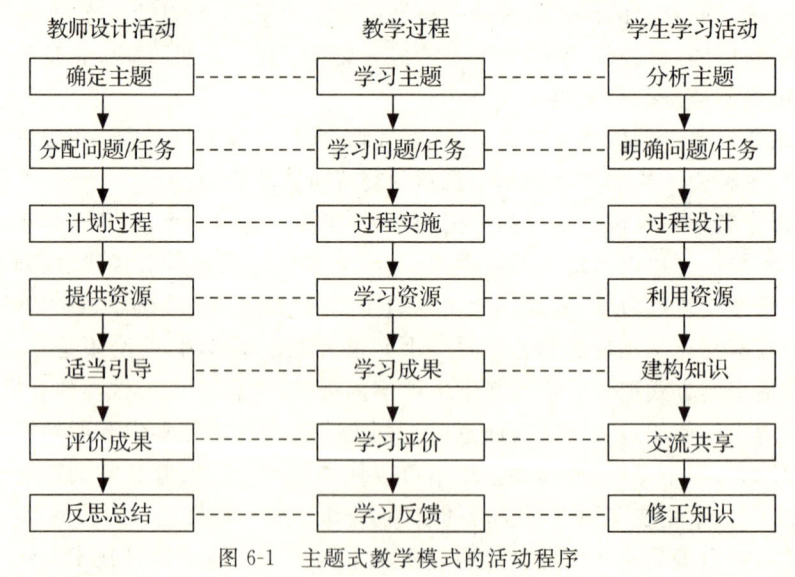

教师设计活动	教学过程	学生学习活动
确定主题	学习主题	分析主题
分配问题/任务	学习问题/任务	明确问题/任务
计划过程	过程实施	过程设计
提供资源	学习资源	利用资源
适当引导	学习成果	建构知识
评价成果	学习评价	交流共享
反思总结	学习反馈	修正知识

图 6-1　主题式教学模式的活动程序

---

① 联合国教科文组织总部中文科译.教育——财富蕴含其中[M].教育科学出版社,1996.12
② 王凯.网络环境下初中物理主题教学模式研究[D].东北师范大学,2011.5-6

二、基于任务驱动的化学教学模式

任务驱动教学模式是基于建构主义理论发展起来的,其核心教育理念是"让学生积极地解决问题,并建构自己的知识框架。"[①]任务驱动教学模式是在创新教育、素质教育的思想指导下,以建构主义学习理论为基础,通过教师在教学过程中设置具有引导性和启发性的学习任务,激发学生的学习动机和兴趣,促进学生自主学习、合作交流和探究,提高问题解决能力的一种稳定的教学结构形式。运用任务驱动教学模式进行化学教学时,常将与现实生活和社会问题密切相关的事例作为情境,引导学生解决真实情境中的任务,在完成任务过程中推动知识和技能的掌握,发展运用所学知识和技能分析问题、解决问题的能力,掌握科学方法,同时体验运用实验等方法成功解决问题的情感,形成良好的科学品质。[②] 运用高中化学实验任务驱动教学模式展开教学的步骤如图 6-2 所示。

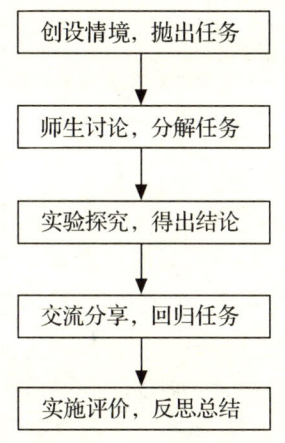

```
┌─────────────────┐
│ 创设情境,抛出任务 │
└────────┬────────┘
         ↓
┌─────────────────┐
│ 师生讨论,分解任务 │
└────────┬────────┘
         ↓
┌─────────────────┐
│ 实验探究,得出结论 │
└────────┬────────┘
         ↓
┌─────────────────┐
│ 交流分享,回归任务 │
└────────┬────────┘
         ↓
┌─────────────────┐
│ 实施评价,反思总结 │
└─────────────────┘
```

图 6-2 任务驱动教学模式的教学步骤

下面是《钠的性质实验》采用任务驱动教学模式的教学过程。它通过四则新闻事件创设了模拟真实的教学情境,使教学内容由科学世界向生活世界回归,在真实的情境中变得具有现实意义。通过完成提出的任务,学生掌握研究物质性质的基本方法,提高运用化学知识解决实际问题的能力,感受到化学学习的意义和作用。

化学教学中,以化学实验史实为线索设计任务,能帮助学生体会、了解化学家认识世界、改造世界过程中的科学思想和思路。化学教学将不仅限于现成的静态结论,而是结合化学教与学的过程揭示出蕴含于化学知识之中的科学思想和科学方法,潜移默化地促使学生多方面能力的提高,使学生的科学素养得到全面提升。

---

① (美)Linda Torp,Sara Sage 著,刘孝群等译.基于问题的学习——让学习变得轻松而有趣[M].中国轻工业出版社,2004:49
② 习书秀.高中化学实验任务驱动教学模式研究[D].河北师范大学,2007:3

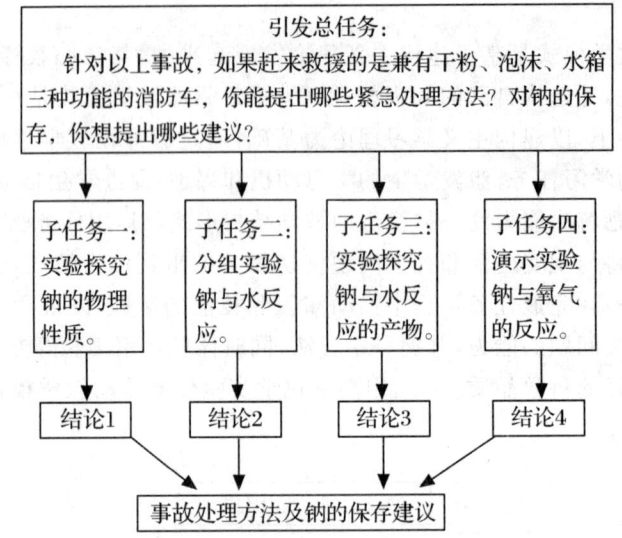

```
                    ┌─────────────────────────────┐
                    │  任务情境：四则新闻报道  │
                    └─────────────────────────────┘
                                  │
                    ┌─────────────────────────────┐
                    │ 引发总任务：                │
                    │  针对以上事故，如果赶来救援 │
                    │ 的是兼有干粉、泡沫、水箱    │
                    │ 三种功能的消防车，你能提出  │
                    │ 哪些紧急处理方法？对钠的保  │
                    │ 存，你想提出哪些建议？      │
                    └─────────────────────────────┘
                                  │
        ┌──────────┬──────────┬──────────┬──────────┐
     ┌──────┐   ┌──────┐   ┌──────┐   ┌──────┐
     │子任务│   │子任务│   │子任务│   │子任务│
     │ 一： │   │ 二： │   │ 三： │   │ 四： │
     │实验探│   │分组实│   │实验探│   │演示实│
     │究钠的│   │验钠与│   │究钠与│   │验钠与│
     │物理性│   │水反应│   │水反应│   │氧气的│
     │质。  │   │。    │   │的产物│   │反应。│
     │      │   │      │   │。    │   │      │
     └──────┘   └──────┘   └──────┘   └──────┘
        │          │          │          │
     ┌──────┐   ┌──────┐   ┌──────┐   ┌──────┐
     │结论1 │   │结论2 │   │结论3 │   │结论4 │
     └──────┘   └──────┘   └──────┘   └──────┘
         ↘        ↓          ↓        ↙
           ┌──────────────────────────────┐
           │ 事故处理方法及钠的保存建议 │
           └──────────────────────────────┘
```

图 6-3　任务驱动教学模式的教学过程

案例 6-1：《苯的结构式确定》教学设计

情境一：

19 世纪初，英国和其他欧洲国家一样，城市的照明已普遍使用煤气。当时伦敦为了生产照明用的气体（也称煤气），通常用鲸鱼和鳍鱼的油滴到已经加温的炉子里以产生煤气，然后再将这种气体加压到 13 个大气压，将其储存在容器中备用。在加压的过程中产生了一种副产品——油状液体。

英国化学家法拉第（Michael Faraday，1791—1867）对这种油状物产生了兴趣。他用蒸馏的方法在 80℃左右将这种油状液体进行分离得到另一种液体。当时法拉第将此液体称为"碳氢化合物"。

1834 年，法国化学家米希尔里希（E.F.Mitscherlich）通过蒸馏苯甲酸和石灰的混合物得到了与法拉第所制液体相同的一种液体，并命名为苯。

任务一：阅读材料并观察苯试剂，归纳、总结苯的主要物理性质。

情境二：

1834 年，法国化学家日拉尔等人利用苯的燃烧法进行定量实验，确定了此有机物的相对分子质量为 78，分子式为 C_6H_6。

1858 年，库帕（Couper，A.S.）提出"有机化合物分子中碳原子都是四价的，而且互相结合成碳链"构成了有机化学结构理论基础。因为有了这样的理论基础，对于分子式为 C_6H_6 的苯结构组成的研究在 19 世纪 60 年代末成为热点。

任务二：猜测苯（C_6H_6）可能的分子结构，写出其可能的结构简式。

任务三:实验验证推测出的苯分子结构。

情境三:

凯库勒在1866年发表的《关于芳香族化合物的研究》一文中,提出两个假说:

1.苯的6个碳原子形成环状闭链,即平面六角闭链。

2.各碳原子之间存在单双键交替形式。

任务四:根据实验事实对凯库勒提出的苯的结构进行修正。

此案例以三组情境引发任务,既对学生进行了化学史教育,又给学生提供了探究的空间,学生积极参与,开阔了思路,训练了思维能力。[①]

此外,由于课内时间是有限的,有时需要课内外相结合,将任务向课外延伸,通过课外活动实施。如:学习完"化学反应中的能量变化"后,让学生尝试完成"运用所学知识制作一个简易'冰袋',实现短时保鲜"的任务;学习了"钠及钠的化合物"后,适时举办"食品制作大赛",学生可制作饮料、各种糕点等。在完成这些任务的过程中,学生通过查阅资料收集相关信息,小组合作完成实验,分阶段展示实验成果,自主设计实验报告,并运用评价量表进行评价等。采用课内外相结合的方法,学生将书本知识、网络信息和生活实际结合,增强了合作与交流能力,感受了团队精神,产生浓厚的学习兴趣,锻炼了动手能力。

三、基于WebQuest的化学教学模式

"Web"是"网络"的意思,"Quest"是"寻求""调查"的意思。WebQuest主要是在网络背景下,由任课教师对学生进行引导,以一定的教学任务驱动学生进行自主探究学习。它的理论基础是建构主义的学习理论和主体性教育理论,提倡学习以学生为主体,充分发挥学生的主体作用。

一个完整WebQuest主要是由引言、任务、过程、资源、评价和结论六个部分构成的。

1.引言/绪言/主题(Introduction)

该部分提出一个具有开放性的主题,该主题最好来源于现实生活的真实任务,让学生具有清晰的目标,在一个真实情境中运用所学知识解决问题或做出决策,从而更好地感悟智慧。其次,该部分要鼓励学生回顾先前掌握的知识,激发学生探索的兴趣。

2.任务

任务模块是课程教学目标的具体化,对学习结束时学生将要完成的事项进行描述。任务由教师来设计,给学生一个明确的学习目标,使学生集中精力调动各种能力完成任务,为协作学习的交流和互动做好准备。任务的最终结果可以是一件作品

---

① 习书秀.高中化学实验任务驱动教学模式研究[D].河北师范大学,2007:28—31

（PowerPoint 演示文稿、一个网站），也可以是一个解释某一特定主题的书面或口头的报告，还可以是其他形式的学习成果。总之，WebQuest 的任务并不是仅仅让学生来回答问题，而是要求学生必须运用高级思维技能才能完成。这些高级思维技能包括创造、分析、综合、判断和问题解决等。

3.过程

在过程模块中，教师将完成任务的过程分为若干个循序渐进的步骤，并在每个步骤向学生提供简短而又清晰的建议，其中也包括将总任务分解成多个子任务的策略。实际上，过程模块为学生提供了一个"脚手架"（scaffolding），引导学生体验专家的思维过程，实现学生高水平的认知。"脚手架"意味着将困难、复杂的项目计划打碎成若干个片段，让学生能够继续研究相对单一的任务，引导他们通过研究相对简单的任务，从而能够运用他们的知识。

教师在监督学生学习过程中，可以针对学生的学习现状适时、适量地提供一些学习指导，促使学生的学习过程能够顺利完成。

4.资源

资源模块是一个由教师创建的有助于学生完成任务的网站链接列表，大部分链接是指与当前主题相关的其他网页，其次还包括本地（与 WebQuest 在同一服务器上）的电子图书、电子文档、电子刊物、电子邮件信息和参考书目等。总之，资源模块会提供最新的高质量的多种样式的信息资源，为不同学习水平和学习风格的学生提供信息，以此引发学生的注意，提升学生的兴趣水平。

WebQuest 资源模块提供可以便捷存取的、高质量的信息。这让学生较快地集中收集信息，学生进而能够分配更多的时间用于解释、分析信息。在学生利用 WebQuest 组织协作学习时，教师可以把 WebQuest 的资源分类组织，然后让不同的学习小组阅读不同类别的资源信息。通过这种分配不同信息资源给不同学生的方法，不仅可以增强学习小组之间的合作和依靠，而且也可以培养学生之间相互学习的意识。

5.评价

在使用 WebQuest 时，学生被要求使用高级思维技能，所以有效地评价学生的工作是非常重要的。WebQuest 使用评价方案进行评价。反过来，为了发展学生的高级思维技能，评价的时候要注意以下几个问题：学生参与评价方案的制订、要求学生进行自我评价、学生对其他同学或协作者进行评价。

6.结论

WebQuest 的结论部分提供机会总结经验，鼓励对过程的反思，拓展和概括所学知识。鼓励学生在其他领域拓展学习经验。即使在结论部分，学生也可以向教师提出许多问题，这些问题能帮助教师将相关知识拓展到全体学生。

WebQuest 的制作是一个比较复杂的过程,而一个好的 WebQuest 是需要不断地完善和改进的。WebQuest 的制作流程如图 6-4 所示。

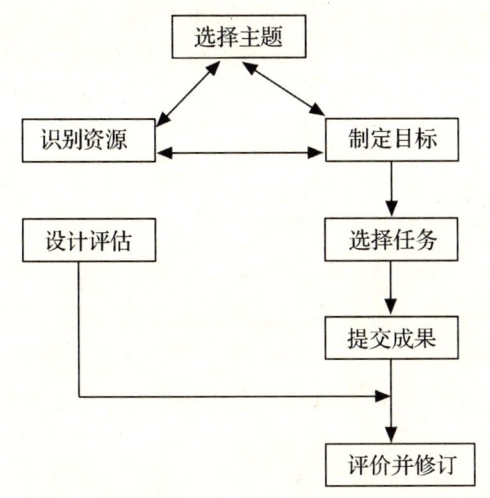

```
           选择主题
          ↗        ↘
    识别资源 ←——→ 制定目标
                     ↓
    设计评估       选择任务
       │             ↓
       │          提交成果
       │             ↓
       └────────→ 评价并修订
```

图 6-4 WebQuest 教学模式的制作流程

案例 6-2：(主题)原子概念的形成

引言：

同学们,我们已经学习了原子的有关知识,知道原子是化学反应里的最小粒子。原子由原子核和核外电子构成,而原子核又由中子和质子构成。那么同学们知道人类是如何认识到原子的存在的吗？在人类认识原子的过程中都有哪些科学家起到了积极的作用呢？那么,去完成下面的任务吧。你将会对人类如何认识世界,以及科学的世界观和原子的内部结构有更深入的了解。

任务：学生 6 人一组,每组可以分别选择古代原子理论和现代原子理论为任务的主题,每人分别收集以下有关资料。

1.该时代流行的原子理论的代表人物。

2.该代表人物的主要思想。

3.对该主要思想的历史贡献和历史局限性进行评价。

收集完资料后,你们要以组为单位一起完成以下任务。

1.把你们收集到的资料融合在一起,并列出重点,利用 PowerPoint 制作一个以小组选择的人物为主题的演示文稿。

2.每组在班上展示该演示文稿,时间为 6 分钟。

3.每人书写一篇 100 字左右的研究认识。

过程和资源：

首先,小组内部 6 个人进行商讨,选择这次活动的主题,选定主题后,必须分配工作。可以根据以下步骤去完成任务。

1. 收集和整理资料

每人需要分别收集古代或近代原子理论的资料,并把有用的资料记录下来。

(1) 负责古代原子理论项目的同学,可以浏览相关网页。

(2) 负责现代原子理论的同学,可以浏览相关网页。

要细心地把自己的资料记录下来,并且保存在确定的位置。

2. 制作演示文稿

可以根据下列建议来制作演示文稿。

(1) 标题——原子理论的代表人物的名字。

(2) 该代表人物的主要思想。

(3) 该思想的历史贡献和历史局限性。

(4) 对我们的启迪。

当然,为了更好地展示和丰富演示文稿,你们可以充分地选择和你们的主题有关的资料。

3. 成果展示

利用你们制作的演示文稿,在班里向其他学习小组做一个 6 分钟左右的口头汇报。一定要注意汇报时阐明你们的观点以及在活动中每个人的作用。

4. 书写报告

每个人写一份 100 字左右的报告。报告的内容为这次活动中你最大的感受,可以是人类认识世界的过程的复杂性,也可以是在该活动中的收获。

5. 评价

演示文稿制作和演示的结果由同学按下面评分准则自评。评价表格包括:演示文稿制作(40 分)、演示(30 分)和书面报告(30 分)。(评价表略)

6. 结论

在这个活动后,相信大家对原子结构有了更深一步的理解和认识。除了这些知识的掌握,我们还练习了对信息的搜索和分析的能力,运用信息技术展示的技巧,并在分组的合作里培养合作精神以及沟通技巧。尤其可以体会到人类认识世界的艰巨性和复杂性,从而培养我们正确认识学习过程的艰巨和反复。[①]

四、基于网络协助的化学学习模式

网络技术是双向交流模式的代表媒体。网络提供了海量的知识资源、庞大的智能资源,为探究学习方式提供了极佳的交互手段。而这些特点,是其他媒体、其他手段所无法比拟的。在基于网络的学习中能够实现课堂结构的要素的转变:学生地位的转

---

① 高岷.WebQuest 在中学化学应用初探[D].西南师范大学,2005:28—31

变、教师角色的转变、媒体作用的转化及教学过程的转化。基于网络的化学探究式学习模式较好地体现了现代教育观念的未来发展趋势。网络环境下化学课堂教学模式有以下几种。

1.信息加工型

信息的收集、整理、分析(排序、重组或变换)和存储的能力统称为信息能力。网络时代的信息以其光的速度、爆炸式的信息量、双向多元化结构和个性化的倾向等特点区别于任何一个时代。我们把这种着重培养网络技术环境下的信息加工能力的教学模式叫信息加工型网络教学模式。多媒体计算机和网络通信技术可以作为建构主义学习环境下的理想认知工具,能有效地促进学生的认知发展。

例如在"酸雨及其防治"这一课时的教学过程中,在教学情境的创立过程中可以按以下的顺序整理网络资源:①本市酸雨情况以及我国的酸雨分布和污染情况;②酸雨的危害;③酸雨的形成原因;④酸雨的防治方法。将与其有关的网站网址、网页链接尽可能多地收集起来,按照知识点的顺序和逻辑性分类归纳,然后提供给学生,让他们充分地浏览、学习以达到教学的目的。

在"环境污染"的教学中,可以在教学平台中设置一个网点搜索引擎,让学生通过"环境污染,水污染,大气污染"等关键词进行搜索,在众多网址中去筛选,分析归纳出与环境污染课程的学习目标相关的结论。学生们搜索到的主要是大量的网页信息,图片信息以及一些与环境污染有关的化学研究等。学生浏览感兴趣的内容,并复制自认为较好的内容,粘贴到BBS上供大家阅读。教师在整个过程中巡视、指导,并且在最后的归纳中,有意地将学生搜索到的资料进行总结和归类,最终建立环境污染的知识框架。学生通过上网浏览,对环境污染的知识由传统教学的被动接收变成主动探究,大大提高了学习效率。

2.交流互动型

教学过程是一个与自然相似的,需要与外界不断交流、交换物质、能量和信息的过程。超媒体的特性,使得课堂教学成为一种非线性的开放系统。老师与学生,学生与学生,老师与网络教学课程,学生与网络教学课程,老师与网络教学的环境,学生与网络教学的环境等都存在着相互的作用。通过人机、人人(教师与学生、学生与学生)交流,教学互动,形成自组织。老师、学生、网络教学课程、网络学习环境多方面相互作用,在教学活动中建构知识。

在许多课程中都可以采用交流互动模式。如在"化学平衡移动原理"的教学中,首先提出一个基本的学习目标(即化学平衡原理的理解和应用),结合前面学习的浓度、压强、温度的知识,来组织完成相关知识的复习和巩固,然后讨论、交流得出平衡移动原理。对于其中压强对平衡影响的一个问题,首先在学生中激起争议,引发思考,再通过Flash动画演示,给出正确答案,使得学生继续交流、讨论来研究为什么会这样。在题目的反馈中,用设立投票栏的形式给出选择题,让学生在没有交流的情况下首先选择自己认可的答案,并且当场统计结果。然后给出时间让学生讨论、研究,再重新投票。最终再由教师给出正确答案。这样不仅实现了学生之间的互动,也实现了人机互动,教师和学生的互动,使得教师很容易地掌握全体学生的理解情况,同时也保证每个学生都在应用课件进行活动。

3.探索研究型

随着知识更新过程的加快,出现了既重视系统科学知识,又重视学生自己活动学习的教材结构——发现学习式的教学模式。这种模式要求有能反映最新科学成果的教材,主张经过发现进行学习,要求学生利用老师和教材所提供的某些材料亲自去发现应有的结论和规律。

在网络教学过程中,我们把利用网络技术和网络教学资源来创设课题,建立假说,并将网络提供的化学及相关学科研究资料、历史背景和最新动态等,用于推测答案、做出结论的教学模式叫作探索研究网络教学模式。

例如在"合成氨条件的选择"的教学过程中,首先我们提出一个关于合成氨条件的课题,让学生根据合成氨反应特点,提出所有可能的合成条件,而不管这种条件是否可行。然后让学生通过网上查询合成氨的工业流程、需要的条件等相关资料,再与自己所提出的假设进行对比验证,来最终确定合成氨所需要的条件。学生经过查找、分析、判断和加工网上、书本以及各种可能的渠道来的信息,并且经过独立思考、协作讨论,才能够得出自己的结论。总结时可以提出合成氨条件选择的各种支持材料和一些最新的研究成果等,来说明科学理论的相对性和科学研究的无止境。让学生学会科学研究中的分析归纳和推理的方法,树立科学的精神。

4.自主学习型

"现代教育技术就是运用现代教育理论和现代信息技术,通过对教与学过程和教与学资源的设计、开发、利用、评价和管理,以实现教学最优化的理论与实践。"因此,是否是一切为了体现学生的主体地位、为了促进学生自主学习的发展、为了帮助学生充分发展他的潜能,依据学生身心发展的规律与特点来运用多媒体、网络技术,是衡量教育技术应用是否有效的标准。

基于建构主义的以学生为中心的教学模式,在网络技术环境下的教学设计中,始终考虑以学生为中心,发挥学生的首创精神、知识外化和自我反馈。这种模式在网络教学中的应用叫"自主学习型网络教学模式"。

自主型模式对现代教育技术的理解应是建立在全面和深刻的基础上的,即现代教育技术是建立在教学过程和教学资源的设计、开发、利用、评价和管理上的。学生的学习过程当然应以学生为中心,老师是教学过程(也就是学生的学习过程)的设计者,是教学资源的开发者,是在教学过程中资源的不断完善者,同时又是教学资源的评价管理者。老师在教学过程中不断完善教学的资源,学生在学习的过程中还可以参与学习资源的设计和开发。

新授课型一般可以选择交流互动型为主的网络教学模式;交流互动型的网络教学模式在化学理论性知识的学习以及元素化合物知识的学习中都有广泛的应用,它可以使理论知识的学习更加生动、有趣;配以大量的实验事实,联系网络信息传播优势,可以使元素化合物知识的学习更加生动易懂,也更加容易掌握,而且可以让学生自己利用资料勾画出知识框架,加强学生对学科知识和技能的理解,培养学生具有终身学习的态度和能力。交流互动型网络教学模式的网络教学课堂要开放,绝对不能孤立于社会生活之外,要通过学习网络,充分利用网络技术的优势并与社会生活紧密地联系在一起,形成真正的CTS化学(化学—技术—社会)。①

♥ 思考题

1.如何理解"当前,世界各国基础教育课程改革的基本走向和趋势是:课程与现代信息技术结合,赋予课程以新的内涵与时代特征"? 想一想,你需要做哪些准备来迎接这一转变?

2.信息技术与化学课程整合过程中存在的问题有哪些? 思考为什么会出现这样的问题,作为一名化学教师你怎样解决这些问题?

3.主题式化学教学模式的主要特征是什么? 在设计时,是不是所有的化学学习内容都适合采用这样的教学模式? 请说明理由。你认为哪些内容适合采用这一模式? 为什么?

4.基于任务驱动的化学教学模式在化学教学中应用得非常广泛,请思考在这一模式中,学生和教师的角色发生了哪些变化? 对学生哪方面的影响较大? 你有哪些启示?

5.WebQuest化学教学模式和基于网络协助的化学学习模式都需要借助互联网。然而,在很多中学,教室里是没有网络的,或者只有一台电脑,想一想,如果要采用这样的教学模式,你应如何进行? 需要做哪些准备? 请结合具体教学案例进行说明。

6.新课程要求教师应该是课程的建设者和开发者。学了这部分内容,你能运用教育信息技术根据具体的化学教学内容进行课程资源的建设与开发吗?

---

① 雷建榕.应用多媒体网络技术优化化学课堂教学模式的研究[D].福建师范大学,2007:8—10

实践探索

请选取初、高中化学必修教材中的任意一节内容,尝试采用主题式的化学教学模式、基于任务驱动的化学教学模式、基于 WebQuest 的化学教学模式和基于网络协助的化学学习模式进行教学设计,体会不同的学习内容在选择教学模式时需要注意些什么?设计和练习试讲的过程中注意避免第一节中提到的"信息技术与化学课程整合过程中存在的问题"。

拓展延伸

1. 分析教育信息技术对化学教学的影响,并结合教材中第一节具体内容与传统教学技术进行对比说明。

2. 教育信息技术在提高教学效率方面起到了哪些积极作用?你怎么看?它对我国的中学化学教学产生了较大影响,请思考并阐述它对化学教师基本素养有哪些要求。

第七章 发展性学习评价与中学生化学学习困难诊断

本章导学

本章主要介绍化学学习评价的基本功能、含义和发展性化学学习评价方法,并在分析了高考化学能力考查的现状的基础上,结合具体案例重点介绍中学生化学学习困难的原因、诊断方法。

学习目标

1.理解化学新课程标准倡导的评价理念。

2.基于教学实际情境,探讨学习评价内涵的变化及新课程倡导的评价类型。

3.理解并总结针对三维目标的学习评价方法。

4.理解学习评价的意义,掌握测试题、成长记录袋、活动评价等评价方式方法,根据具体内容,选择合适的评价方法。

5.能根据具体学习内容,选择合适的诊断工具,发现学生的学习困难,并给予指导和帮助。

新课程提出了要用多样化的评价方式对学生的学习进行评价,以评价促进学生的发展,建构起新课程体系下的学生发展性评价。化学课程标准提出,要综合利用学生成长记录档案袋、活动表现评价、纸笔测验等形式综合评价学生的学习情况,关注学生的学习过程和成长经历。通常教师习惯于进行考试和测验,通过学生的及格率和平均成绩来判定自己是否教得好,学生是否学得好,这样的方式看上去既简单又省事,同时还比较公平,没有老师的主观判断成分。但是,这种评价比较适合对知识维度的评价,不适合对过程与方法、情感态度与价值观维度的评价。在评价中,教师应综合运用多种评价方式,并注意深度、广度,对知识的评价要注重在真实情境中的应用。[①]

第一节 化学学习评价概述

一、化学学习评价的基本功能

1. 定向功能

教学目标体现了社会的需要和学生全面发展的需要。化学学习评价是以教学目标为依据,判断教学系统的功能是否实现。判断学生学习成绩的好坏,主要看学生是否有效地达到学习目标及完成教学目标的程度。这就促使师生在教学活动时,必须以教学目标为准绳,保证教学过程朝着目标指引的方向发展。

2. 鉴定功能

通过化学学习测量和评价,能够对学生的化学学习成绩做出鉴定,选拔社会所需要的人才。

3. 诊断功能

通过化学学习测量和评价,调查了解或验证学生在化学学习过程中可能存在的各种问题,并诊断问题存在的原因,为制订解决问题的策略提供依据。实际化学教学中,学生解题出错的现象时有发生,也较为普遍。如何避免类似错误再次出现,进行题后反思的策略则较为关键和有效。多年的化学教学实践证明,学生解题出错的原因主要有以下几个方面:化学知识概念性错误、审题性错误、解题思路性错误和心理因素导致的错误等。

例 7-1 (高考试题)浅绿色的 $Fe(NO_3)_2$ 溶液中存在着如下的平衡:
$Fe^{2+} + 2H_2O \rightleftharpoons Fe(OH)_2 + 2H^+$,若往此溶液中加入盐酸,则溶液的颜色(　　)
A. 绿色变深　　B. 变得更浅　　C. 变棕黄色　　D. 不变

---

① 王磊.化学教学研究与案例[M].高等教育出版社,2006:84

【解析】解答1：忽视酸性环境下硝酸根离子的强氧化性，由于 $Fe(NO_3)_2$ 溶液中存在水解平衡：$Fe^{2+}+2H_2O \rightleftharpoons Fe(OH)_2+2H^+$，当加入 HCl 溶液时，促使平衡左移，$Fe^{2+}$ 浓度增大，原溶液的浅绿色加深，而错选 A 项。

解答2：因为硝酸根离子在酸性环境下具有强氧化性，所以向 $Fe(NO_3)_2$ 溶液中加入 HCl 溶液时，溶液中的 Fe^{2+} 被氧化为 Fe^{3+}，而使溶液呈棕黄色，故 C 选项正确。

很多试题的解答过程看似正确合理，天衣无缝，但仔细想来却存在很大的漏洞。例如解答1就是没有抓住问题的本质与主要矛盾，而出现错选。作为教师就应该善于引导学生对试题的求解过程进行反思，不断提高其思维的敏捷性与批判性，培养其抓住问题实质与主要矛盾的能力。

4. 调节功能

化学学习测量和评价所获得的大量信息，不仅可以用于选拔人才，还能对影响教学系统的各种因素进行协调，使之更恰当地相互配合，以利于学生学习过程的优化。

5. 激励功能

化学学习测量和评价是对学生化学学习成果的一种鉴定与评价，能够给人带来精神上的满足，也会对学生产生压力或动力，提高师生的教学热情，激励他们把更多的精力投入教学活动。

6. 教学功能

化学学习测量和评价除了能够为协调和控制教学过程提供信息之外，本身也可以作为帮助学生达到教学目标的一种有效手段。评价的内容一般都是教学的重点，在评价过程中，学生对这些重点内容会进一步地记忆、思维、强化，从而巩固和发展已有的学习成果。由于激励功能的存在，教学评价的这种教学功能有时甚至比其他的教学手段更加有效。

二、发展性化学学习评价的基本含义

发展性化学学习评价，即以学生的发展为最终目的，根据化学教学的三维目标和教学原则，利用切实可行的评价技术和方式，对学生化学学习过程及预期的学习效果给予价值上的判断。发展性化学学习评价是一种形成性评价，而不是传统意义上的终结性评价。它强调学生作为学习的主体对自己行为的"反省意识和能力"，形成自我评价。

三、发展性化学学习评价方法

化学学习结果的测量包括：化学事实性知识的测量，化学概念和规律的测量，化学

概念和规律"运用"的测量,化学系统化知识的测量,化学学科复杂习题解决、认知策略的测量,化学概念和规律习得过程的测量以及对学生态度及科学精神的考查。可以归纳为:知识、能力、认知过程和认知结构、非认知因素四大类。

一般来说,适合不同评价内容的基本方法包括以下几种。

1.评定学生知识习得的方法

纸笔测验的客观性试题适用于测试大部分陈述性知识和一部分程序性知识,主观性试题适合考查小部分陈述性知识、部分程序性知识以及大部分策略性知识。

例 7-2 有些食品的包装袋中有一个小纸袋,上面写着"干燥剂",其主要成分是生石灰(CaO)。

(1)生石灰属于哪种类别的物质?_____

(2)生石灰可作为干燥剂的理由是(用化学方程式表示)_____。

(3)生石灰还可以与哪些类别的物质发生化学反应?列举两例并写出化学方程式。
_____

(4)小纸袋中的物质能否长期持续地作为干燥剂?为什么?_____
_____

(5)在你所认识的化学物质中,还有哪些物质可以作为干燥剂?举例说明。
_____

【解析】这道题,考查的是元素与物质的关系,以及单质、氧化物、酸、碱、盐之间的反应关系。它从学生身边的现象或问题入手,让学生解决或解释身边的问题,从而考查学生对知识的掌握情况。

2.评定学生能力的方法

(1)纸笔测验:客观性试题一般能考查事实性知识的记忆,对知识的理解和较复杂的思维;主观性题目适合考查学生分析、综合、应用知识的能力,创造能力以及组织表达观点和写作的能力。

例 7-3 磷钨酸 $H_3PW_{12}O_{40}$ 等杂多酸可代替浓硫酸用于乙酸乙酯的制备。下列说法不正确的是( )。

A. $H_3PW_{12}O_{40}$ 在该酯化反应中起催化作用

B. 杂多酸盐 $Na_2HPW_{12}O_{40}$ 与 $Na_3PW_{12}O_{40}$ 都是强电解质

C. $H_3PW_{12}O_{40}$、$KH_2PW_{12}O_{40}$ 与 $Na_3PW_{12}O_{40}$ 中都有相同的原子团

D. 硅钨酸 $H_4SiW_{12}O_{40}$ 也是一种杂多酸,其中 W 的化合价为 +8

【解析】该客观题创设了学生未曾遇到的新情境,以酯化反应、电解质、化学式、元素化合价等知识作为载体,考查学生接受、吸收、整合化学信息的能力,知识的迁移能力和分析解决问题的能力。

例 7-4 在军事术语上把潜水艇在海里的连续航行叫长行,为保证时间潜行,在潜艇里要配备氧气的化学再生装置。制氧气方法有以下几种:(1)加热高锰酸钾;(2)

电解水;(3)在常温下使过氧化钠(Na_2O_2)与二氧化碳反应,生成碳酸钠和氧气;(4)加热氧化汞。其中最适宜在潜艇里制氧气的方法是哪一种?与其他几种方法相比,该方法有哪些优点?写出相关反应的化学方程式。

【解析】这是一道主观题,要求学生比较、分析四种制备方法的异同点,并要求学生综合运用所学的能源、环保等方面的知识解决实际问题,是一道考查学生运用、判断认知目标层次的题目。

(2)表现评定:不同于传统纸笔测验的评定方法的总称,如论文题、画概念图、口头报告、实验操作、项目研究、角色扮演、作品展览等。其核心在于学生所执行的表现任务与评定目标高度一致。表现评定通过设计一定的任务和评分准则体现了学生任务完成结果和行为心理过程。

例 7-5 下面是某同学研究过氧化钠(Na_2O_2)性质过程中的一个片断。

(1)请你帮助他完成部分实验并补全活动记录。

活动记录

观察:过氧化钠的颜色、状态:_____色,_____态。

预测:从组成上分析,过氧化钠为金属氧化物,可能会与水、二氧化碳反应生成盐。

实验内容	实验现象	解释及结论
取一支小试管,向其中加入少量过氧化钠固体,然后加入少量蒸馏水,反应后再向其中滴加酚酞溶液。		
你观察到什么现象?应怎样继续实验?		

结论:

①过氧化钠与水反应生成 _____。

②通过比较过氧化钠与其他曾经学习过的金属氧化物的性质,发现:_____

_____。

(2)这位同学是按照怎样的程序研究物质性质的?_____

(3)在上述过程中,他用到了哪些研究物质性质的方法?

【评析】该题不是考查过氧化钠的性质,在做此题之前,不要求学生已经学习了过氧化钠的性质。该题重点考查的是研究物质性质的方法和程序,要求学生运用实验方法研究物质的性质:观察实验现象,总结得出结论,提出新的问题与假设,设计简单实验方案。通过对学生虽然知道但未系统学习的物质的性质探究,考查相关的知识和过程方法,使学生对这个物质的性质有较多的了解。这种题目既是评价活动,又是学生获得知识的过程,综合性较强。

例 7-6　关于科学态度的辩论。[1][2]

正方:只有科学才是人类的救星。

反方:科学固然有其价值,但不是人类的救星。

(1)提前一周告诉学生讨论的话题,鼓励他们思考这个话题,并阅读一些有关结果推论的内容,以便形成一些个人的结论。

(2)在学生进教室之前,把这个主题清晰地写在黑板上。

(3)要求学生坐在能够反映他们观点的那一方。

(4)由一个学生自愿做小组主席,确保所有的学生都有机会发言,并且要求辩论在双方之间轮换进行。

(5)鼓励学生简单明了、富有条理地发表见解,以保证所有的学生都能够发表他们的观点。

(6)教师要和学生在一起,要选择一方,并参与到他们的讨论中,支持选择的那一方。

【分析】这项活动的评价可分两步进行。在材料准备阶段,可以对学生获取和加工信息的能力、参加活动的态度进行评价;在正式辩论中,可以对合作态度、口头表达能力和参与意识等进行评价。通过辩论,学生不仅加深了对知识的理解,同时锻炼了各项技能,获得了各种技巧。更为重要的是学会了与人合作的积极态度。

(3)档案袋评定:可以看作是一种特殊的表现评定,通过学生的各种有形作品,如文字、图画、录音、录像、实物来展现学生的学习表现,能够较真实、完整地表现学生的能力甚至人格特征。随着信息技术的发展,很多地区已经建立了电子档案袋。

例 7-7　健康与智慧是幸福的两大要素。请列举事实说明化学科学在提高人类生活质量和促进社会发展中的重要作用。

【评析】学生要较完整地回答这道题,就必须查阅资料,并结合所学的化学知识对资料进行分析,才能加以阐述。本题侧重考查学生解决问题的能力,并渗透了对情感、态度、价值观维度的评价。

例 7-8　化学对人类做了巨大贡献,化学品和化学过程也给人类带来了灾难。有

---

[1] 王祖浩.中学化学课程评价的反思与探索[M].东北师范大学出版社,2004:130
[2] [美]Ellen Weber.董奇主译.有效的学生评价[M].中国轻工业出版社,2003:116

人甚至认为,化学是"有毒""污染"的代名词。请谈谈你的看法。

【评析】本题侧重考查学生对化学学科为人类社会的发展所做贡献的全面认识。

上述两道题具有一定的开放性,教师可以组织学生进行交流,并指导学生将相关作业装入学习档案。

例 7-9 小明的一份化学学业成长档案袋。①

前言:

为评价小明在《身边的化学物质》一章的探究活动中的表现,化学老师和小明一起收集了与本章有关的材料、图片、简报,具体内容如下。

作品记录:

1.收集到的有关化学物质的资料。例如:新闻和科技动态简报、图片、照片、实物等。

2.学习空气、水与溶液、金属、生活中的化合物等内容后,对这些物质及其社会生活关系的认识。

3.学习有关氧气、二氧化碳气体的探究活动资料。

4.对当地污染状况的调查和防治污染的建议。

5.对化学在空气污染的形成与防治中的作用的认识。

构思探究过程记录。

……

评价记录:

1.小明对自己学习状况的评价(包括基础知识、实验设计与探究活动情况等),有待改进的问题和设想。

2.教师、同学、家长对小明收集的作品特征和存在的优缺点提出的评价、建议。

【评析】学生的学业成长档案袋是学生进行自我评价和师生间进行相互评价的重要依据。一般来说,档案袋中可收集、记录的内容有:作业的样本、自我总结、探究活动的设计方案、过程与成果、自己的学习方法和策略、活动报告、自编的故事、手工制作、摄影作品、自己的反思及他人的评价等。学习档案评价重点应放在培养学生自主选择和收集学习档案内容的习惯,给他们提供表现自己学业进步的机会。

3.评定认知过程和认知结构的方法

(1)概念图评定:一种测量学生个体知识结构和组织的方法。已有研究发现,概念图的成绩与传统测验成绩存在相关性。这种评定方法很适合学生在探究学习或自主研究学习活动中运用。

例 7-10 请用图式的方式表述原子结构、元素周期表和元素性质三者的关系。

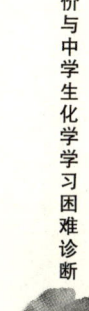

---

① 王祖浩.中学化学课程评价的反思与探索[M].东北师范大学出版社,2004:102

【评析】本题是考查学生在学习原子结构知识后,对"构—位—性"三者关系的提升。学生对原子结构的认识建立在量子力学的基础上,对原子结构和元素周期表的关系有了更接近本质的认识,对原子结构和元素性质的关系也从定性认识发展到定量的认识。可在本章的复习课上让学生绘制并展示自己的概念图,让学生相互交流自己的心得体会,教师对学生的表现做出及时的评价,并将学生的作品收入档案袋,作为学生学业评价的一部分。

(2)思维报告法:要求学生不仅说明问题、假设和数据本身,还能够说明为什么这样设问、假设和分析数据等,展示学生的思维过程,使评定者能够了解学生对知识的理解。

4.评定学生非认知因素发展的方法

(1)直接观察法:分为量化研究取向的非参与观察法和参与观察法,质的研究取向的参与观察法。其中,参与观察法要求评定者成为观察对象的一员,亲身参与到观察对象的活动中。

例 7-11 酸碱中和滴定实验中学生的实验能力。[1]

教师可通过观察来判断学生的化学实验操作能力。酸碱中和滴定是高中阶段非常重要的定量实验之一。在该实验中,教师可以在以下几个方面进行观察,对学生的操作能力进行评价。

(1)滴定管或移液管是否先用蒸馏水清洗多次?
(2)滴定管或移液管是否用标准液或待测液润洗几次?
(3)滴定前是否把滴定管或移液管中的气泡赶尽?
(4)滴定前是否记录液面刻度读数?
(5)是否准确地读数?(视线与凹液面最低点相切)
(6)滴定操作是否正确、熟练?
(7)滴定时眼睛是否紧盯着锥形瓶内溶液的颜色变化?
(8)接近滴定终点时,滴定管中的标准液放出速度是否放慢?
(9)指示剂变色控制得如何?
(10)是否记录滴定终点时的液面刻度读数?是否准确读数?
(11)第二次滴定时,是否将滴定管中的标准液注满?
(12)是否进行了至少三次的滴定操作?

【评析】由于被观察者出于自然状态,其行为、情绪等都不受到外界的干扰,所以反映的信息比较真实。当然,观察者的情绪、态度和水平都会直接影响观察效果,也必须要有持续性和连续性观察才能得到可靠的信息,评价者应充分考虑到这种方法的局限性。

---

[1] 王祖浩.中学化学课程评价的反思与探索[M].东北师范大学出版社,2004

(2)访谈法:使用访谈法的关键是访谈者和被访谈者的交流互动。

(3)评语:常用来评定意见,而且本身就是对学生的一种教育。

(4)评定量表法:以观察为基础,经过长期多次观察,由教师对学生的某种行为或特质做出评价。

(5)自我评定法:利用自陈量表(Self－Report Inventory)进行自我评定。自陈量表是一个问卷,要求答卷者对问卷中符合的情况作答。[①]

第二节 高考化学能力考查的现状分析

2004年我国开始实施高中阶段课程改革,试行国家课程标准。2007年首批实验改革区开始实行了课程改革后的高考,建立了新的试卷和能力常模。化学学科在能力考查特别是探究能力考查等方面有以下几个特点。

一、明确命题指导思想,强化化学科学素养考查

《普通高中化学课程标准(实验)》指出要以进一步提高学生的科学素养为宗旨,使学生在知识与技能、过程与方法、情感态度与价值观三个方面得到统一和谐的发展,明确指出了"课程目标"的能力要求,即科学探究能力;运用观察、实验、查阅资料等多种手段获取信息,并运用比较、分类、归纳、概括等方法对信息进行加工的能力;自主学习的能力(包括独立思考的能力,对学习过程进行计划、反思、评价和调控的能力等)和激发学生的创新潜能,提高学生的实践能力。化学课程标准是普通高校招生化学科考试的命题依据。据此,2007年教育部考试中心为首批四省区新课程高考研制了符合课程标准教学的《2007年普通高等学校招生全国统一考试大纲(化学·课程标准实验版)》,其命题指导思想为"注重考查学生的基本科学素养,以化学课程的基础知识、基本能力和重要方法为考查重点,密切联系学生生活经验和社会实际。"即为了有利于选拔具有学习潜能和创新精神的考生,化学科考试以能力测试为主导,在测试考生进一步学习所必需的知识、技能和方法的基础上,全面检测考生的化学科学素养,促进学生在知识和技能、过程和方法、情感态度和价值观等方面的全面发展。考试大纲中对化学学习能力的要求分为三大类、十个能力要素,如表7-1所示。

---

① 丁朝鹏.高中新课程评价[M].天津教育出版社,2005:175-190

表 7-1　化学学习能力要求的类别及能力要素

学习能力要求	能力要素
接受、吸收、整合化学知识的能力	知识理解、存储与识别能力 观察、分析、获取信息的能力 信息整合与知识更新的能力 信息交流与运用能力
分析和解决(解答)化学问题的能力	能分解并解决简单化学问题 能表达或解释解决问题的过程与结果
化学实验和探究能力	了解科学探究学习的一般过程 具备基本的化学实验技能 运用实验手段进行科学探究的能力 运用科学方法、规律的能力

三种化学学习能力均以思维活动为核心，其文字表述中包含着对学生化学学科思维的考查，如利用化学在生产生活中的实际应用、化学研究前沿问题等作为教学情境。在落实化学基础知识与基本技能的基础上，突出化学科学方法、相关思维方法的考查重点。利用物质的鉴别及其分离与提纯、物质的制备、物质组成测定、物质结构分析、环境污染的防治等化学具体问题解决培养学生的探究能力。又如从微观、宏观、符号三个角度认识物质及其变化规律的思维方式等，为推动新课程实施起到了很好的"导向"作用[1]。对于接受、吸收、整合化学信息的能力，也给予了足够的重视，因为培养信息的分析、加工处理及应用能力是提高科学素养的一个重要基础，信息的形式除了文字叙述，还采用数字、物质模型、实物图、坐标图、物质组成或结构图谱等图形或表格形式。

试题以课标和考试说明为依据，结合化学新课程教学实际，以测试化学科学素养和综合能力为主导，以课标规定的化学基础知识、基本技能、基本观点和基本方法等为主要考查内容，重点考查信息获取与加工、化学实验探究、从化学视角分析解决问题和创新思维等能力。引导学生认识科学、技术、社会和环境之间的相互关系，初步形成科学的价值观和实事求是的科学态度。新高考化学试题联系生活、社会和科学发展实际，重视试题的真实性与情境性；注重科学思维方法的考查，利用信息迁移考查学生的学科素养和学科思维方法；内容的探究性和开放性明显；试题设计进行了人性化的处理。[2] 总之，试题以化学的素养和能力为考查核心，注重考查化学主干知识及应用能力；以化学的各种信息形式为载体，重视考查化学信息素养和学习能力；以实验分析为途径，注重考查科学探究能力；以真实问题为情境，注重考查分析、解决实际问题的能力。[3]

---

[1] 程国清.浅析新课程高考化学对三种化学学习能力考查的特色[J].化学教育,2009(9):32—34—80
[2] 张克龙.高考"科学素养立意"试题特征及命题策略探索——以2010年浙江省新高考化学为例[J].中学化学教学参考,2011(3):43—45
[3] 刘江田.考查化学素养和综合能力引领新课程实施[J].化学教育,2008(8):38—41

二、注重科学探究能力的考查

我国基础教育改革以科学探究为突破口,提倡以科学探究的方式进行学习。《普通高中化学课程标准》中要求学生通过"经历对化学物质及其变化进行探究的过程,进一步理解科学探究的意义,学习科学探究的基本方法,提高科学探究能力。"[1]科学探究是高中化学课程标准的一个新内容和亮点,不仅作为学习的方法,而且作为学习的内容和目标。科学探究,无论是在实验室进行实验探究,还是通过查阅资料、调查研究等进行理论探究,其过程大致要经历八个步骤:提出问题、猜想与假设、制订计划、进行实验、收集证据、结论与解释、反思与评价、表达与交流。对学生的探究能力的评价也主要根据这八要素进行。近几年新课程标准化学高考试题对探究能力的考查主要涉及猜想与假设、制订计划、收集证据、结论。近几年的高考化学试题都是以实验为依托,对探究能力进行考查,根据各种探究能力的模型和国外探究能力考查的评价目标,[2][3]将目前高考中的探究能力分解成实验方案设计、按规定完成实验操作(用语言描述操作步骤)、实验数据处理与解释、实验方案评价四个方面的技能。

以方案设计的形式考查学生的探究能力包括:①设计探究主题的全过程方案;②按照题目要求完成探究过程部分方案设计或回答探究过程中的有关问题;③进行探究方案的分析评价,科学合理地作答。[4]

总之,试题以情境创设为依托,以解决问题为目标,综合考查学生获取信息的能力、解决化学问题能力和化学探究能力;以选择的背景材料为主题,考查综合运用化学及相关学科知识、综合运用科学方法解决问题的能力,试题设问多、容量广、跨度大、层次深;以方案设计的形式考查学生的探究能力。

通过分析近几年新课程高考理综和化学试题可以发现,它们的共同特点是:突出了对实验探究、过程与方法的考查,试题材料与情境多以生产、生活中的应用为主,体现了新课程化学考试大纲的目标和要求中所强调的"化学科命题注重测量自主学习的能力,重视理论联系实际,关注与化学有关的科学技术、社会经济和生态环境的协调发展,以促进学生在知识和技能、过程和方法、情感态度和价值观等方面的全面发展"。纵观各地试题,卷Ⅱ的实验题多以实验探究形式呈现,无机推断、有机推断都摒弃了传统的远离真实情境的框图推断题,代之以"工艺流程""操作流程""有机实际合成路线"等实际应用流程设问。

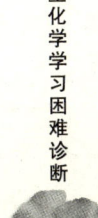

---

[1] 中华人民共和国教育部.普通高中化学课程标准(实验)[S].人民教育出版社,2003
[2] 闫蒙钢,陈波.英国 GCSE 化学考试探究性技能评价方法及启示[J].比较教育研究,2007(1):55—59
[3] 郭玉英.学生的科学探究能力国外的研究及启示[J].课程•教材•教法,2005(7):93—96
[4] 单旭峰.课程标准高考化学试题科学探究能力考查初探[J].化学教学,2009(4):31—35

第三节　化学学习困难的诊断

学习困难(Learning Disability,简称 LD)是对学习不良,或学习障碍、学习无能、学习失能的一种称呼。一般认为:学习困难学生是指智力正常,但学习效果低下,达不到国家规定的课程标准要求的学生[①]。这些学生的感官和智力正常,而学习结果却未达到教学目标。这一定义包含了三层含义:①学习困难学生最显著的标志是学习成绩长期而稳定地达不到课程标准所要求的水平;②学习困难学生身心的生长发育处于正常范围;③学习困难学生之间存在差异。这种学习困惑是可逆的,在一定的补救教育条件下是可以转化的。这类学生在学习上表现为:上课不认真听讲,对于课堂的提问、讨论基本不参与,不做课后作业,有时甚至扰乱课堂纪律,学习成绩不及格等。

一、中学生化学学习困难的原因分析

事实上,学生化学学习困难不是由智力落后、感官障碍、缺乏学习机会等因素造成的。化学学习困难的学生智力正常,虽然化学成绩落后或成效低下,但从其智力水准预测上分析,化学学习水平可以提高。此外,化学学习困难是指化学学习过程中某一阶段的状态,而不是依据最终的结果做出的判断与评价。因此,通过教师的指导和学生的努力,化学学习困难是可逆的或基本可逆的。不同学生的化学学习困难程度不等,成因不一。有特定章节、特定化学概念的学习困难,也有特定时期的学习困难,以及整个化学学科的学习困难。

化学学科是一门概念性、理论性、抽象性、结构性、实践性和思维性很强的学科,从初中到高中这种特性更显著,学习困难会越来越大,高一阶段是一个重要的分化期。化学学习困难是学习困难的一种亚类型,表现在化学领域的学习困难主要包括化学用语书写困难、"已知"储备不足、概念错误、知识遗忘、知识表征不完整、知识组织程度低、问题解决能力较差、认知结构缺陷、元认知能力低下以及空间思维困难等,其中问题解决能力较差、认知结构缺陷和元认知能力低下表现尤为突出。

关于化学学习困难的原因,除社会因素和家庭因素外,还有化学学科因素。化学是一门以实验为基础的科学,同时它又是一门理论科学。化学学科与其他学科相比较主要有以下几个特点:①以实验为基础;②化学基本概念和基础理论比较集中,并以基础理论为指导,揭示物质及其变化的规律;③化学用语是化学特有的工具,要求记忆和

[①] 钱在森.学习困难学生教育的理论与实践[M].上海教育出版社,1995

熟练运用化学用语;④化学学科中蕴含着丰富的辩证唯物主义观点等特点。[1] 化学学科的这些特点引起的学习困难主要有以下几点。

(1)化学知识"深"。这是指化学理论知识比较抽象、深奥,学生不易掌握它的内涵、实质。高中教科书与初中教科书相比,深度、广度明显加深,由描述向理论方向扩展的特点日趋明显,知识的横向联系和综合程度有所提高,化学语言的抽象程度剧增,升入高中的学生一下子接触氧化还原反应、物质的量、电子云、原子结构、化学键和离子反应等概念群,其抽象思维缺乏必要的感性认识基础,导致不少学生难以得到学习成功的体验,对化学学习产生畏难心理,影响其学习自信心。[2]

(2)知识点内容"杂"。高中化学知识组块和产生式系统繁多。《高中化学课程标准(实验)》涉及的必修模块的内容标准32条,知识点85个,选修模块的内容标准71条,知识点229个。学生普遍感到细枝末节的知识点多,头绪繁杂,容易遗忘。

(3)化学概念"混"。这是指对若干化学问题的区分点把握不准,分辨不清,学生往往将似是而非的问题相互混淆。化学学习相近、相似、相关联的知识诸多,经常受到前后知识的干扰,如电离与电解,置换反应和取代反应,同位素、同素异形体、同系物、同分异构体等概念之间的相互影响。对"氧化还原反应"概念的学习,初中阶段的外延比高中阶段的外延要小得多,旧有概念对新的概念的学习也会形成不利的影响。与其他学科相比,化学学科最大的劣势在于知识体系不够完美,显得分散、零碎。

(4)化学规律"特"。这是指许多化学规律普遍性中存在特殊性,一般规律中有特例,学生容易出现以偏概全的错误。例如:任何酸酐都是酸性氧化物;原子晶体的熔点一定比离子晶体高;在晶体中只要有阳离子就一定有阴离子;构成分子晶体的粒子一定含有共价键。上述结论的错误在于漏掉了特殊性的存在,像上述这种"规律性"与"特殊性"的矛盾现象在中学化学中是较普遍存在的,并且较多的"特例"在中学化学阶段不能从理论上给予圆满的解释。这种现象的存在,实际上是事物"共性"与"特殊性"的反映,要正确地认识这些知识必须要求学生在化学学习过程中辩证地认识、分析问题。研究表明,中学生的辩证逻辑思维能力还相对较差,正处于发展之中。在实际的学习过程中,他们往往难以辩证地看待事物,最容易犯"片面性"错误,这正是中学生心理特点的具体体现。在分析问题时,他们常常强调"规律性"时忘了"特殊性"的存在;当看重事物这一方面时就忽略了事物的其他方面,所以学生经常感到化学似乎无规律可循,难学难掌握就不足为奇了。

(5)化学知识记忆量大。在中学化学中,需要记忆的知识点特别多,除了化学用语、化学概念及原理、化学变化规律、物质的化学性质及其重要的物理性质外,还有较

---

[1] 李雷.中学化学学习困难原因浅析[J].川北教育学院学报(自然科学版),1995(4)
[2] 王后雄.论中学生学习化学的难度及成因[J].化学教育,2003(11)

多的实验现象、实验技术等均需要学生记忆,其记忆量之大可想而知。其中仅有小部分知识可以通过规律、理论的掌握与运用来实现记忆,大部分的知识如元素化合物知识、化学用语、一些重要的实验现象等零散、繁杂、相互联系相对较少的知识,则不能完全依靠规律、理论的掌握来实现记忆。而在中学化学中,元素化合物知识、化学用语就其知识量而言,约占教材内容的3/5,这些知识掌握、运用都是以记忆为前提的。研究表明,需要记忆的材料愈多,要达到同样识记水平所用的时间也愈多,其难度也愈大。同时孤立的记忆往往难以调动学生的思维积极性,并容易使学生产生"枯燥"感,其记忆的知识也很容易遗忘,而记忆知识的快速遗忘会给后续学习造成较大的困难。[1]

(6)许多化学知识游离于宏观与微观之间,形成认知跨度,造成学习困难。中学化学的许多知识游离于宏观与微观之间,例如,对宏观实验现象的观察分析必然抽象出某种物质的性质及某种规律,这些性质或规律又可以用物质结构等基本理论来解释(或从中推理出基本概念和基本理论)。尽管化学知识体系由于不够完善而显得分散和零乱,但绝大多数的知识点并不孤立和单一,的确具有内在联系。学生的认知过程要在宏观和微观、外显和内在之间完成跨越。每一个逻辑程序是完成认知程序的必要环节,中断一个环节就会造成局部的认知障碍甚至思维障碍。

例7-12 物质熔(沸)点的教学,大体环节是:晶体的组成粒子在固定位置附近振动→是由于粒子间相互作用的结果(化学键或分子间作用力)→升高温度使粒子获得能量而相互间距离增大,作用力减弱→到一定温度挣脱原作用力束缚而相对自由运动谓之熔化(升华),此温度就是熔点(举一反三可以解释冷却结晶的温度谓之凝固点)→粒子间相互作用越强,熔点越高→相互作用力与化学键键能或粒子间作用力大小有关→温度是键断裂或挣脱粒子间作用力需要的能量的外显数据。

每一个环节就像一个知识阶梯,遵循规律设置知识阶梯,有助于学生克服认知障碍,降低认知难度。[2]

(7)化学学习中的"迷思概念"多,学生难以把握。[3] 学生总是以已有的知识经验为基础来建构对新知识的理解,不同的学生对同一概念可能会有不同的理解。在学习中学生可能记住了科学概念的定义,但并没有真正理解概念的实质,存在着一些模糊甚至是错误的认识。我们把学生头脑中存在的与科学概念不一致的认识叫作"迷思概念(Misconception)"。迷思概念的存在会影响学生对新概念的正确理解,从而造成学生学习困难。[4]

中学生走进课堂时,他们的头脑中就已经充满了对化学现象的各种认识,形成了

---

[1] 李雷.中学化学学习困难原因浅析[J].川北教育学院学报(自然科学版),1995(4)
[2] 王后雄.化学教学诊断学[M].华中师范大学出版社,2002
[3] 毕华林,元丽英.化学教育新视角[M].山东教育出版社,2004
[4] Mary B.Nakhleh.My Students don't Learn Chemistry?.Journal of Chemical Education,1992(3)

许多迷思概念。概括起来,学生头脑中的化学迷思概念主要来源于以下几个方面。

①生活经验。学生在日常生活中,通过直接观察和感知从大量的自然现象中获得了不少化学方面的感性知识,例如对燃烧、溶解、金属生锈等一些宏观自然现象的观察以及对物质结构、物质的粒子性等微观世界的认识中获得了大量的感觉印象。

②日常语言。这是迷思概念的另一个主要来源。例如"催化"这个词容易使人认为只是加快反应速度,而导致对"催化剂"概念的片面理解;"绿色化学""白色污染"容易使学生认为是"绿色的化学""白色塑料的污染",难以理解其真正的含义。

③社会环境。在与他人的交流中,学生会接触到大量的科学知识或经验,大众媒体也会给学生提供广泛的信息资料。尽管从科学观点来看,这些知识并不总是正确的,但这些来源可能比学校科学教学有更大的影响力。例如某媒体曾这样报道:"一种名为分析纯的化学试剂",文中不仅把表示物质纯度的等级术语"分析纯"看作是一种化学物质,还介绍说"分析纯是一种易燃易爆的化学物质"。这样的信息就使学生形成错误的化学概念。

④教师和教学。研究表明,教师拥有大量的自然科学领域中的迷思概念,当教师的迷思概念和学生的知识经验相互作用时,学生理解科学概念就变得更加困难。在教学中,有时由于教师的教学语言不够严谨或者教材提供的实例不够全面,也常常导致新的迷思概念或强化学生原有的迷思概念。例如:初中化学将氧化反应定义为"物质跟氧发生的化学反应",但由于教材中提供的实例仅限于物质跟氧气的反应,学生往往把"氧"理解为"氧气",导致学生概念理解不全面。另外,在学校教学中各学科内容之间缺乏协调,对同一问题说法不一,也会导致学生的迷思概念。例如,学生在初二物理课本上接受的概念是"物质都是由分子组成的",这就给初三化学"物质是由分子、原子、离子组成的"的学习造成困难。

⑤不当的类比。类比是推理的一种重要方式,是人们认识新事物或做出新发现的重要思维方式。学生在学习一些化学概念时运用类比思维可以得到很大帮助,例如可以借助物理学中的"速率"的概念来类比理解化学中"反应速率"的含义。但若不恰当地用其他概念来类比推理一些化学概念时,会导致错误的结论,不仅不会引导学生顺利实现化学概念的理解,有时会造成更大的理解困难。比如学生在理解"化学平衡"时会把这一概念与力学中的"受力平衡"进行类比,认为所谓化学平衡就是指反应物和生成物的物质的量浓度都相等的状态。

正是由于化学学习中迷思概念来源广,导致学生对很多化学概念难以把握或错误理解,造成化学难学。

二、中学生化学学习困难的诊断方法

化学学习困难诊断是灵活运用各种"望、闻、问、切"诊断方法进行综合分析的过

程,是一个贯穿教学的动态过程。教师的诊断能力是在长期教学实践基础上形成的,在方法运用次序、运用环境设置、综合归因分析上都体现了其诊断能力水平。

(1)作业诊断。这是教师诊断化学学习困难学生(以下简称化学学困生)指征的最主要方法。要通过习题训练了解学生知识、技能和能力状况,寻找学习障碍的原因。习题的设计应体现层次性和诊断性,而且让学生根据自己的能力和兴趣自主地选择习题内容及数量,将作业的选择权交给学生,从而实现作业的弹性化。帮助学生分析错误的原因,使其掌握正确的方法。

例 7-13 "硫的转化"练习题。

通过本节内容的学习,你对硫元素家庭有了哪些认识?硫单质、二氧化硫、硫酸都是硫元素的核心成员,它们之间可以相互转化。

(1)表示它们之间的转化关系,写出主要反应的化学方程式。

$$S \quad SO_2 \quad SO_3 \quad H_2SO_4$$

(2)用简洁的语言描述它们的主要性质和用途。

(3)除它们之外,对于硫元素家庭的成员,你还知道哪些?列举3例。

(2)成绩诊断。考试本身就是对能力与知识的诊断,试卷本身就具有诊断问卷的性质。将化学单科考试成绩处于后三分之一的学生列为诊断对象,尤其要把连续三次成绩均在后三分之一的学生列为重点对象。不但要依据诊断对象试卷来做题型类别的结构指征诊断,而且要参考多科成绩做其他指征诊断。

(3)兴趣诊断。"兴趣和动机是推动学生自主学习的内在因素",可以通过化学兴趣实验活动、化学知识竞赛活动的自主报名情况、精力投入情况来进行诊断。主要诊断哪些学生对化学学习只是任务性学习而非追求性学习,诊断哪些学生对化学缺乏学习动力,哪些学生虽具有动力却存在结构、方法方面的问题。

(4)观察诊断。观察诊断是教师在不引起诊断对象注意的情况下,在一段时间内对其相关指征进行有意观察。主要对其意志力(注意力)指征表现、情绪指征表现、学风指征表现等进行观察。

(5)问卷诊断。这是教师对所任课班级普遍进行的一种指征诊断材料收集的方法。其关键在于,问卷设计要科学而有针对性,问题要设计巧妙和目的要隐蔽,防止"傻瓜式"设问。问卷结束后,不需要给学生讲解问卷设计与目的,以保证可在多班级和多年级连续使用。

(6)访谈诊断。这是指教师通过对诊断对象家访、对其亲近同学进行访谈来进行相关指征考察。这种方法要在鼓励性情境创设条件下进行,要在对提问进行隐蔽设计后实施。

(7)面谈诊断。主要是针对"化学学困生"诊断对象进行,通过当面直接交流,获取相关指征材料。在面谈前,教师通过其他诊断方法已经有较为充分的准备,要准备面谈提纲。可分为正式面谈和非正式面谈,具体形式可依据学生特点而定,但教师需以不伤学生自尊和保守秘密为前提,要让学生在感受到关心和帮助的情境下进行。

(8) 特长诊断。这是指教师对"化学学困生"诊断对象进行了解,以掌握其化学学习中最佳表现和优势指征。这些"化学学困生"的化学特长指征,将在面谈诊断、访谈诊断以及实施个别纠正时作鼓励工具使用。

(9) 提问诊断。包括教师所做的个别针对性提问、群体竞答式提问、思维连续追问,也包括学生求助式提问,不同的提问方式所采集的诊断指征不同,但提问应该要具有明确的针对性,更要注意隐蔽设计和尊重原则,通过对学生提问分析,可以诊断其认识结构所存在的具体缺陷。

三、化学学科学习困难的诊断与补救案例

学生的化学学习困难问题如果不能得到及时有效的干预,会加重其学业负担和心理压力,不利于其全面发展。针对化学学困生的心理特征,主要可从心理特征加强教育和加强心理辅导与治疗两个方面进行干预。从学科的角度可以从以下几方面进行补救。

1. 实现由迷思概念向科学概念的转化[①]

在学习化学之前,学生的头脑中并非一片空白,而是已经存在着各种各样的"迷思概念",也就是说,他已经具备一种原始的认知结构。在学习化学时,他是以这种原始的认知结构来构建他对新知识的理解的。当新知识与原有构想相符时,他会很容易地理解并接受,纳入认知结构,顺利完成认知结构的同化过程。当新知识与原有构想矛盾时,则必须经过认知结构的顺应才能接纳新知识,而实现顺应是有条件的,也是相当困难的。如果不能察觉学生的这种困难处境,采取有效的方法促成其认知结构的顺应,而只是按教师自己的思路或知识逻辑进行灌输式的教学,学生会感到困惑且无所适从,或只能发生机械学习,从而导致"两层皮"的学习结果。

要使学生放弃他曾深信不疑的观念,接受一种全新的观念,将是一个困难的过程,有时甚至会出现反复。教师可以按下述三个步骤来帮助学生实现观念的彻底转变。

第一步,诱导学生暴露其原有的概念框架,包括结论、例证、推论等,并在适当的时候提出矛盾,给予其原有的错误的理论框架沉重的一击。使学生暴露观点的方法很多,例如,可以用师生谈话法,预测—实验—解释法,也可用精心设计的诊断性题目,事先了解学生原有的概念框架。要运用延迟评价的原则,即待学生的所有观点都充分暴露后,再提出矛盾,以免暴露不完全,解决不彻底。

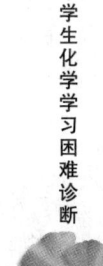

---

① 严惠芬.化学学困生的心理特征及教育对策研究[D].华中师范大学.2008:39—43

第二步,组织讨论,乃至争论,揭露原有的概念框架的不合理性,从而使学生自愿放弃旧的观念。这种变化绝非轻而易举的,只有在学生意识到以下几种情况时,才能放弃原概念框架。

(1)遇到新的问题,原有的概念框架无法解释,无力解决。

(2)过去认为很重要的某些知识,现在看来,在解释某些现象时,已不再是必要的了,或者说,原来的概念框架并不是某些现象的最终原因,可能有更根本、更深刻的概念来取代之。

(3)发现原来的概念框架在某些方面违背了常理或已被公认的原理。

(4)从原概念框架推出的结论是荒谬的,无法接受。

(5)原概念框架与其他有关领域的知识相冲突。

第三步,引导学生接受(或尝试建立)新的概念框架。这种新的概念框架必须具备以下优越性,学生才可能接受。

(1)能够成功地解释原概念框架无法解释的现象或问题而不带来新的矛盾。

(2)新概念框架比原概念框架包含了更本质的内容。

(3)新概念框架及其推论是合理的,可以接受的。

(4)新概念框架与认知结构中的其他知识没有冲突。

上述三个步骤是紧密联系的,不能截然分开。对某些概念的转化,不一定需要如此复杂的程序,但要体现概念教学过程的精神。下面以高二"化学反应速率"为例,谈谈运用上述方法进行教学的问题。

例 7-14 "化学反应速率"概念转变的教学方法。

在化学平衡、化学反应速率的体系中,化学反应速率是最基本的化学概念,对"反应速率"的概念有一个比较清晰的认识,对于学生建构整个化学平衡体系具有十分重要的意义。

在学习"化学反应速率"前,学生已经学习了化学中的宏观物体运动的速率,并且刚刚从日常生活中的速度(矢量)转变为速率(标量),在学生头脑中往往已有了关于"位移""距离""时间""加速度"等概念的存在,这就是所谓的"速度"的概念存于意识中的图式。当教师引入"化学反应速率"的概念时,首先必须非常清楚地认识到学生头脑中这些原有的认知与知识对学习新知识的影响;其次,通过对比实验,直观地(反应过程中溶液颜色的变化等)展现化学反应过程是有慢有快,然后可以借用现代多媒体技术,制作、模拟微观粒子在化学反应过程的微观过程(碰撞原理),这时的微观粒子的运动参数(速率、位移等)将被原有宏观的图式同化。最后可以通过学生再一次把自己的原概念(宏观的速率)与新概念(化学反应速率)对照比较,让他们发表看法,相互讨论。这样经过多次的"通达",就从原有的"速率"过渡到"化学反应速率",形成了正确的"化学反应速率"的概念。

【评析与拓展】迷思概念的存在,对于学生建构自身的知识结构,形成正确、科学的概念所造成的负面作用不可忽视。因此在日常教学中,教师应该有意识地规避和减少迷思概念,发现学生头脑中那些不全面的,甚至是错误的概念,采用适当的教学策略更好地帮助学生将这些错误概念转变为科学概念,促进学生正确理解知识,减少学生的学习困难,可以从以下几个方面入手。

(1)突出概念本质属性,促进概念理解。

化学概念和知识来源于客观现象和事实,是对化学本质特征或共同属性的正确反映。概念中的关键字词规定着概念的内涵及使用范围。学生只有把关键词语的真实含义弄清楚了,才会对所学概念有深刻的理解。例如在学习"电解质"概念时,"水溶液""熔化状态""能导电"和"化合物"等关键字词,即可勾勒出电解质概念的特征信息,学生通过辨别、提取和概括,即可将"能导电的单质(如金属单质)""溶于水形成另一种化合物溶液的物质(如 SO_2、CO_2、Cl_2 等)"之类的干扰因素排除在外。剖析概念中关键词语的真实含义、突出概念的本质属性有助于学生理解概念的内涵和外延,有效避免迷思概念的产生,及时消除学生已有的或新生的迷思概念。

(2)注重概念之间的联系,避免模糊概念。

化学概念不是孤立的,总是处于与其他概念的相互联系中。弄清概念间的关系,对于学生更深刻地把握概念的内涵与外延、辨析概念间的区别与联系、避免模糊概念尤为重要。在教学中注重概念之间的联系,使学生在知识的相互联系和区别中获取正确信息,培养学生编织概念网络的能力,使概念间的相互联系形成多点交叉的网络结构,有助于学生发散思维的形成和建构自身知识体系。

(3)充分利用学生已有知识,帮助学生建构新知识。

建构主义学习观认为:学生基于自身与世界相互作用的独特经验去建构自身的知识并赋予经验以意义。经过"同化—顺应—同化—顺应……"的循环往复,他们的认知水平不断得到提高。新信息被同化是在旧有知识的基础上进行的,是量变的过程。充分利用学生已有知识在同化的量变积累上获得顺应的质变,有效避免迷思概念。

(4)合理利用教育技术,使概念的呈现更直观。

在化学教学中,化学研究对象从宏观到微观,许多内容相对比较抽象,学生在理解上有些困难是难免的。当教学手段从板画、板书、挂图发展到多媒体应用后,学生真正在课堂上看到了"化学",原来肉眼看不见的化学现象也能通过多媒体得以展示。这些教学手段的应用,可避免、减少迷思概念。

2.依据认知规律组织化学知识

认知结构是指个体全部知识(或观念)的内容和组织,或是在某一特定领域内知识

(或观念)的内容和组织。学生认知结构则包括学生现有知识的数量、清晰度和组织方式,由个体能回想出的事实、概念、命题、理论等组成。学生学习是从单个知识点的学习到知识的不断积累、到知识点的组合、再到学科不同层面的联系,学生在一定条件下将学科知识结构内化为自己的认知结构。因此,认知结构是个人化的,是个体将学科知识结构在头脑中内化和重组后形成的。个体对学科知识内化、重组和掌握程度的不同,其认知结构就会有很大不同。

化学教学中教师要有意识地加强有关联知识间的联系,注意化学知识的纵向发展,并在存在交叉和渗透的知识处建立横向联系,使知识以一种有效的方式组织起来,帮助学生形成合理的认知结构。知识的组织方式与学生的认知方式一致,可以减轻学生的认知负担,促使学生从对知识的机械接受转换为意义理解。在化学教学中,将培养思路教学作为知识体系教学的前提,把知识的处理方式展现给学生,按照渐进分化、综合贯通的原则在信息加工的基础上组织结构性的知识,有利于学生对知识建构形成脉络化和规律性的认识,有效地塑造良好的认知结构。

3.教学内容的组织突出三重表征的主导作用

教学内容的组织与呈现,是指教学内容以什么样的思路和方式呈现给学生,以怎样的方式将不同的内容结合在一起。它直接影响到学生学习时的思维过程,进而影响到学生对知识内容的理解和学习。围绕一个知识点,从宏观、微观、符号等多个角度予以描述,将这些不同角度之间的内在联系揭示出来,可以让学生更好、更快地形成三重表征思维方式,最大限度地发挥三重表征思维方式的价值。因此,在教学中应依据学生的心理发展水平,尽可能地引导学生从宏观、微观、符号三者相结合的视角认识物质,突出三重表征的主导作用。

例 7-15 在讲"质量守恒定律"时,学生通过探究能比较容易地得出质量守恒定律的内容,学生此时会自己产生一个比做出假设时更深层的一个"为什么"的问题,这时教师可提出以下阶梯性的问题:①化学反应的本质是什么?②化学反应过程中原子的种类是否变化?③原子的数量有无变化?④原子本质是否改变?学生经过长期熏陶,就会逐渐地把事物的宏观现象和物质的微观结构联系起来,认识到宏观上表现出的性质,原来是看不见的粒子在微观状态下集体行为的表现,从而不再对物质表现出的性质感到不解和神秘,知道这是物质内部特征结构的外部表现,并体会到用符号表示纷繁的化学现象的简便和妙处。

化学实验的鲜明特点就是通过物质的宏观现象来揭示物质的组成、结构、性质以及化学反应中内在变化的微观本质。因此,实验对于学生三重表征思维方式的培养具有其他教学形式和途径无法比拟的优势。

思考题

1. 结合一节具体化学教学内容，试着设计一个学习评价方案，并拟定评价内容。想一想，你所制订的测试内容能全面地考查教学目标要求的知识内容吗？学生所有的学习情况在检测中是否得到了反馈？你认为对三个维度的教学目标分别可采用哪些评价方法，请结合具体内容谈谈你的理解。

2. 如果某一节课你是采用以学生自主学习为主的教学方式，想一想，如何设计教学评价活动？

3. 有的教师认为"在复习课上，通过师生交流已经能够得到学生学习效果的基本情况，不需要再进行其他的教学评价活动了"。你怎么看待这一观点？

实践探索

实验教学是中学化学教学中比较重要的环节之一，但若构建一个全面的、完整的实验评价指标体系，各方面都要评价到，势必会增加教师和学生的负担，而且可能会影响评价的时效。想一想，如何利用学生手中的实验报告优化实验评价？

拓展延伸

新课程关注学生的全面发展，既要体现目标的基础性，也要体现提高性和体验性。课堂教学就是把知识技能、情感体验、创新能力和价值观培养结合起来。想一想，根据以学生发展为本原则、知识与能力相结合原则、全面考核原则和全体性与个别差异性相结合的评价基本原则，如何根据设计的教学目标来设计学习评价活动，尤其是根据三维的教学目标来更有针对性地设计学生化学学习评价？

第八章 化学教学设计的评价

本章导学

本章主要介绍化学教学设计评价的基本要素、功能和评价方式及评价量表的设计,最后进行化学教学设计的评价案例分析。

学习目标

1. 理解教学设计评价的含义和基本构成要素,知道化学教学设计评价的意义。

2. 熟悉化学教学设计的评价流程,能结合具体的教学设计进行评价。

3. 会根据需要设计教学设计评价量表。

中学化学教学设计为化学课堂教学提供了一套较为详细的行为规范和具体的操作方案,使教学做到有章可循。那么,怎样才能评价一个化学教学设计的质量呢?①在对教学设计进行评价时,需要依据课程标准认真思考以下问题:①预设的教学目标能达到吗?多大程度上能实现?②教学设计的主线是什么?合理吗?③是依据什么原则来选择、确定教学内容和教学素材的?是否恰当?④怎样组织和实施化学实验?探究的还是验证的?这样处理好不好?有助于学生的思维能力的培养吗?处理好实验知识、技能学习和开展探究活动的关系了吗?能否更好地发挥实验教学的教育功能?⑤采取了哪些策略?能有效帮助学生提高学习化学的兴趣,改变学习方式,高效、高质量地达到学习目标吗?

第一节　化学教学设计的评价概述

一、化学教学设计评价的概念

评价作为一种认识活动渗透于人类生活的各个方面。人们时时都在对自然、社会、教育、他人以及自己周围的一切进行评价。评价是教学设计的重要组成部分,同时更是教学设计发展的保障。

教学设计评价不同于学习评价和教学评价。教学设计评价主要是对教学设计的结构、操作和效果的评价,目的在于发现教学设计中存在的问题,完善教学设计。教学设计评价具有促进教学设计的优化、促进后续设计的完善和加快教师专业成长的功能。教师在教学过程中往往忽略自己在教学设计中不科学、不符合逻辑的一些设计。同时,教学设计本身就是一个发展过程,教学设计和各种不可预测的因素自然会影响教学设计的科学性。与其他评价一样,教学设计评价的目的"不在于证明,而在于改进",教学设计的评价也因此更多地应该指向未来,而不是指向过去,这是具有发展性的评价理念。②

一般来说,一个好的化学教学设计整体上需要做到以下几点:③

1.能帮助学生在学习过程中获得快乐的体验

教师在教学设计中应努力帮助学生获得学习的快乐,为他们设计与其个性特征相适应的学习任务、学习环境和学习活动。可以精选与社会生活和学生经验密切联系的内容,增加所学内容的实用性,尽量多设计学生乐于参与的学习活动,增强这些活动的

---

① 汪国华,汪洁萍.实践解读教学设计的评价[M].现代教育科学.2006年第5期:47—48
② 崔卫红.新课程背景下以教师发展为目的的教学设计评价体系之构建[J].科教导刊.2011(2)上:123
③ 王磊.化学教学研究与案例[M].高等教育出版社,2006:32—39

实践性和趣味性,在科学内容中渗透人文精神的启迪与熏陶。

案例 8-1

高中化学学习中,抽象的物质的量相关知识及计算、繁多的元素化合物知识的记忆、琐碎的实验操作程序与注意事项、易错的离子方程式书写、过于复杂的化学计算和实验设计等,都会使学生的学习兴趣逐渐消失。例如,一些学生对化学用语的学习感到困难,从元素符号开始,到化学式、化学方程式;再到高中的化学计量单位(摩尔)、离子方程式的书写、氧化还原方程式书写,困难不断加重。怎样使他们在化学用语学习中体验到这些化学学习工具内涵的丰富、使用的便捷、运用成功给学习带来的种种好处,是极其重要的。教师在教学设计时,要选用简洁的表达,让学生觉得好懂、容易用,在使用中消除惧怕心理。在愉快、成功的教学氛围中使用技能,使学生感到成功使用化学用语不仅必要而且并不困难,而后在适当的时机逐步加深理解、提高要求,使学生知其所以然。反之,学习伊始,就大讲这些用语对学习化学的重要性,强调学习的困难,指出它是学习化学的分化点,引起学生对学习成功的忧虑,在还没有建立初步的概念时就要求知道这些用语的来龙去脉,增加学习的困难,是没有好处的。

2. 能引导学生获得全面的、结构化的化学知识

传统的中学化学教学设计,重视陈述性知识(化学概念的含义、物质的性质变化、制备或合成的描述性知识和一般规律,重视帮助学生掌握"是什么""为什么",知其然,知其所以然。但往往忽视程序性知识、策略性知识的学习,没有注意帮助学生了解"怎样做",了解知识发现的心智活动过程(或知识的产生过程)。新课程强调"过程与方法",要求学生了解知识的产生过程,学习如何发现问题、解决问题,体验探究过程、提高探究能力。因此教学设计必须要考虑这一问题。结构化的知识容易理解,易于掌握。通常,教材都设计了比较严谨的逻辑体系,教学设计中应把握好并体现这种结构体系。为了帮助学生学习到完整的化学知识,教师在教学设计中应整体分析并把握全书、全单元的学习目标和知识结构,统领全局,抓住关键性问题、融会贯通,而后整体安排、设计教学活动。

案例 8-2

高中化学新课程在必修模块有关化学反应的内容,包括下述内容:

(1)什么是化学反应?

联系生产、生活、自然界的化学现象,感悟化学反应的特征、现象,了解化学反应的本质、类型,反应中的量变、质变与能量变化,学习化学反应的描述方法,了解化学反应在生产生活中的意义。

(2)为什么物质能发生化学反应?

理解物质的本质是运动的,知道化学反应的核外电子运动(电子转移与得失)、离子交换,了解外界条件对物质存在状态、物质间的相互转化、反应的影响。

(3)怎样引发、控制、利用化学反应？

了解反应条件及其控制、反应速率及其控制、反应程度及其控制，了解化学反应的利用——获得新物质、实现能量转化、合理利用和保护自然资源、保护环境、维护生态平衡。

(4)怎样学习、研究化学反应？

知道学习化学反应的方法，学习观察和实验的方法，学习反应规律的探究，了解分析、归纳、逻辑推理、数学方法，了解定性、定量研究方法。

与原化学教学大纲的学习要求对比，新课程增加了"怎样引起、控制、利用化学反应？""怎样学习、研究化学反应？"的内容。

3.指导学生学会学习

进行教学设计时，在充分吸收各种学习理论和教学理论的合理成分的基础上，采用多种学习和教学方式相结合的形式，灵活、机智地把教学引向深入，让学生学会学习。

4.采取不同的策略引导学生自主学习

如：问题探索，用归纳分析与逻辑推理的方法，通过指向明确的观察和实验活动获得物质和变化的规律性的认识。

案例8-3

在必修模块，学习化学反应中的能量转化，可以灵活地应用各种学习方式，将教学方式和学习方式有机结合起来。

(1)阅读与讨论：阅读有关人类利用太阳能的资料；分析实际生活中的能量转化方式(屋顶上的太阳能热水器、干电池点亮小灯泡、用铝热剂焊接钢轨、闪电时产生少量氮氧化合物、煤气炉的火焰、X射线使底片感光)；列举能量转化实例。

(2)学生活动：自制化学暖袋。

(3)交流讨论：了解家庭或社区生活用的燃料种类；调查燃烧状况，特别注意燃料燃烧是否完全，有没有环境污染物排放；请教专家或查阅资料，交流讨论解决化石燃料燃烧中存在的问题的对策。

(4)阅读与讲解：知识介绍——将煤转化为洁净的燃料。

(5)学生交流讨论(辅以教师讲解)：分析化学反应中的能量转化，认识放热反应、吸热反应、热化学方程式、热效应计算。

(6)阅读：知识介绍——认识燃烧热与中和热。

(7)探究活动：原电池反应实验——将一块锌片和一块铜片分别插入盛有稀硫酸的烧杯里，观察实验现象；将一块锌片和一块铜片同时插入盛有稀硫酸的烧杯里，观察实验现象；用导线将锌片和铜片连接起来，观察实验现象；在导线中间连接一个灵敏电

流计,观察实验现象;填写实验现象、结论;分析原电池反应原理;制作简易电池,测试是否能产生电流。

(8)交流讨论:结合生活经验说明在日常生活中使用的化学电源。

(9)活动与探究:在教师的指导下完成燃料电池制作和简易铅蓄电池的制作实验。

(10)阅读与教师简要介绍:浏览常见化学电源的组成和反应原理图表。

5.设计以学生为主体的学习活动

学习活动可以采用探究、交流讨论、实验、口头或书面练习、游戏等方式。同时,要注意给学生足够的交流讨论时间和空间,鼓励学生敢于发表自己的见解,又养成虚心倾听别人的意见的良好习惯。灵活运用多种学习方式能提高学习的效果。

案例 8-4

学习氮气的物理、化学性质,是较为简单的课题,可以采用学生自主学习的方式完成。但是研究表明,学习效果不理想,"看了就懂,学过就忘,遇到应用更糊涂"。原因之一是学生没有在学习过程中提出问题,没有在学习中思考、解决问题,也没有对所学习的内容进行必要的分析、归纳和整理。在教师没有给予学习指导的情况下,以"读"代"学"。在进行教学设计时,如分析后觉得可以采用自主学习的方式,教师应首先简要讲解,提出需要思考的问题,分组进行研究、探讨,将自主学习、探究学习、协作学习结合起来,则效果大不相同。

(1)用烧杯盛装一杯液态空气,在室温下它剧烈沸腾、汽化。在下述时间用一根燃着的木条靠近杯口,发生什么现象?①液态空气汽化不久;②液态空气汽化余下 1/3;③液态空气汽化余下 1/5。若在液态空气汽化余下不足 1/5 时将带有余烬的木条放在杯口,能观察到什么现象?你是怎样对上述问题做出判断的?

(2)空气中氮气约占总体积的 78%,而氮气在空气中的质量分数是 75%,这两个数据之间存在怎样的换算关系?

(3)用人工方法将氮气转化为氮的氧化物,再转化为硝酸,有两条反应途径,用化学方程式表示这两条反应途径。为什么工业上制造硝酸,应用的是氨氧化制氮氧化合物的反应途径?

(4)氮是非金属性较强的元素,它的气态氢化物——氨也较为稳定。可是要人工合成氨,却需要较高的反应条件,这是为什么?

二、化学教学设计评价的基本要素

1.教学设计的理念

教学设计的理念即教学设计过程中的设计及活动设计所反映出的教学理念是否

具有时代适应性,是否符合教学目标的要求,是否符合学生的需求。因此,教学设计理念是否先进往往就成了评价教学设计理念的一般标准。

2.教学目标

任何一个化学教学设计都必须具备清晰的教学目标,教学目标制约着教学设计的方向。对教学活动起着指导作用。通过教学目标的评价,可以保证教学活动的有效开展。化学课堂教学目标包括三个方面:一是教学目标设计是否合理、是否切合学生实际;二是教学目标表述是否明确、具体;三是教学目标与教学活动是否一致。

3.教学过程

对教学过程的评价主要侧重四点:一是是否注重德育和化学价值观的渗透。这是促使学生全面发展的重要组成部分,教师在课堂教学中应贯穿始终。二是是否正确理解了化学教材。教学内容系统、科学、准确,教师对化学教材内容应该了如指掌,明确教材中知识的来龙去脉,掌握本节课教材在全章节的地位与作用,对知识结构、知识之间的关系能理顺并融会贯通。教学内容正确,无知识性错误,与课标和教材内容相符合。三是教学内容是否注意理论联系实际。化学科学具有时代性,需要化学教师及时掌握最新的知识,紧密联系实际,并在教学中得以充分体现。四是是否突出了教学重点,突破了难点,抓住了关键。教学中不能"眉毛、胡子一把抓",一节好课应该做到主次分明、重点突出、难点化易。

4.教学活动

教学活动的评价主要是分析每个环节的教学活动是否能够促成教学目标,活动的操作方式是否得当,反馈方式是否合理。

5.教育技术的应用

化学教学设计必须充分利用教育技术,使之服务于教学设计。这里不是评价是否使用了现代教育技术,而是判断教育技术的使用是否得当,是否促进教学过程的运行和教学目标的实现。

6.教学结果

任何化学教学设计都指向有效教学,教学效果也自然是教学设计评价的主要内容之一。一个设计是否科学,判断的主要依据自然应该是教学目标的达成程度。一个好的教学设计应该能够有效地促进学生的学习。

三、化学教学设计评价的功能

1.促进当前教学设计的优化

教学设计是教学理论和实践之间的桥梁。也正因为现代教学设计体现了现代教学理论和教学实践之间的紧密结合,因此不再是教师随心所欲的一种过程,而是一种比较科学的逻辑过程。由于教师都是相信自己教得好,相信学生学得好,这是教师作为人类的一种天性,也正是因为这种天性,往往使教师对学生的进步做出过于乐观的估计,这使得教学设计过程中一些非科学的和非逻辑的过程被忽略。而教学设计的评价,特别是前测评价,由于考虑了各因素及相应的参考指标,比如说,教师在拟订一个教学设计后,回过头来看看理念上是不是先进、目标是不是清晰、内容是不是可靠、过程是不是合理等,将起到查漏补缺的功效,也有助于促进当前设计的优化。

2.帮助后继教学设计的完善

正如前面所说的那样,一旦在教学效果不太理想的情况下,教师就要合理地评价自己的教学设计了,虽然不理想的教学效果并不一定是教学设计所造成的。但此时,若教师发现教学设计确实存在一些不合理的地方,可及时地将对实际的课堂教学的反思记录在"反思与评价"栏里。这样及时的反思,会使后面的设计不会再犯同样的错误,有助于教学设计的改进与完善,特别是同一教学内容的后继设计将会受益匪浅。

3.加快化学教师的专业成长

教学设计评价的目的"不在于证明,而在于改进",教师在进行教学设计评价时,由于有基于课堂教学实践的自觉反思,评价有实实在在的教学行为作支撑,评价的结果不是空洞、乏力的,这样的评价会成为每位教师和教育研究者的宝贵资源。另外,通过对教学设计的评价,可以加快教师吸取现代课堂教学的新理念和新方法的速度,促进教师现代课堂教学设计自觉化行为的形成,最终促进教师的专业发展。

四、化学教学设计评价方式

化学教学设计的评价可以采用多种方式,按评价者的不同可以分为:自我评价、同伴评价和专家评价。按照开展的时间可分为:过程性评价和总结性评价。按照评价的内容可分为:设计评价和应用评价。

自我评价指教学过程中教师对自己的教学设计在设计前、设计中和设计后依据评价标准开展的评价。为了提高教学设计水平,教师必须树立终身学习的观念,要养成良好的研究习惯,注意收集教学设计过程中和教学实践过程中的各种信息和数据,借此评价自己的教学设计。专家评价指教学设计的有关专家对教学设计实施的评价。这里的专家泛指除同伴和自身以外的所有人员,如行政领导等。过程性评价指教师必须养成在日常教学中对自己设计的每一个教学设计进行评价的习惯,建立教学设计档案,或者是反思记录,只有这样才能不断完善和提高教学设计能力。

第二节 化学教学设计的评价过程

一、化学教学设计评价的原则

要保证化学教学设计评价本身的效度和信度,在评价教学设计时必须遵循以下原则。

(1)目标取向原则。教学设计评价首先考虑的是教学设计目标是否达成,如果不能达成,判断其影响因素是教学设计本身,还是其他未知因素。

(2)学生主体原则。教学的目标在于促进学生的发展,而要促进学生的发展就必须满足学生的需求。学生主体原则在于活动是否能够满足学生不同学习风格、不同认知水平和不同多元智能倾向的要求,学生在学习过程中是处于主动建构的地位,还是处于被动接受的位置。

(3)学习本位原则。所谓学习本位不等于采用同伴活动或小组活动,要实现学习本位就必须遵循学习规律和认知规律,在实践教学过程中尽可能使过程设计符合最近发展区的要求,在设计活动时注意控制与开放的协调,输入与输出的协调。只有当教学设计为学生提供了应有的参与机会,学习才能发生。

(4)教育技术辅助原则。所谓教育技术辅助是指教学设计中教育技术的作用只是支撑教学活动的开展和教学目标的达成,教育技术的应用必须服务于教学。如果教育技术不能促进教学,不能促成教学目标,而应该视为无效技术或者阻碍技术。

(5)教学设计评价标准。在确定了教学设计评价内容之后,就可以构建评价标准。评价标准的构成必须经历几个过程。首先是根据教学设计的具体内容列出评价项目表,然后请专家和一线教师进行评价,看哪些是评价必须考虑的因素,应该如何赋值。在调查的基础上对每个项目进行定量分析,最后确定评价量表。

二、教学设计评价的程序

教学设计评价的实施一般要经过以下六个步骤。

(1)确定评价的目的与内容。

(2)制订评价计划,选择评价标准。

(3)选择评价的工具,如量表评价、问卷、座谈、听课、研讨等,因为要评价教学设计的实际效果必须通过课堂教学的实践才能判断。

(4)对教学设计的应用,应用获取有关教学设计具体操作的因素,有关教学目标达成情况的数据。

(5)归纳分析所收集的各种性质的材料和量化材料。

(6)形成评价报告。

三、教学设计评价量表的确定

要准确地、科学地、真实地反映教学设计的质量,需要确定科学的、可靠的、易于操作的评价标准,评价标准主要由评价指标体系和各项指标的权重组成。

(一)教学设计评价指标体系

根据中学化学课程标准和基础教育改革的精神,中学化学教学设计评价的指标体系应该包括如下指标。

1.教学目标

是否根据课程标准所确立的三维目标,结合每节课具体的教学内容和学生的具体特点,科学地、准确地制订每节课的具体教学目标。所确定的教学目标是否全面、明确、具体,并具有较高的可操作性,是否注重了学生在过程与方法、情感态度与价值观等方面的收获与发展。如表 8-1 所示。

表 8-1　教学活动成分与学生能力对应表

教学活动成分	学生应达到的能力	
	行为目标	教学目标的阐述
记忆事实	能回忆出事实	能写出、能描绘、能指定、能选择有关事实。
记忆概念	能陈述定义	能写出、能描述有关概念的定义。
记忆过程	能陈述步骤	能画出流程图,能列出过程的步骤,能对步骤排序。
记忆原理	能说明关系	能用文字描述或用图表、曲线表示有关原理中事实之间的关系。
运用概念	能分析概念	能区别概念的本质属性与非本质属性。
运用过程	能演示过程	能实际操作、演示该过程(包括测量、计算、绘图等)。
运用原理	能运用原理	能把所学原理应用于新情境,并能预测和解释所得出的结果。
发现概念	能发现概念的关系	能对概念分类并发现概念之间的各种关系(如上下、类属及并列等关系)。
发现过程	能设计新过程	能设计、分析并验证新过程。
发现原理	能发现事物的性质规律	能通过分析、实验、观察等发现事实间的内在联系及性质。

2.教学内容

能否全面把握教学内容,协调好知识、能力、情感态度与价值观等方面教学内容。教学重点是否突出,是否能较好地突破重难点,是否能恰当地反映化学科学的新知识、新技术,是否能结合学生的实际和周围环境有效地组织利用好各种课程资源。

3.教学过程

教学结构是否优化,是否为学生的自主学习创设了良好而有效的环境。课堂教学程序中各个环节及时间分配是否合理,是否突出了学生的主体作用和教师的主导作用,是否能有效组织学生的自主学习、合作学习和探究学习,是否能有效地进行师生交流、互动,教学节奏顺畅、组织严密,教学密度适中等。

4.教学方法与策略

能否根据前期教材分析和学情分析正确灵活地选择和使用各种教学方法,教学方法是否具有较强的启发性;是否能够有效地指导学生的自主学习、探究学习和合作学习;教学手段的选择和使用是否正确、合理、有效,能否有效使用现代化教学手段;能否对不同的学生,提出不同的教学要求,采用不同的方法,实现因材施教;在教学的设计和组织上是否有所创新。

5.教学效果

是否能实现预期的教学目标?

(二)教学设计评价指标的权重

在对教学设计的质量进行量化评价时需要确定评价指标的权重。权重是指各项指标按其重要程度在评价总分中所占的比重,为了正确、客观、公正、真实地反映设计的情况,各项指标权重是否合理非常重要。一般确定权重的方法有五种:专家意见平均法、特尔斐法(又称专家咨询法)、秩和运算法、模糊统计法和层级分析法。

1.教学设计评价量表

由评价指标和相应权重组成的表格称作评价量表(如表8-2)。教学设计的评价需要考虑教学目标、教学内容、教学过程等方面。

表 8-2　教学设计评价量表

一级指标	二级指标	内容	权重(%)	备注
教学目标	教学目标的依据	符合课程标准，围绕教材，利用开发课程资源。		
	教学目标的设计质量	教学目标结合学生实际，叙写具体、明确，可达成可测、可评的课堂教学目标。		
教学内容	教材处理	熟练把握教学内容，教材处理正确灵活。		
	教学内容组织	科学、严谨、准确、逻辑性强；知识体系完整，条理清楚，层次分明，注意到了前后呼应和触类旁通。		
	非知识性内容的处理	注重科学过程和科学方法的教育，注重情感态度与价值观的教育。		
	联系实际	联系学生生活实际、社会生产的实际，解决学生头脑中的实际问题。		
	知识容量与重难点处理	容量适中，难易适度，较好突出重点，突破难点。		
教学过程	教学设计	适合于学生经验、兴趣、认知和其他能力发展的现状与需求，师生共同创设教学环境，为学生提供讨论、质疑、探究、合作、交流的机会，利用信息技术教育和课程资源，实施有效的教学行为。各环节充实，节奏紧凑，安排有序，时间分配合理；有创新点，反映了教师个人的见解和独特的思想；内容经过认真的选择，体现教学中的重点和难点。		
	调动学生学习主动性	善于启发，有效组织和指导自主性学习和合作学习；以学生为主体，有利于培养学生的创造能力；能提高学生的学习兴趣与学习自觉性。		
	注重探究学习、合作学习	善于组织探究学习、合作学习活动，切实指导学生合作与探究，能有效地同其他教学方法相结合。		
	教学目标的达成	以教学目标为主线，突出能力培养，注重基础知识的掌握，突出非知识目标的达成。		

续表

一级指标	二级指标	内容	权重(%)	备注
教学方法与策略	教学方法与策略	正确选择教学方法和教学策略,面向全体学生,因材施教,合理运用现代教学方法,突出学生的自主学习、探究学习、合作学习;能维持学生的注意和兴趣,能促进学生的理解和记忆;内容的表述符合科学规范、深入浅出;能为学生提供操作、练习、模拟、游戏等活动。		
	教学手段	熟练运用直观手段;熟练使用多媒体技术和网络技术进行教学;能自己设计制作多媒体课件和直观教具;提供丰富的信息和相关资料。		
教学效果	教学目标达成	能选择合理的测试方法,评价学生的学习效果。大多数学生在原有基础上获得知识、技能、情感态度的发展,特别是探索精神和创新能力的发展的教学效果和学习过程是否达到教学目标,及其达到目标的程度。		
	提问、练习和反馈	提问有启发性;练习和活动能引起学生的兴趣,激发学生的思考;提问、练习与活动有多种不同的层次,既有基础知识的教学,又能培养创造性和高层次的思维能力;及时提供测评、反馈、矫正。		
评价总分				
质性描述				

第三节 化学教学设计的评价案例分析

案例一：氧气

（徐海霞 内江师范学院）

一、背景分析

1.教材分析

本节内容分为氧气的物理性质、氧气的化学性质和氧气的用途三部分。

氧气作为一种气体对学生而言既熟悉又陌生，熟悉是由于在小学自然中有一定的认识，陌生是因为学生不能从化学的角度思考问题，所以教材把它作为深入学习物质性质及其变化规律的开篇，这样既紧贴生活又可以给学生一种真实感，使学生从已有的生活常识上升为理性认识。学生对本节内容的掌握程度直接影响对下一节"制备氧气"的理解。同时，通过学习本节内容，可以初步了解化学学习的方法，为以后探究氢气、二氧化碳等做好铺垫，所以本节内容在初中化学中具有非常重要的作用，是重要的入门课。

2.学情分析

化学对于九年级的学生而言是一门新学科，通过绪论的学习，学生大概了解了初中化学的研究对象、研究手段、研究范围，但对于如何学习还无从下手。学生对氧气的认识也只停留在可供呼吸，能使可燃物燃烧的感性认识阶段。

化学是一门以实验为基础的学科，学生在观察实验现象时，既不知道观察的重点在哪里，也不知如何描述实验现象。所以，教师的引导对学生养成良好的学习习惯、形成良好的学习方法将起到很大的作用。

二、教学目标设计

1.知识与技能

①了解氧气的物理性质、掌握氧气的化学性质，能准确描述氧气与碳、硫、铁的反应现象。②理解并会区分化合反应、氧化反应。③知道氧气的用途。

2.过程与方法

通过本节课，学生进一步增强观察现象、分析问题以及表达的能力，在探究其他物质时，能对现象观察、描述得更全面、更系统和更深入。

3.情感态度与价值观

①进一步形成实事求是的科学态度。②通过实验激发学生对化学的兴趣,从而使学生热爱化学、崇尚科学。

三、教学重难点

教学重点:氧气的化学性质;化合反应和氧化反应的概念,以及二者的联系与区别。

教学难点:学生对实验现象的准确描述。

四、教学方法

教法:演示实验法、启发式教学法、归纳总结法、多媒体辅助教学。

学法:自主探究的方法。

五、教学过程设计

1.氧气的物理性质

本节课通过猜谜语的形式引入课题。让学生先从谜语中找到相关信息并联系书本知识归纳氧气的物理性质,从而通过氧气密度大于空气密度这样一个事实来解释为什么气球中不充氧气,以激发学生的学习兴趣。

2.氧气的化学性质

通过提出问题"如何区别空气和氧气",让学生思考。因为,就物理性质而言是无法解决这个问题的,那么化学性质呢,能不能解决?这样,很自然地就由物理性质过渡到化学性质的讨论。

氧气的化学性质主要以实验探究的形式进行教学。在实验过程中注意引导学生观察现象。如:引导学生观察碳、硫、铁在空气和氧气中点燃后火焰颜色是否相同,是否闻到了什么气味等。并让学生根据自己的思考将所观察到的现象描述出来,必要时做适当引导、补充和修改,在教师的引导下正确书写出文字表达式,如此反复以突破难点,从而突出重点。

(1)氧气与木条的反应

根据以上的问题"如何区别空气和氧气",演示带火星的木条分别在空气和氧气中的反应。并在教师的指导下让学生描述实验现象,推出木条和氧气反应的文字表达式。以木条在空气中和在氧气中点燃后现象不同为依据,进行探究学习,解决以上的问题。这样的设计不仅让学生懂得本实验的内容,还会立即体验到学有所用的乐趣。

(2)氧气与硫的反应

实验前提醒学生将要演示的实验会产生一种带有刺激性气味的有毒气体。让学

生产生好奇心,从而集中精力观察硫在空气和氧气中点燃会有怎样的现象,又有什么区别。运用启发式教学,引导学生描述实验现象,并书写出文字表达式。通过对比硫在空气和氧气中燃烧现象的不同,让学生懂得"物质在空气中的燃烧反应,实际是物质与空气中的氧气反应"。

(3)氧气与铁反应

通过"铁为什么会生锈,铁锈是什么颜色的,以及铁会不会燃烧?"等一系列问题引发学生思考。学生可能会回答铁锈是红褐色的。那么,铁如果燃烧,它的产物是不是就像铁锈一样是红褐色的?从而激发学生的好奇心。在做演示实验前问学生"为什么要在集有氧气的瓶子中加水?"这时候提问主要在于让学生通过实验,以真实的感受去思考问题,以培养学生实事求是的科学作风。实验过程中引导学生观察现象并对现象进行描述,然后正确书写出文字表达式。通过实验联系实际,引导学生思考并讲解实验中为什么要在瓶中加水。

以铁在氧气中剧烈燃烧总结出"氧气可以支持燃烧,化学性质比较活泼"这一结论,接着揭晓铁生锈的原因。

以上内容主要以"质疑—实验观察—小组讨论—得出结论"的形式进行师生互动,使学生轻松、自然地总结出相关结论。演示实验教学、探究型学习对学生掌握氧气与碳、硫、铁反应的现象更直观、深刻,理解氧气化学性质更生动,且对于锻炼学生的观察能力、分析问题的能力以及表达能力很有帮助。

3.反应类型

学会"归纳总结"是提高学习效率的有效方法。对于反应类型的讲解,这里将用多媒体课件展示这几个反应的文字表达式,让学生观察它们都有什么共同点。在学生进行探究学习的过程中,如果答不出,我会作相应的提醒,从而归纳总结出化合反应、氧化反应的概念。以做题的方式巩固学生对这两个反应类型的掌握,对所出现的问题及时进行反馈。

4.氧气的用途

之前说过化学重在运用,那么有关它的用途将使学生深刻体会这一点。通过谜语和氧气的性质以及生活常识,归纳出氧气的用途,展示几张有关氧气用途的图片,以拓展学生视野。

5.课堂总结

课堂最后对本节课内容以"三个二"的形式进行总结。即两个实际问题的解决、两个结论的推出、两个反应类型的理解来贯穿本节所学内容,为学生课后复习提供一条线索。最后提出"如何得到氧气"这一问题让学生思考,来结束本节课,为下节课做好铺垫,培养学生自主学习能力。

六、板书设计

为了使整个教学内容重点突出、层次分明,让学生从整体上把握氧气的相关知识,有利于知识的结构化。本节课板书分为三版:第一、二版主要体现氧气的化学性质,尤其是碳、硫、铁在空气和氧气中燃烧现象的对比,可以给学生留下深刻印象。第三版主要是化合反应、氧化反应的概念,加深对概念的理解。

评析:

课程标准中对元素化合物知识的处理,突破了传统的物质中心模式,不再追求从结构、性质、存在、制法、用途等方面全面系统地研究物质,而是从学生已有的生活经验出发,引导学生学习身边的常见物质,将物质性质的学习融入有关的生活现象和社会问题的分析解决中,体现其社会应用价值,贯彻STS教育观点。常规物质性质的教学是去情境化的,直接介绍物质的性质,顺带介绍物质的用途。

案例一所提供的教学设计并不是开门见山地介绍氧气的性质,而是先通过猜谜语的形式引入课题,从生活经验出发,激起学生学习的兴趣。整节课注重引导学生如何利用所学的知识分析和解决生活中的实际问题。在目标设计上,从三个维度明确学生的学习目标,切合学生实际,重视学生的思维能力和科学探究能力的形成。

教学重点的确定上,教师考虑到了本节内容在中学化学学习中的地位。化学是研究物质性质及其变化规律等的学科,化学性质贯穿整个中学化学始终,而本节内容是初中学生接触化学的开始。关于氧气化学性质学习的程序、方法将为后续的学习提供一种模式,为学生自主学习打好基础。化合反应是学生在中学阶段学习的四大基本反应类型之一,而氧化反应与其具有一定的区别与联系,二者的正确区分将提高学生的辨别能力。因此作者将上述内容确定为本节的教学重点。

教学难点的确定上,教师考虑到了学生的具体情况。学生刚接触化学,对实验过程中所呈现出的现象,学生的回答很可能因人而异,可能会有较大差别,也可能不够科学,不够规范。所以在课堂中教师如何引导学生客观、准确地描述实验现象将是本节课的教学难点。

教学方法的确定和选择上,作者根据建构主义的学习理论,认为学习是学生主动建构新知识的过程,教师是学生学习活动的促进者、引导者。因此,在教学中采用了演示实验法、启发式教学法、归纳总结法进行教学,让学生积极地参与到课堂中来,主动思考、积极讨论。同时适当地使用多媒体辅助教学,使教学更具灵活性和直观性。在学法指导上主要通过老师的引导让学生自己观察、归纳、分析,采用自主探究的方法进行学习,参与生动活泼的化学实验,从中体会学习的兴趣。最后适当地进行练习,巩固学生对内容的理解。

拓展:

新课程要求将去情境的知识情境化,从生活到化学,从化学到社会,从自然界到实

验室,从实验室到实际应用的各种情境,为培养学生情感态度与价值观提供有效途径和载体。将元素化合物知识置于真实的情境中,强调化学在生产、生活和社会可持续发展中的重大作用,能够培养学生学以致用的意识和能力,养成关心社会的积极态度,增强社会责任感,发展学生的创新精神和实践能力,有利于开拓学生的视野,更加深刻地理解科学的价值、科学的局限以及科学与技术、社会的相互关系。

在教学中可以这样来设计教学情境:在火山喷发的实际情境中认识硫元素组成的家族成员;在雷电发生的模拟情境中认识氮气的主要化学性质;在模拟溶洞形成的实验情境中认识碳酸钙和碳酸氢钙之间的相互转化;在海水中提取溴和从海带中提取碘的任务中学习溴单质和碘单质的性质;从铝土矿中提取铝的生产背景下认识铝、氧化铝的性质;从硫及其化合物的"功"与"过"的视角学习硫单质、二氧化硫和三氧化硫及硫酸的性质;从石油化工和煤化工的产品引入乙烯和苯的性质及其在生活、生产中的应用;从饮食与健康的角度分析重要的烃的衍生物乙醇、乙酸、酯和油脂的性质及其相互转化;从生命及营养的角度介绍糖类、蛋白质的重要性质、在人体内转化及其在生活、生产中的应用;从日常生活(衣、食、住、行)中接触的日用品引入塑料、橡胶、纤维等高分子材料。

案例二:铁及其化合物[①]

【引言】在自然界中铁,绝大多数以化合态存在,铁的化合物非常多,你知道哪些?你对它们有多少认识?铁元素有哪些价态?

【总结】铁元素有三种价态:0、+2、+3。

【过渡】这些价态的铁元素之间如果发生相互转化,则会发生氧化还原反应。那么,从化合价的角度分析一下,这几种价态的铁元素应该具有什么性质呢?

【学生回答、总结】+3价铁元素:只具有氧化性。+2价铁元素:既具有氧化性,又具有还原性。0价铁元素:只具有还原性。

【过渡】通过上面的分析,我们预测了不同价态铁元素的性质,下面就以单质铁、氯化铁、氯化亚铁等具体物质来探究铁及其化合物的氧化性和还原性。那么,如何研究一种物质是否具有氧化性或还原性呢?

【启发、总结】如果你要预测某物质具有氧化性,可以寻找具有还原性的另一物质,通过实验证实两者能发生氧化还原反应,从而验证你的预测。相应地,如果你预测某物质具有还原性,可以寻找具有氧化性的另一物质,通过实验来检测你的预测。

【讲述】我们首先要做的是寻找氧化剂和还原剂,那么,常见的氧化剂和还原剂有哪些呢?

【学生活动】学生列举,教师总结。

[①] 王磊.化学教学研究与案例[J].高等教育出版社,2006:65

【投影】常见的氧化剂:氧气、氯气、硝酸、浓硫酸、高锰酸钾、氯化铁等。常见的还原剂:金属单质(钠、铁、铜、铝、锌)、氢气等。

【过渡】如果我们把相应的氧化剂和还原剂都选择好了,那么我们如何知道氧化还原反应确实发生了呢?请同学们先观察一下氯化铁和氯化亚铁的颜色。

【展示】氯化铁和氯化亚铁的溶液,指出它们相对应的颜色,氯化亚铁溶液——浅绿色,氯化铁溶液——黄色。再指导学生阅读教材上的"工具栏",同时演示相应的实验:用 KSCN 溶液检验 Fe^{3+} 的存在。

【演示实验】分别向氯化亚铁溶液、氯化铁溶液以及氯化铁和氯化亚铁的混合溶液中滴加 KSCN 溶液。指出:当溶液中存在 Fe^{3+} 时,加入 KSCN 溶液后,溶液变成血红色。

【投影】探究铁及其化合物氧化性和还原性的实验记录表。

预期转化	所选试剂	预期现象	实验现象	结论及反应

【学生活动】根据提供的氧化剂和还原剂,四人为一小组,自主选择相应的药品,设计实验,并实施。在实验过程中完成记录表。

评析:

铁及其化合物内容是高中物质性质内容的重要组成部分。面对这么多教学内容,教师能够在一课时完成教学任务吗?怎样才能完成呢?案例二给我们提供了很好的借鉴。这个教学片段之所以能在一课时内完成铁及其化合物重要性质的教学内容,是因为教师抓住了教学的核心内容——铁及其化合物的氧化性与还原性,而不是像原来的教学一样,一个物质一个物质地系统讲解。这个教学设计不但实现了整合教学,也发挥了单一教学内容的多种教育功能,让学生既学习了新的化学知识,也获得了新的研究物质性质的思路(过程与方法)——从物质所含元素化合物角度分析物质是否具有氧化性或还原性,并通过实验进行检验。

拓展:

抓住核心内容进行整合教学,缓解教学时间压力。化学课程目标由原来的双基(基础知识、基本技能)变成了三维(知识与技能、过程与方法、情感态度与价值观),加上教学时间有限,必然要求教师进行整合教学,发挥一种教学素材的多种教学功能,实施以探究为核心的多样化教学方式,让学生通过探究活动获得物质性质的知识,培养探究能力,建立相关的科学方法。事实证明,过程与方法以及情感态度与价值观教学目标的实现,不可能仅仅通过讲授达到,也不可能脱离物质性质纯粹地学习,必须让学生在具体的学习活动中内在形成。

案例三：化学能与电能

（周水桃　江西师范大学）

一、基本说明

教学内容（化学能与电能）选自人教版高中化学必修模块《化学2》第二章第二节。教学时间：45分钟。

二、教学设计

1.教材分析

本节课是人教版《化学2》第二章第二节的教学内容，是电化学学习的基础内容，也是核心内容。从知识体系和思维能力培养角度看，在整个中学化学体系中，原电池原理是中学化学重要基础理论之一，是课标要求的重要知识点，占有十分重要地位。初中化学已经从燃料的角度初步学习了"化学与能源"的一些知识，在选修模块"化学反应原理"中，将从科学概念的层面和定量的角度比较系统深入地学习化学反应与能量。人教版高中《化学2》第二章第二节《化学能与电能》部分既是对初中化学相关内容的提升与拓展，又为选修"化学反应原理"奠定必要的基础。

第一课时的主要内容有：原电池的概念、原理、组成原电池的条件。在本章教学中，原电池原理的地位和作用可以说是承前启后。因为原电池原理教学是对前面有关金属性质和用途、电解质溶液、氧化还原反应的本质、能量守恒原理等教学的丰富和延伸。同时，通过对原电池原理教学过程中实验现象的观察、实验探究、分析、归纳、总结，培养学生的思维能力、实验能力。

2.学情分析

学生在此之前学习过的氧化还原反应、能量之间转换、电解质溶液、金属性质和用途等化学知识及物理电学的相关知识，已为本节课的学习做了一定的知识储备，在日常生活中也见到过各种类型的电池。虽没有电化学知识的基础，但也已经习惯了新教材的学习思路和学习方法，已具备一定的化学思维基础和基础实验技能。同时此阶段的学生也正处在对自然科学知识渴求的年龄，对化学学科的兴趣较浓，因此学生在本章内容的学习中以兴趣为导，把自身的积极性转化为自身的学习动力，充分发挥学生在探究实验中的主体地位。

3.教学目标

（1）知识与技能

①理解化学能与电能之间转化的实质。

②通过实验和科学探究形成原电池概念，初步了解原电池的组成及其形成条件，理解其工作原理。

③理解化学能是能量的一种形式，它同样可以转化为其他形式的能量。

(2)过程与方法

①通过反应物之间电子的转移的探究，理解原电池的形成是氧化还原反应的本质的拓展和运用。

②通过实验和探究，对比、归纳，加强对科学方法的理解，提升分析、归纳的能力。

(3)情感态度与价值观

①通过对原电池工作原理及条件的探究，产生浓厚的学习兴趣，养成严谨求实的科学态度。

②通过观察分析、实验探究、参加合作讨论等活动，体验科学探究的乐趣，增进交流与表达意识，形成探究、自主、合作的学习方式并形成主动探索科学规律的精神。

③通过体验科学探究的艰辛与愉悦，增强推进人类的文明进步的责任感和使命感。

4.教学重点与难点

教学重点：原电池的组成及其工作原理。

教学难点：原电池的形成条件，从电子转移角度理解化学能转化为电能的本质。

5.教学方法设计与学法指导

教学方法：情境教学法、实验探究法、多媒体辅助法、讨论、归纳、演绎法。

学法指导：学生在教师的引导下主动参与，通过动手实践、亲密合作、讨论交流来学习本节课的重点与难点。

6.教学过程

教学环节	教师活动	学生活动	设计意图
介绍火力发电并为引出本节课重点内容电池做铺垫	【板书】第二节　化学能与电能 【板书】一、化学能转化成电能——火力发电 　　以2008年初我国南方地区遭遇冰冻灾害为切入口，使学生意识到煤与电的重要关系，体会电能对于现代社会的重要性。并请学生列举自己经常用到的电器。 【提出问题】 问题1：火力发电站发电经历了哪些能量转化过程？ 【板书】化学能→热能→机械能→电能 	优势	弊端
---	---
我国煤炭储量丰富 燃煤发电成本低	煤炭运输不便 污染严重 能源利用率不高 | 问题2：火力发电站的优势和弊端各有哪些？	【倾听、思考、联想】 【讨论并分析】 火力发电的能量转换方式、火力发电的利与弊。	明确电力在当今社会的应用和作用。 实现思维模式的转换，同时形成高效利用能源，不浪费能源，积极开发高效清洁燃料的意识。

续表

教学环节	教师活动	学生活动	设计意图
	【PPT展示】 ①我国发电总量构成图。 ②我国与世界其他国家矿石燃料储量对比图。 ③火电站工作原理图。 【思考与交流】 假设你是电力工程师,面对这些利与弊,你会如何应对呢? 【教师总结】 用多媒体呈现,方式之一就是尝试将化学能直接转化为电能。就像电池,其好处就是减少中间环节能损,高效、清洁利用燃料,不浪费能源,更方便。	【思考、回答】 ①改进火力发电。 ②研究新的发电方式。	
情境创设	【板书】二、原电池 【课堂引入】电能是现代社会中应用最广泛,使用最方便、污染最小的一种二次能源,又称电力。例如,日常生活中使用的手提电脑、手机、相机、摄像机……这一切都依赖于电池的应用。 图片展示:生活中的电池。 教师:简要介绍神舟号飞船的成功,并说明神舟飞船的成功发射与返回离不开电池为其提供能量。 图片展示:"神舟"用太阳能电池。 那么,电池是怎样把化学能转变为电能的呢?这就让我们用化学知识揭开电池这个谜。 今天我们就一起来真正了解下电池是怎样工作的? 【情境创设】【教师演示实验】 【设问】 思考水果电池为什么能产生电? 带着这个问题,我们从实验入手,探究把化学能转换为电能的过程,希望通过今天的学习解决此问题。 	思考电池在生活中的广泛应用。 【倾听、思考、联想】 观察实验现象并参加到实验中去。 观察完老师的水果电池后,带着老师的问题进行学习。	体现化学的社会价值 体现化学的重要作用,以此来体现"生活→化学→社会"的理念。 创设新奇情境,极大地激发调动学生感知兴趣和探知热情。

续表

教学环节	教师活动	学生活动	设计意图
探究化学能与电能的转化过程，突破教学重难点。	【实验探究】将学生分为三组，进行实验探究，根据实验探究完成学案中第二部分第一点的内容。（观察实验现象并记录，小组成员根据每组实验设置的问题，进行交流讨论，列出自己的想法） 第一组：实验1 把锌片和铜片同时插入盛有稀硫酸的烧杯里。 第二组：实验2 把锌片和铜片同时插入盛有稀硫酸的烧杯里，并用导线将锌片和铜片连起来。 第三组：实验3 锌片和铜片导线连接插入稀硫酸中，导线间接上电流表。 【学生讨论发言】学生讨论交流并发言。 【老师总结】电流表指针偏转→有电流产生→产生电能→化学能转化为电能的装置→原电池。 【板书】1.原电池的定义——将化学能转变为电能的装置叫做原电池。 【分析】当把用导线连接的锌片和铜片一同浸入稀硫酸中时，由于锌比铜活泼，容易失去电子，锌被氧化成Zn^{2+}而进入溶液，电子由锌片通过导线流向铜片，溶液中的H^+从铜片获得电子被还原成氢原子，氢原子再结合成氢分子从铜片上逸出。这一变化过程可以表示如下。 【板书】2.反应方程式： 锌片：$Zn - 2e^- \!=\!=\! Zn^{2+}$（氧化反应） 铜片：$2H^+ + 2e^- \!=\!=\! H_2\uparrow$（还原反应） 总反应：$Zn + 2H^+ \!=\!=\! Zn^{2+} + H_2\uparrow$ 【板书】3.原电池的电极 负极：发生氧化反应，电子流出（流向正极）的一极。 正极：发生还原反应，电子流入（来自负极）的一极。 详细解释原电池反应的微观原理，如电路中电子的转移方向及电流方向在哪极产生气体的原理，最后用Flash演示原电池的微观变化，以此来帮助学生理解原电池。	【学生探究】小组合作认真完成实验，观察、记录实验现象，并思考实验过程中所产生的实验现象。 【完成学案中第二部分第一点】 学生在老师的引导下归纳总结出原电池的初步定义，及其正负极电子流向。 根据已有知识试着写出反应式。	不仅培养学生的实验动手操作及分析观察能力，而且通过实验说话，避免了教师教学上的单调性。 根据已有知识，氧化还原反应来分析，既能复习旧的知识，又能引出新的教学内容。

续表

教学环节	教师活动	学生活动	设计意图
科学探究原电池的形成条件。	[图示：锌—铜原电池微观示意图，标注H⁺、Zn²⁺、SO₄²⁻、e⁻电子、通路] 【板书】4.原电池的原理： 较活泼的金属发生氧化反应，电子从较活泼的金属（负极）流向较不活泼的金属（正极）。 【随堂巩固】请尝试标出学案中第二部分第三点的电子流动方向及电流方向。 【问题情境】能不能将装置中的铜与锌换成其他物质而也能产生电流呢？上面我们通过实验探究了原电池的工作原理，初步形成了原电池的概念，那么，你能否设计一个电池呢？ 【科学探究】把学生分3个小组，根据已有的氧化还原反应知识和电学知识，利用已有的实验用品，设计原电池装置。探究形成原电池需符合什么条件？ 第一组主要用品：锌片、铜片、铁钉、碳棒、稀硫酸、导线、电流表、烧杯等。 第二组主要用品：锌片、铜片、铁钉、酒精、$CuSO_4$溶液、稀硫酸、导线、电流表、烧杯等。 第三组主要用品：锌片、铜片、稀硫酸、导线、电流表、烧杯等。（提示：利用铜片与锌片是否插在同一烧杯中来探究，观察现象，得出结论） 【教师引导】通过以上实验和探究，引导学生分析总结原电池的构成条件。 【学生讨论发言】 【板书】5.组成原电池的条件。 (1)两个电极 负极(一)：比较活泼的金属 正极(十)：性质稳定的金属 　　　　　能导电的非金属（如石墨） (2)电解质溶液（能与负极金属反应） (3)形成电流回路 【板书】6.化学电池的反应本质：化学电池的反应本质是——氧化还原反应。	【完成学案中的内容】 【学案】小组合作，设计、实施实验、记录实验现象并解释。 根据实验现象，分析并讨论形成原电池的条件。 【组间交流与评价】原电池的组成： 1.电极； 2.有电解质溶液； 3.电极和电解质溶液形成闭合回路。 【解释水果电池的现象】	从微观角度进一步认识原电池的原理。 从实验现象抽象出现象的本质的能力，从而理解原电池的概念。分析加实验，突破原电池的知识难点。 通过阶梯式的问题情境，引导学生探究组成原电池的条件。 培养学生处理化学事实的能力。初步学会控制实验条件的方法。进一步理解原电池的原理。

续表

教学环节	教师活动	学生活动	设计意图
提升 小结 知识应用 与巩固	化学能 $\xrightarrow[氧化还原反应]{化学电池}$ 电能 【前后呼应】学生解释前面水果电池形成的原因。 【小结】1.原电池的定义； 　　　　2.原电池的形成条件； 　　　　3.原电池原理。 【反馈练习】见学案。	回顾刚刚所学的知识，并将其串联起来。	变世界为教材，学以致用，所学知识马上可以用来解疑，增加学生成就感，将本节课知识贯穿联系起来，起到画龙点睛的作用。

7.板书设计

第二节　化学能与电能

一、化学能转化成电能——火力发电

能量转化过程：化学能→热能→机械能→电能

二、原电池

1.原电池的定义——将化学能转变为电能的装置叫做原电池。

2.电极反应式与电池总反应式

锌片：$Zn-2e=Zn^{2+}$（氧化反应）　　　　铜片：$2H^{+}+2e=H_2\uparrow$（还原反应）

总反应：$Zn+2H^{+}=Zn^{2+}+H_2\uparrow$

3.原电池的电极

负极：电子流出（电流流入）的一极（较活泼金属），发生氧化反应。

正极：电子流入（电流流出）的一极（较不活泼金属），发生还原反应。

4.原电池的原理：较活泼的金属发生氧化反应，电子从较活泼的金属（负极）流向较不活泼的金属（正极）。

5.组成原电池的条件（两极—液—回路）

(1)两个电极

$\begin{cases} 负极(-)（比较活泼的金属） \\ 正极(+)\begin{cases}性质稳定的金属 \\ 能导电的非金属（如石墨）\end{cases}\end{cases}$

(2)电解质溶液（能与负极金属反应）

(3)形成电流回路

6.化学电池的反应本质：化学电池的反应本质——氧化还原反应

化学能 $\xrightarrow[氧化还原反应]{化学电池}$ 电能

附：学案设计及层次练习

(一)化学能与电能的转化——火力发电

(1)火力发电站发电经历了哪些能量转化过程？

(2)火力发电站的优势和弊端各有哪些？

优势	弊端

(二)原电池

1.探究化学能与电能的转化。

第一组：

实验序号	实验1	
实验步骤	锌片插入稀硫酸	铜片插入稀硫酸
实验现象		
思考问题寻找答案	问题1：反应中哪种物质失去电子？哪种物质得到电子？问题2：锌是通过什么途径将电子转移给溶液中的 H^+ 的？问题3：怎样想办法让这种电子的转移变成电流？	
组内交流列出想法(结论或解释)		

第二组：

实验序号	实验2
实验步骤	将锌片和铜片用导线连接,平行插入盛有稀硫酸的烧杯中,观察现象。
实验现象	
思考问题寻找答案	问题1：铜片与稀硫酸不反应,锌片和铜片用导线连接后插入稀硫酸中,为什么在铜片表面有气泡产生？问题2：导线在这个过程中起到什么作用？问题3：你认为这种气体可能是什么？问题4：锌片和铜片上可能分别发生什么反应？如何证明？
组内交流列出想法(结论或解释)	

第三组：

实验序号	实验3
实验步骤	将锌片和铜片用导线连接,插入盛有稀硫酸的烧杯中,在导线之间接入灵敏电流计,观察现象。
实验现象	
思考问题寻找答案	问题1:反应中哪种物质失去电子?哪种物质得到电子?问题2:电流计在这个过程中起什么作用?问题3:根据你所了解的电学知识,你知道电子是怎样流动的吗?如何判定装置的正负极?
组内交流列出想法（结论或解释）	

2.原电池的定义：

3.请尝试在下图中标出电子流动的方向、电流的方向。

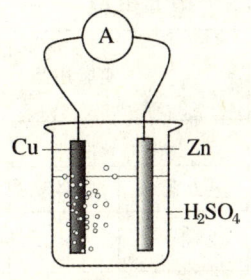

尝试填写下表：

电极材料	现象	电子得失	电极反应	原电池的电极（正或负）
锌片				
铜片				
总的离子反应方程式				

4.探究原电池的形成条件。

第一组：

实验用品	锌片、铜片、铁钉、碳棒、稀硫酸、导线、电流表、烧杯等。				
实验过程					
方案	溶液	电极	有无电流	正极（现象及解释）	负极（现象及解释）
1					
2					
3					
4					
实验结论					

第二组：

实验用品	锌片、铜片、铁钉、酒精、$CuSO_4$溶液、稀硫酸、导线、电流表、烧杯等。				
实验过程					
方案	溶液	电极	有无电流	正极（现象及解释）	负极（现象及解释）
1					
2					
3					
4					
实验结论				

第三组：

实验用品	锌片、铜片、稀硫酸、导线、电流表、烧杯等。（提示：利用锌片与铜片是否插在同一烧杯中来探究，观察现象，得出结论）				
实验过程					
方案	溶液	电极	有无电流	正极（现象及解释）	负极（现象及解释）
1					
2					
3					
4					
实验结论				

评析：

案例三在五个方面做得较好。(1)将化学理论知识的学习与实际生活联系起来。来自生活的知识最容易让学生产生兴趣和共鸣，也最能让学生产生探究愿望，也最容易把探究成果应用于实际生活中，体现探究的效果。本节课以学生平时生活中所常见的电池应用来引入，并通过生活中可以说是必不可少的水果来做电池，激发学生的学习兴趣，体现了"世界是学生的教材"的理念，以此体现从"生活→化学→社会"的教学思想，充分展现了化学的社会价值。(2)通过合作学习与探究性学习来突出重点，突破难点。从教材上分析，本节课中，教学重点是原电池的组成及其工作原理，教学难点是原电池的形成条件，从电子转移角度理解化学能转化为电能的本质。案例三设计了两个探究性实验，通过教师引导，学生小组合作实验、分析、归纳与总结，着重探讨了化学能与电能的转化及原电池的形成条件,从实验现象抽象出现象的本质,从而理解原电池的概念。(3)突出了学生的主体地位。本节课学生自己动手做实验,分析实验现象并得出实验结论,真正体现了以学生为主体的理念,学生在课堂上也能真正体验实验成功的喜悦与实验失败所得经验与教训,有效培养学生的实验动手操作及分析观察能力。(4)充分发挥了多媒体的辅助作用。多媒体在教学中发挥了展示事实、创设情境、提供示范、呈现过程、微观模拟、设疑思辨等方面的作用,在讲解火力发电知识、原电池实际应用展示的教学设计中,多媒体的恰当运用充分体现了多媒体形象直观的特点,为教学节约时间。对于本节课的教学难点——原电池的原理,通过借助多媒体,利用Flash对原电池微观模拟,使学生从微观角度进一步认识原电池的原理,化抽象为具体,易于理解,突破难点。(5)课后练习设置合理。让基础差一点的学生学得进去,让基础一般的学生学得明白,要让基础好一点的学生学得透彻。本节课在学生了解了原电池的相关知识后,在课后练习巩固中设置了必做练习和选做练习,学生可以根据所学知识的情况,来解决问题。在选做练习中可开拓学生的思维,畅所欲言,提出自己的设想来分析与解决问题,当好"医生"。有些方法可能还不是很完善,但在思考过程可不断巩固所学的知识。

拓展:

对学习内容较为深刻的理解和掌握是通过学生主动建构来达到的,而不是通过教师向学生传播信息获得的。因此,新课程强调教学设计要以学生为中心,强调教学环境的设计,强调利用各种信息资源来支持学生的自主学习和协作学习,强调学习过程的最终目的是完成对新知识的意义建构。教师在进行教学设计时,可以先分别进行以下线索的设计,再将其整合成一个完整的教学设计。[①]

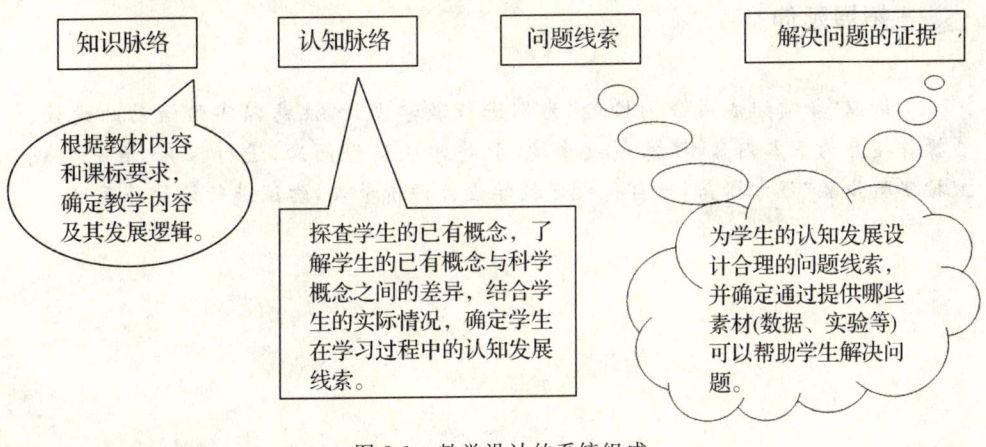

图 8-1 教学设计的系统组成

---

① 王磊.化学教学研究与案例[M].高等教育出版社,2006:162

思考题

1. 如何理解"重视'活动体验',让学生从课堂走向生产过程"?请以"化学·技术·可持续发展"这一主题为例,进行阐述。
2. 化学教学设计的评价需要遵循哪些原则?请举例说明。
3. 结合具体化学学习内容谈谈你对"运用多种教学手段促进学生对抽象概念的理解和掌握,建立宏观现象与微观构成和符号之间的有意义联系"的理解。
4. "有机化学基础"模块中出现了大量有机化合物分子空间结构,需要学生具有较强的空间想象能力,教学中需要采用各种直观手段,请以"同分异构体"为例谈谈你的理解。

实践探索

"实验化学"模块的教学要兼顾知识与技能、过程与方法、情感态度与价值观三个维度的教育,教学中需要注意引导学生运用化学原理知识理解化学实验技术的内涵与操作要点,理论与实际相结合,请选择高中化学选修模块"实验化学"教材中的任意一节内容,尝试运用学习理论、教学理论、传播理论和系统理论进行分析,进行这节课的教学设计,想想应如何让学生通过实验过程来理解化学原理,同时进行过程与方法教育?完成后,请与其他同学交换进行教学设计的评价,并总结你的收获,撰写反思日记。

拓展延伸

请以"物质组成成分的检验"为例进行教学设计,注意以实验活动的设计、操作指导为基本内容,注意创设情境,引导学生发现问题,进行探究,避免变成按实验步骤"照方抓药"。自行设计教学设计评价量表,尝试进行评价并反思。

附录:中学化学教学设计案例赏析

我们精选了三个教学设计案例,作为同学们学习的参考,学习时请与本书前面的理论陈述结合起来,以加深对教学设计基础理论的理解。同时请思考,如果是你来设计这节课,会怎样设计呢？学习贵在能举一反三,快来试一试吧！

案例一:化学能与电能(第一课时)

一、教材分析

(一)本节教材的地位与作用	
	第一课时的主要内容有:原电池的概念、原理,组成原电池的条件。原电池原理和组成条件是本节课的重点。第二课时的主要内容是:介绍几种常见的化学电源在社会生产中的应用。通过原电池和传统干电池(锌锰电池)初步认识化学电池的化学原理和结构,并不要求上升为规律性的知识;通过介绍新型电池(如锂离子电池、燃料电池等)体现化学电池的改进与创新,初步形成科学技术的发展观。激发学生对科学知识的求知欲。
学习内容前后联系	（知识结构图：自然资源—化学—研究方法—实验、常用操作；化学—研究对象—化学计量—微粒—构成—物质—代表性举例—金属及其化合物、非金属及其化合物、有机化合物；物质—分类—简单分类及其分散系及其—氧化还原反应、离子反应；物质—变化—物质变化举例、能量变化举例—化学能与热能、化学能与电能；物质—结构—物质结构 元素周期律）
承前启后	原电池原理是中学化学重要基础理论之一,是课标要求的重要知识点。初中化学已经从燃料的角度初步学习了"化学与能源"的一些知识,在选修模块"化学反应原理"中,将从科学概念的层面和定量的角度比较系统深入地学习化学反应与能量。本节既是对初中化学相关内容的提升与拓展,又为选修"化学反应原理"奠定必要的基础。
知能双修	原电池原理教学是对前面有关金属性质和用途、电解质溶液、氧化还原反应本质、能量守恒原理等教学的丰富和延伸,同时,原电池原理教学过程中实验现象的观察、分析、归纳、总结和实验探究也是培养学生科学思维能力、实验能力的很好素材。

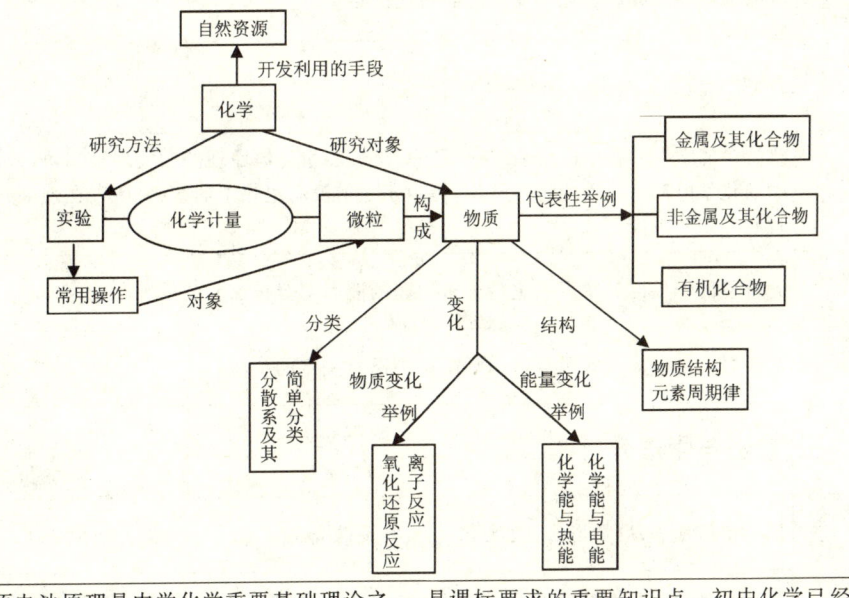

(二)教学目标	
知识与技能	1.了解化学能与电能的转化关系及其应用。 2.掌握原电池的概念、原理和构成条件,并提高科学探究的能力。 3.通过自主实验进一步提高实验观察能力、现象分析能力以及与他人交流、合作的能力。
过程与方法	1.通过教师创设的问题情境,学生进行实验探究,自主建构原电池概念,理解和掌握原电池原理。 2.通过经历假设与猜想、设计方案、进行实验、总结实验现象、得出结论、应用结论解决问题的过程,学习科学探究的方法。
情感态度与价值观	1.通过对我国电力状况的探讨和火力发电利弊分析,树立正确的能源观、环保观、转化观,增强社会责任感与使命感。 2.通过原电池实验设计体会到科学探究的艰辛与喜悦,以及化学在生活中的巨大实用价值,进一步激发学习化学的兴趣和信心。

(三)教学重难点

教学重点	初步认识原电池概念、原理、组成及应用。
教学难点	从电子转移角度理解化学能向电能转化的本质。

二、学情分析

知识储备	此阶段的学生具备了电解质、氧化还原反应、能量守恒原理的相关理论知识。对日常生活中的化学电池有很深的感性认识,但由于之前没有电化学的基础,所以在理解原电池原理时有一定的难度。
能力层次	此阶段的学生已具备了一定的分析问题的能力与合作探究的精神。
情感态度	此阶段的学生对于能源危机与环境保护已有一定的关注。

三、教法与学法分析

教法分析	启发讲解法、问题情境法、微观演示法、实验探究法
学法分析	结合本教材的特点及所设计的教学方法,用"实验探究法"开展学习活动,以学生自己为主体,以生活经验为起点,利用"抛锚式"建构主义教学法教学,以实验为线索,通过教师引导,由学生通过直观、鲜明的实验现象和实验数据,经过处理、分析、归纳来研究原电池原理和形成条件,让学生参与到发现问题、思考问题和解决问题中,把学习过程和认知过程有机地统一起来,化被动接受为主动探索,使学生自主完成知识建构,感受到学习的乐趣。另外辅以观察法、小组讨论法以及归纳法来学习本课时内容。

四、教学过程设计

教学环节	教师活动	学生活动	设计意图
[环节一] 创设情境， 导入新课	创设情境一：沿着科学史中人类对电的认识历程提出电的问题 创设情境二：呈现 2001 年我国发电总量构成图、火力发电的相关图片。分析火力发电中能量的转化方式。 【板书】化学能与电能的相互转化 【创设情景】若每个环节的能量转化效率为 90%，则最终的总能量利用率为多少？ 【问】火力发电有哪些优点和缺点呢？ 【激疑】针对火力发电的缺点，能否通过某些方式将化学能直接转化为电能。	【倾听联想】 【阅读课本】 【讨论分析】火力发电的能量转换方式。 【计算】 【思考】火力发电的利与弊。	培养学生的科学史观 通过对火力发电能量转化的分析，使学生认识到化学能在生活中的巨大实用价值；针对火力发电能效低的弊端，让学生寻找改进方法的意识，从而引出本节课的主题——化学能与电能的转化。
[环节二] 理论分析， 疏通思路	回顾初中物理知识中对电流的定义，思考电流产生的条件？ 有电子移动的反应有哪些？ 怎样让氧化还原反应实现化学能向电能的直接转化？ 【过渡】现在带着这个问题，我们今天从实验入手，探讨把化学能转换为电能的过程。	【思考交流】	教师逐步引导，引导学生建立科学的思维过程。同时为后面原电池原理的讲解埋下伏笔。
[环节三] 自主实验， 理解原理	① 将铜片、锌片同时插入稀硫酸中，但不接触。 ② 将铜片、锌片用导线连接起来，并在铜片、锌片连接的导线中接入一个灵敏电流计。 【教师小结】电流表指针偏转→有电流产生→产生电能→物质中的化学能直接转化为电能→整个装置叫原电池。 【板书】原电池：把化学能转化为电能的装置。 【思考】为什么在铜片表面有气泡产生？你认为这种气体可能是什么？锌片和铜片上可能分别发生什么反应？	【实验、观察、思考、记录】小组合作实验，观察、记录实验现象。 【学生描述实验现象、分析原因】	自主实验，培养学生的观察能力、实验操作能力；通过对实验现象的分析，培养学生分析问题的能力；引出了原电池的科学定义。

教学环节	教师活动	学生活动	设计意图
	【动画模拟】原电池微观原理。 【详细分析】原电池原理。 当把用导线连接的锌片和铜片一同浸入稀硫酸中时,由于锌比铜活泼,容易失去电子,锌被氧化成 Zn^{2+} 而进入溶液,电子由锌片通过导线流向铜片,溶液中的 H^+ 从铜片获得电子被还原成氢原子,氢原子再结合成氢气分子从铜片上逸出。 【板书】 1.铜锌原电池电极反应: 锌片:$Zn-2e^-==Zn^{2+}$(氧化反应) 铜片:$2H^++2e^-==H_2\uparrow$(还原反应) 总反应:$Zn+2H^+==Zn^{2+}+H_2\uparrow$ 2.原电池的电极名称 负极:电子流出一极(如锌片) 正极:电子流入一极(如铜片)	【倾听、理解】	借助动画模拟电解质溶液中离子的运动情况。变抽象为具体,从现象到本质,从而帮助学生直观地理解原电池的原理;教师再通过板书分析,让学生加深对原理的理解并掌握电极方程式的书写,正负极的判断,突破难点。
[环节四] 知识运用, 探究条件	【过渡】上面我们通过实验及分析了解了原电池的工作原理,初步形成了原电池的概念。那么,你能否设计一个原电池呢? 【科学探究】根据已有的氧化还原反应知识和电学知识,利用已有的实验用品,设计一套原电池装置。 主要用品:锌片、铜片、石墨棒、铁钉、稀硫酸、酒精溶液、导线、电流表、500mL 烧杯等。 【小组展示】各组展示自己设计的装置并进行实验。 【教师引导】原电池由哪几部分组成?各部分应满足什么条件? 【师生总结】原电池的构成条件。 【自我评价】对照原电池的构成条件,评价自己设计的原电池是否合理。	【小组合作,设计、实施实验,记录实验现象】 原电池组成: 1.活泼性不同的电极。 2.有电解质溶液。 3.电极和电解质溶液形成闭合回路。 4.能自发地发生氧化还原反应。 【组间交流与评价】	让学生体验科学探究的过程。培养学生实事求是的科学态度和认真、细致的工作作风。进一步理解原电池的原理,得出构成原电池的条件。

教学环节	教师活动	学生活动	设计意图
[环节五] 回顾知识，提升小节	【回顾知识】原电池(定义、原理、构成条件) 【联系实际】原电池作为新能源具有无污染、能源效率高、无噪声、运行平稳的优点，但作为大型车辆的动力来源时成本高，目前还处于研究中，并用PPT展示环保车、混合动力车的图片。	【回顾知识】 观看图片，思考为何没有大量使用原电池这种新能源。	理论联系实际，使学生将所学知识与生活、社会联系起来，体现了STS教育思想。
[环节六] 课后拓展，巩固练习	【课堂演练，综合运用】 判断哪些装置构成了原电池？若不是，请说明理由；若是，请指出正负极名称，并写出电极反应式。 哪些反应在理论上可以设计为原电池？ 【实践活动，拓宽视野】 根据构成原电池的条件，利用水果如苹果、柑橘、柠檬或番茄等制作简易原电池。	完成练习与作业。	习题主要针对本节课的重难点设计，提升学生对知识的综合运用能力，同时也是本节课教学的一个很好的反馈。从生活实际入手，获取感性材料，增强化学趣味性。

五、板书设计

2.2 化学能与电能

原电池定义：将化学能转化为电能的装置。

1.铜锌原电池电极反应

锌片：$Zn - 2e^- = Zn^{2+}$（氧化反应）　　铜片：$2H^+ + 2e^- = H_2\uparrow$（还原反应）

总反应：$Zn + 2H^+ = Zn^{2+} + H_2\uparrow$

2.电极名称

负极：电子流出一极(如锌片)。正极：电子流入一极(如铜片)。

3.原电池的形成条件

(1)两种活泼性不同的金属(或一种金属与另一种非金属导体)构成电极。(2)电解质溶液。(3)构成闭合回路。(4)能自发地发生氧化还原反应。

简称：一液、二极、三接触、四有反应。

教师点评：本节课设计的最大特点是基于建构主义理论，创设丰富的情境，沿着科学史中对于电的认识过程，追根溯源到电的化学本质，充分利用学生已有的经验，以及电学、化学反应中能量变化和氧化还原反应等知识，调动学生主动探索科学规律的积极性。通过实验探究，引导学生从电子转移角度理解化学能向电能转化的本质，以及这种转化的综合利用价值。使学生能达到知识迁移、同化，促进学生的协作与交流，最终实现意义建构，基本立足点是重视概念形成与发展的思维过程，即知识建构的动态过程。

案例二：原电池

一、背景分析

1.教材分析

《原电池》是高中《化学（选修 4）》第四章第一节的内容，1 课时，主要内容是学习化学反应的基本原理，化学反应中能量转化的基本规律，了解化学反应原理在生产、生活和科学研究中的应用。本节内容以《化学（必修 2）》第二章第二节《化学能与电能》的原电池常识为基础，通过进一步分析原电池的组成，探究其中的原理，引出半电池、盐桥、内电路、外电路等概念，能很好地全面体现本册教材的目标特点。教材从实验入手，通过观察实验，然后分析讨论实验现象，从而得出结论，揭示出原电池原理，最后再将此原理放到实际中去应用，这样的编排，由实践到理论，再由理论到实践，符合学生的认知规律，体现新课标中关于理论、实验、STS（科学—技术—社会）的相关要求——经历对化学物质及其变化规律进行探究的过程，进一步理解科学探究的意义，学习科学探究的基本方法，提高科学探究能力。同时，本节课的学习也为学生学习第二节的化学电源做了知识上的准备，为学习电解池并归纳化学能与电能的相互转变奠定坚实的基础，因此，本节在知识体系中起着承上启下的作用。鉴于课程标准对电极电势等概念不做要求，在理论方面控制了知识的深度，因此在教学中只需要借助氧化还原反应理论、金属活动性顺序以及物理学中的电学知识，对有关问题进行一些定性的介绍和分析（如对原电池中正、负电极的判断，设计原电池时对正、负电极材料和电解质溶液的选择，以及对电极反应产物的判断等），只要求学生能写出相关的电极反应式和电池反应式，对化学的研究和应用只需有一个大概认识即可。

2.学情与学法分析

从学生现有认知水平来看，在学生学习本节课之前，已经对原电池及工作原理有了一定的认识，并具有氧化还原反应、离子反应等理论知识，所以基本具备了进一步学习原电池的基础。学生对新鲜事物有强烈的好奇心和探索欲望，对老师的讲授敢于质疑，有自己的想法和主见，并且具备了初步的探索能力。但是，学生在微观原理分析能力和感性的实验体验上有所缺乏。因此，可以利用多媒体和边讲边实验的方法有效地解决可能遇到的问题和困惑。

从学生的思维发展层次来看，学生的形象思维已充分发展，抽象思维也正在迅速发展之中。实验探究是让学生在具体实验事实的基础上分析问题，得出结论，符合学生的思维特点，有利于在形象思维的基础上发展学生的抽象思维。但学生的抽象思维和探索能力毕竟还处于初级阶段,尚不成熟,这就决定了他们还不能成为完全独立的探索主体,探索活动需要在教师的组织引导下,有目的有计划地进行。

从教育心理学角度讲,学生的学习方式有接受和发现两种。传统学习方式过分强调接受和掌握,忽视了发现和探究,从而导致大量的学生厌学。本节课中,我将引导学生采用研究性、发现性学习方法进行学习活动,使学习过程更多地成为学生发现问题、提出问题、分析问题、解决问题的过程。

二、教学目标

1.知识与技能:①在化学能与电能的基础上,理解原电池的工作原理,了解简单原电池的不足并能进行改进。②初步学会实验研究的方法,能设计并完成化学能与电能转化的化学实验。③理解构成原电池的条件,掌握电极反应式的书写。

2.过程与方法:①经历化学能与电能转化的化学实验探究的过程,进一步理解探究的意义,提高科学探究的能力。②能对自己探究电池概念及原电池改进的过程进行计划、反思、评价和调控,提高自主学习化学的能力。

3.情感态度与价值观:①发展学习化学的兴趣,乐于探究化学能转化成电能的奥秘,体验科学探究的艰辛和喜悦,感受化学世界的奇妙与和谐。②赞赏化学科学对个人生活和社会发展的贡献,关注能源问题,逐步形成正确的能源观。

三、教学重点和难点

1.教学重点:①原电池的工作原理,构成条件、电极名称和电极反应。②对简单原电池的改进。

2.教学难点:从学生现有认知水平出发,因为学生欠缺对简单原电池进行改进的知识经验,因而无法确定与学生学情相符的先行组织者,引导教学活动的顺利进行。因此,把对简单原电池的改进确定为本节教学难点。

四、教学方法

实验探究法,即引导学生通过对原电池产生电流现象的观察和分析,发现原电池在实现能量转化过程中存在的矛盾,并设想解决矛盾的思路,理解现有的解决矛盾的方法。化学是一门以实验为基础的学科,实验事实是最具有说服力的。本节课以实验事实设疑,又以实验事实释疑,让学生从直观、生动的实验中发现问题,进一步引导学生进行推理和分析,再通过实验验证分析的结果。这样得出的结论,学生才能真正理解和牢固掌握。本节课采用多媒体教学、学生分组实验与教师演示实验相结合的教学手段。

五、教学过程设计

1. 教学流程

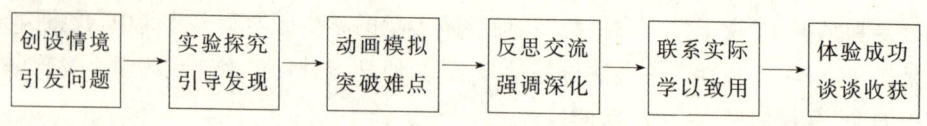

创设情境
引发问题 → 实验探究
引导发现 → 动画模拟
突破难点 → 反思交流
强调深化 → 联系实际
学以致用 → 体验成功
谈谈收获

2. 教学过程

(1) 情境激趣，引入课题

观看有关氯碱工业、电镀、电冶金工艺和各类电池的图像，请学生根据图片总结电化学的研究对象。

【设计意图】新课引言，需要从知识的系统性方面让学生对本章内容有一个总体认识。通过播放图像，帮助学生对电化学的研究领域形成一些感性认识，了解电化学是研究化学能与电能的相互转换装置、过程和效率的科学，了解电化学包含的两种反应过程与能量转换的关系。

(2) 课前复习，温故知新

【练习】哪些装置能组成原电池？

【设计意图】请学生回忆原电池的反应本质和构成原电池的条件。

(3) 发现问题，实验探究

教材中的实验 4—1 是用盐桥将置有锌片的 $ZnSO_4$ 溶液和置有铜片的 $CuSO_4$ 溶液连接起来，引导学生观察实验现象。原电池、盐桥这部分知识很抽象，学生不易理解，不容易掌握，这也是本节课的难点。因此，根据"最近发展区"理论，在引导学生探究实验 4—1 之前，增加了两个补充实验，以便学生发现简单原电池不能持久放电的缺点，从而进一步探究原电池持续放电的模式，进行原电池的改进，层层深入。这样，学生接受起新知识不至于梯度太大，也可充分发挥学生的主观能动性，激发学生的求知欲望。

简单原电池的能量转化效率——提出问题。

实验 1：将锌片和铜片分别通过导线与电流计连接，并使锌片和铜片直接接触，然后浸入盛有 $CuSO_4$ 溶液的烧杯中。

实验 2：将锌片与铜片分别通过导线与电流计连接，并使锌片和铜片不直接接触，再同时浸入盛有 $CuSO_4$ 溶液的烧杯中（如下图所示）。

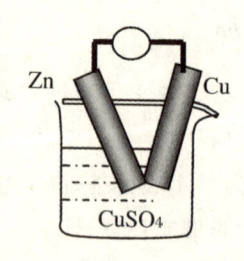

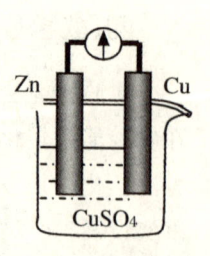

【设计意图】通过学生分组实验，根据现象进行讨论、归纳、分析原因，提出问题。

现象：实验 1 中电流计指针不发生偏转，铜片表面有红色的铜析出。实验 2 中电流计指针发生偏转，铜片表面有红色的铜析出。

提出问题:上述实验装置构成了原电池吗?为什么?

引导学生分析归纳:实验1中,铜不与$CuSO_4$溶液反应,铜片表面却有红色的铜析出,且锌片逐渐溶解,说明原电池发生了电极反应,用物理学的电学知识可判断电流计指针不动,是因为锌片直接接触,形成回路,而通过电流计的电流极其微弱,无法使指针偏转。实验2中,装置构成了原电池,因为铜片与锌片没有直接接触,所以电流计指针偏转。

引导学生观察现象:随上述实验时间的延续,电流计指针偏转的角度逐渐减小,最后没有电流通过,同时锌片表面逐渐被铜覆盖。

考虑到学生的知识迁移能力和概括能力不是很强,启发学生根据观察现象继续总结,分析原因:由于锌片与$CuSO_4$溶液直接接触,反应一段时间后,难以避免溶液中有Cu^{2+}在锌片表面被直接还原,一旦有少量铜在锌片表面析出,向外输出的电流强度减弱,当锌片表面完全被铜覆盖后,反应就终止了,也就无电流再产生。该简单原电池是一个低效率的原电池,不能持续对外提供电能,低效率的原因是Zn与$CuSO_4$溶液直接接触才能在锌片上析出铜。

从不稳定因素着手(铜离子与锌片接触),作为原电池,其功能是将化学能转换成电能,上述实验中负极上的变化势必影响原电池的供电效率。结合生活实例:电池当然是放电越久越好,引导学生探究这样的原电池如何工作,如何持续放电!

提出问题:(1)怎样阻止溶液中的Cu^{2+}在负极锌片表面被还原?
(2)如何使原电池持续、稳定地产生电流呢?

探究原电池持续放电的模式,分析、解决问题。

猜想与假设:把氧化剂和还原剂分开,不直接接触,这样就可以持续放电。

引导学生集体制订计划。

根据以上方案进行学生分组探究实验。

收集证据并解释。

得出结论。

【设计意图】通过探究,让学生理解到,只要加上一个装置,使自由离子能发生定向移动的话,就能形成原电池。学生通过自己设计并成功地尝试实验,亲历实验并感悟原电池的构成条件和工作原理,获得结论,体验到学习的乐趣,体会了科学实验的严谨,主动建构了属于自己的认知体系。

演示实验:分析所设计的带盐桥的原电池的工作原理。

此时,由教师引入盐桥的概念并结合插图讲解盐桥是如何使两个烧杯中的溶液连成一个通路的。

【设计意图】教师引导学生共同构建新的原电池,并提出盐桥的概念。通过一系列的探究,让学生了解盐桥的作用。

播放Flash动画,帮助学生理解原电池的工作原理。

【设计意图】原电池的工作原理是微观原理,而学生缺乏微观原理分析能力,虽然学生通过实验探究观察到了盐桥存在时可以产生持续、稳定的电流,但从微观上仍有疑惑,难点并没有完全突破。这时,给学生播放 Flash 动画,可以很形象、很直观地使学生理解原电池的工作原理。

归纳总结:从上述实验可以看出,原电池由两个半电池组成,中间通过盐桥连接起来。利用启发式教学,引导学生根据氧化还原反应方程式写出电极及电极反应式、电池反应方程式,使学生理解闭合电路的形成(内电路、外电路)。

视频:电池的应用现状和发展前景。制作电池,如干电池、蓄电池。防止金属被腐蚀,如镀锌管,用锌保护铁。

【设计意图】让学生感性认识化学能与电能的转化和原电池在我们日常生产、生活中所起到的重要作用,实现情感态度与价值观的目标之一——赞赏化学科学对个人生活和社会发展的贡献,关注能源问题,逐步形成正确的能源观。

(4)总结回顾,自我测评。

引导学生根据板书来梳理知识结构,构建知识网络,通过课堂练习来熟悉新知识。

课堂练习:根据探究实验的原理,按 $Cu+2AgNO_3 = Cu(NO_3)_2+2Ag$ 的反应设计一个能持续产生电流的原电池装置,画出装置图。

【设计意图】课堂练习是学生本节课知识掌握情况的重要反馈形式,可以及时而有效地反映出构建新知识的情况,也是对学生举一反三、触类旁通的学习能力的一种测评。

六、板书设计:

第四章　第一节　原电池

一、原电池的概念:直接将化学能转变成电能的装置。

二、原电池的本质:氧化还原反应。

三、构成原电池的条件:简称"两极一液一线"。

四、实验探究问题:根据 $Zn + CuSO_4 = ZnSO_4 + Cu$ 这个反应,设计一个原电池,实验仪器和药品任选,并组织学生实验。

五、对实验的改进:发现问题→寻求解决的方法→对实验进行改进。

教师点评:本节课以学生为主体,以社会生活中有关原电池的实例为切入点,通过实验探究发现简单原电池的能量转化效率低的缺点,进行改进,探究原电池可以持续放电的模式,发展学生的化学兴趣,提高学生的科学探究能力和科学素养。教师在教学设计中注意了学生的认知特点和已有知识水平,教学环节紧紧围绕探究过程展开,促进学生思考,精心设计和补充的实验降低了学生的学习难度,实现了在最近发展区内促进学生学习的目的。

案例三 电浮选凝聚法的优化设计[①]

【教材】《化学(选修6)》第一单元课题二实验1－3 污水处理——电浮选凝聚法,10～11页。

【课时安排】2课时

【教学对象】高三学生

【教材分析】本节选自第一单元课题二化学实验的绿色追求中实验1－3 污水处理——电浮选凝聚法,是在《获取洁净的水》和《电解池》的基础上进行的教学,教材介绍了运用电解的原理实现污水净化的方法,在进一步的学习中,学生需要将已有的知识进行联系整合,进一步探索优化电浮选凝聚法。

【学情分析】

(1)知识分析

在前面的学习中,学生已经掌握了电解的原理,也已经了解了沉淀、混凝法(吸附)、膜分离(离子交换)、微生物等净化水的方法,对本实验有充分的理论知识储备。学生已经在实验室完成了电浮选凝聚法的相关实验,掌握了实验装置、原理以及实验现象。但对于本实验中存在的不足,并没有深入地分析探讨。

(2)能力分析

学生已经具备了分析电极反应并书写电极反应方程式的能力,具有较强的实验观察能力、信息提取能力、对实验现象分析归纳和总结的能力,具有一定的实验优化改进能力,在教师的引导和启发下,学生能够自主探究,通过头脑风暴分析实验存在的不足,并对实验进行优化设计。

【教学目标】

1.知识与技能

(1)能运用电浮选凝聚法的实验装置和工作原理及物理学中电阻的知识解决电解效率低的问题。

(2)围绕绿色化学理念,探究更加高效、环保的电浮选凝聚法实验方案。

(3)通过探究,提高电浮选凝聚法处理污水的效率,提高创新实验改进能力及通过化学实验整合知识的能力。

2.过程与方法

(1)通过电浮选凝聚法的改进活动,学会思考,逐步掌握改进绿色化、高效化实验的思路与方法。

[①] 第五届东芝杯·中国师范大学师范专业理科大学生教学技能创新实践大赛西南大学参赛作品.2014年

(2)通过观察、思考、分析、比较和归纳,进一步形成科学的思维方法和实验创新的能力。

3.情感态度价值观

(1)通过探究,激发学习化学的激情,认识化学在解决水体污染问题中起到的作用,理解化学的知识价值和社会价值,形成看待问题的辩证观,增强环保意识、关注社会的意识和社会责任感。

(2)形成高效、节能、经济、环保的绿色化学思想,形成严谨的科学态度及主动参与、团队合作的精神。

【教学重点】电浮选凝聚法的优化设计。

【教学难点】改进电浮选凝聚法处理污水实验的思路与方法。

【教学方法】启发式教学、探究学习、合作学习、头脑风暴、实验法。

【教学媒体】PPT、实验装置。

【教学设计】

一、教学流程设计

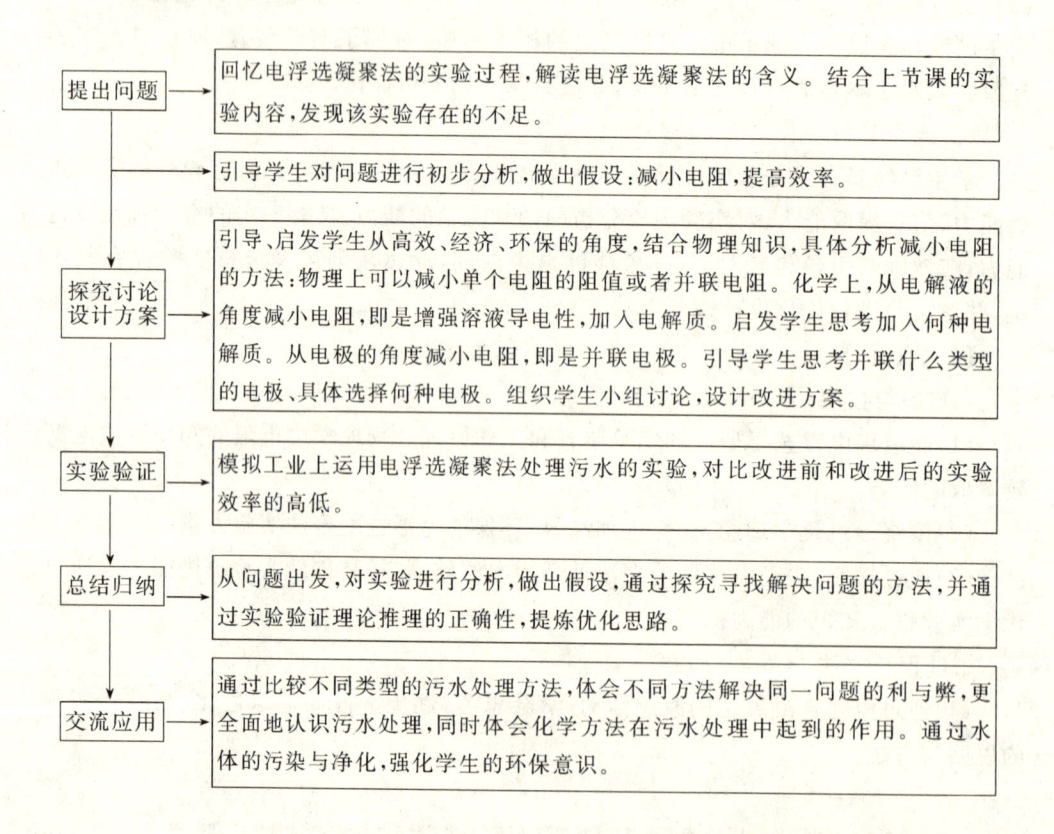

提出问题	回忆电浮选凝聚法的实验过程,解读电浮选凝聚法的含义。结合上节课的实验内容,发现该实验存在的不足。
	引导学生对问题进行初步分析,做出假设:减小电阻,提高效率。
探究讨论设计方案	引导、启发学生从高效、经济、环保的角度,结合物理知识,具体分析减小电阻的方法:物理上可以减小单个电阻的阻值或者并联电阻。化学上,从电解液的角度减小电阻,即是增强溶液导电性,加入电解质。启发学生思考加入何种电解质。从电极的角度减小电阻,即是并联电极。引导学生思考并联什么类型的电极、具体选择何种电极。组织学生小组讨论,设计改进方案。
实验验证	模拟工业上运用电浮选凝聚法处理污水的实验,对比改进前和改进后的实验效率的高低。
总结归纳	从问题出发,对实验进行分析,做出假设,通过探究寻找解决问题的方法,并通过实验验证理论推理的正确性,提炼优化思路。
交流应用	通过比较不同类型的污水处理方法,体会不同方法解决同一问题的利与弊,更全面地认识污水处理,同时体会化学方法在污水处理中起到的作用。通过水体的污染与净化,强化学生的环保意识。

二、教学过程设计

教学环节	教学内容	教师活动	学生活动	设计意图
提出问题	【知识回顾】结合上节课在实验室进行的电浮选凝聚法处理污水的实验,解读"电浮选凝聚法"的含义。	引导学生回忆电浮选凝聚法的实验装置和原理。	回忆上节课做过的实验,复习电浮选凝聚法的实验装置和原理。	通过复习,回顾已有知识,为本节课的学习打下基础。
	【引发思考】结合实验现象,分析实验原理,思考在污水处理过程中,存在哪些不足?(净水效率低)	结合上节课的实验过程,引导学生发现实验存在的不足。	结合做过的实验分析原因,发现不足。	锻炼学生发现问题和分析问题的能力。
做出假设	【深入启发】分析导致效率低的原因是什么?做出合理假设。 【学科交汇】利用物理学的知识,将电解装置转化为物理电路图。	引导学生从减小电阻的角度对实验存在的不足进行分析。	从现象出发,结合实验原理,分析效率低的原因。利用物理学知识解决化学问题,实现跨学科的知识应用和整合。	锻炼学生灵活运用跨学科知识解决问题的能力。
探究讨论 设计方案	【深入思考】哪些方法可以减小电阻?从电解液和电极的角度对实验进行分析改进。 【组织讨论】以小组为单位思考回答以下问题: 1.增加一个电极的目的是什么? 2.Fe电极可不可以换? 3.选择增加什么类型、什么材质的电极? 基于对以上问题的回答,从提供的电极中选择合适的电极,设计改进方案。	引导学生从减小电阻的角度进行分析。提供不同材质的电阻供学生选择:Fe、C、Pt电极。让学生进行自主探究实验装置的改进方案。组织学生进行小组讨论,提供适当的帮助。组织学生进行成果交流和分享。	从减小电阻的角度进行分析,减小电阻有哪些具体方法?既可以通过减小单个电阻的阻值而减小总电阻,也可以通过并联电阻减小总电阻。认真思考、交流讨论,大胆地提出实验改进方案。展示小组讨论结果。基于对以上问题的思考,从提供的电极中选择合适的电极,设计出改进的方案。	锻炼学生能动、持续、细致和系统地思考优化的具体方法,深入思考选择该方法的理由及其进一步指向的结论。 锻炼学生的表达能力,提高自信心。

教学环节	教学内容	教师活动	学生活动	设计意图
实验验证	通过模拟电浮选凝聚法的工业污水净化实验,验证"三电极"是否具有实际操作的优势,对比"二电极"装置和"三电极"装置在效果上存在的差异。	在实验过程中引导学生回顾实验改进的过程,体会实验改进的方法,增强学生对该实验改进思路和方法的认识。	仔细观察实验现象并积极动脑思考。学会高效、节能、经济、环保的实验设计理念和整合、归纳、统筹、优化创新实验的思路与方法。	理论设计是否可行,需要实践的检验。若达到预期效果,师生共同体验成功的喜悦。反之,则进一步反思和优化,思考科学与技术的差别,感受技术开发的重要性。
归纳总结	【探索过程】发现问题→作出假设→探究讨论→实验验证。	引导学生回忆实验改进步骤,提炼科学实验改进方案的探索过程。	回忆实验改进的步骤,形成实验改进的探究思想。	树立严谨的科学态度,形成科学的探究思想。
交流应用	【结束语】让一杯污水变成一杯纯净水,可能要耗费科学家们毕生的经历去开发污水处理的方法。而让一杯干净的水变成一杯污水则只是瞬间而已。水是孕育希望的源头,请不要让后人只能拥抱墙壁上的大海!	通过教学情感和价值观的提升,激发学生的学习动机与社会责任感,培养学生的人文素养。	通过本节课的内容,感受化学方法处理污水的优缺点,辩证地认识污水处理在生活生产中起到的实际作用。认识污水处理不是万能的,珍视水资源,从源头上避免污染才是最根本的解决方法。	引导学生认识污水处理不是万能的,珍视水资源才是最根本的解决方法。强化环境保护意识。
	【布置课外探究】请同学们查阅相关资料,了解处理污水的物理、化学、生物方法,并分析它们的优缺点,设计表格、展示交流。	提供课外自主学习的策略。	小组协作,课外探究。查阅相关资料,了解处理污水的其他方法,分析、比较它们的优缺点,设计表格、展示交流。	培养学生解决问题的能力。

板书设计

电浮选凝聚法的优化设计

一、提出问题:效率低。

二、做出假设:减小电阻,提高效率。

三、探究讨论:1.加入电解质;2.并联电极。

四、模拟实验

教师点评:本节课是参加东芝杯比赛的教学设计,重在突出探究和创新。本节课一直在引导学生通过探究进行学习。教学设计的创新之处包含以下三个方面。

1.教学创新:注重提高学生的思维品质

本节课的教学没有止步于该实验的完成,而是启发学生针对实验存在的不足展开进一步的深入探究,分析原因,进行实验的优化。主要采用启发式和探究式教学,重在学生思维品质的提升,主要体现在思维的深刻性、灵活性、独创性、批判性和系统性等方面。

(1)深刻性。本节课是在学生对电浮选凝聚法净水效果有了感性认识的基础上,发现问题,去粗取精、由表及里,抓住事物的本质与内在联系,认识到净水的效率与整个体系的电阻之间的内在联系。思维的深刻性集中表现为在学习活动中深入思考问题,善于概括归类,逻辑抽象性强,善于抓住事物的本质和规律,开展系统的理解活动,而非仅仅停留在直观水平上。

(2)灵活性。本节课的学习会促进学生学会从不同角度、方向、方面,用多种方法来解决问题,其中体现了学科交汇的思想。降低电阻,从装置上分析,可以从电解液和电极两方面入手;从化学的角度,可以增强电解液的导电性,增大电极的表面积等;从物理的角度,可以并联电阻,降低体系的总电阻。此外学生需要根据工业生产的需要,全面灵活地做"综合的分析",比较电解质的价格,反应过程中的多方面作用,并联多个电极是否影响污水的流动性,是否环保、节能等。思维的结果即方案的形成往往是多种合理而灵活的结论,反映了学生智力的"迁移",善于从不同的角度与方面思考问题,能较全面地分析问题,解决问题。

(3)独创性,即思维活动的创造性。在实践中,除善于发现问题、思考问题外,更重要的是要创造性地解决问题。本节课学生的独创性体现在学生对已有化学知识和物理知识、实验经验及新问题情境材料高度概括后集中而系统地迁移,进行新颖的组合分析,例如不再拘泥于只用化学知识来解决化学问题,不再拘泥于已有经验——电解过程中通常只有一个阳极、一个阴极。人类的发展,科学的发展,要有所发明,有所发现,有所创新,这些都离不开思维的独创性品质。

(4)批判性和系统性。本节课中,学生思维的批判性和系统性品质主要体现在能动、持续、细致和系统地思考优化的具体方法,洞悉支持该方法的理由及其进一步指向的结论,如选择加入何种电解质,何种类型、何种材质的电极,课后比较物理方法、化学方法、生物方法在污水处理上的优势和缺点等。此外,学生不仅需要结合化学知识和物理知识对问题展开分析,还需要整合工业生产的现实情况进行批判性、系统性的思考和论证。

在教学过程中,启发学生发现问题,学会分析问题,并根据已有的知识解决当前遇

到的问题,是针对学生思维方法和能力的训练,旨在提升学生的思维品质,鼓励学生主动打破思想上的束缚,不过分强调改进方案的可行性和完善性,让学生大胆地做出假设、提出改进的思路与方法,是科学进步必须向前迈出的一步。

2.实验创新

(1)大胆地引入"三电极"装置,增加一个碳棒阳极,不仅减小了体系的电阻,还增加了氧气的生成量,使亚铁离子更好地被氧化生成氢氧化铁絮状沉淀,起到了更好的凝聚效果,提高了净水效率。这是实验装置改进思路上的一种创新,为学生探究和改进实验装置提供了思路。

(2)将铁钉改为铁丝,增加了反应面积,提高了实验效率。加入电解质,增强溶液导电性,从而减小溶液电阻,提升了反应效率。

(3)将普通烧杯换成高型烧杯,增强实验的可视性,污水的净化效果更加明显。

(4)将装置进行一体化设计,方便学生安装,同时避免电极位置安装不当引起的错误理解,如电极安装过低,电极上生成的气泡会将沉降的污物重新带入水中,影响净水的效果。

3.教学手段创新

(1)运用教学媒体,师生互动,增强教学的直观性和学生学习化学的兴趣。

(2)运用学生自主探究实验增强学生的探究热情和动手操作能力,提高了教学效率。